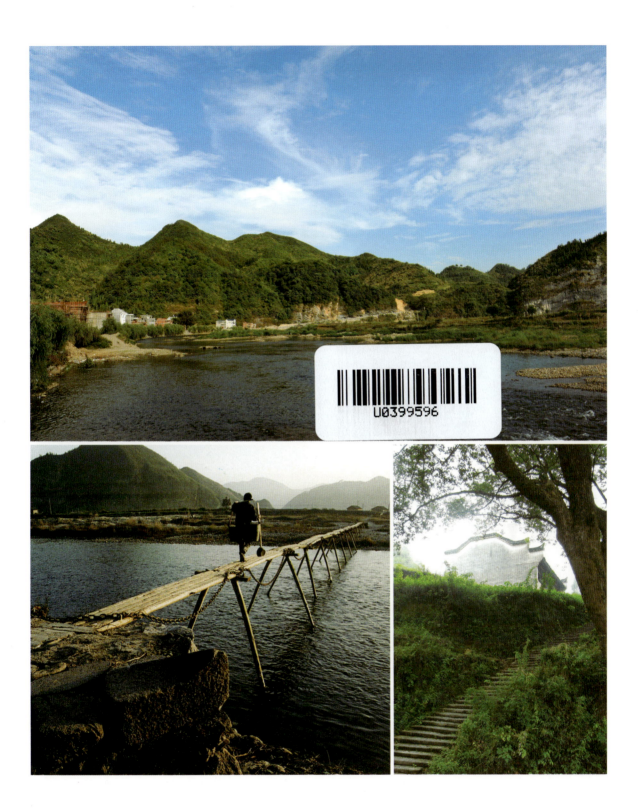

山清水秀
古埠桥头᛭青云石梯

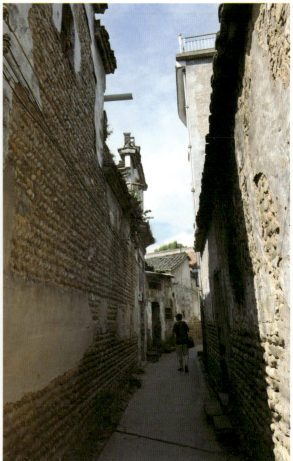

钟声回荡 —— 街巷蜿蜒
族厚风淳 —— 荫庇后人

奕世崇祀
永锡堂戏台 — 店铺今貌
祠堂天井

斑驳墙面
华堂木构 — 举人门第
启明映瑞

爱敬堂
木雕 ── 佛龛
木雕局部

木雕细部　仕女木雕
百鸟朝凤木雕
戏台木雕

鱼缸石雕 —— 爷孙俩
千斤缸 —— 晾晒

放牛人　民居立面
访谈耆老
霞山鸟瞰

浙江省哲学社会科学规划课题研究成果

钱江源头古村落
——霞山

邰惠鑫　赵淑红　宋绍杭　著

中国建筑工业出版社

图书在版编目（CIP）数据

钱江源头古村落——霞山/邰惠鑫等著.—北京：中国建筑工业出版社，2011.2

ISBN 978-7-112-12845-7

Ⅰ.①钱… Ⅱ.①邰… Ⅲ.①村落-简介-开化县 Ⅳ.①K925.54

中国版本图书馆CIP数据核字（2011）第026957号

古村落文化内容丰富多彩，其载体形式千变万化。霞山古村落是浙江省第三批历史文化村镇，共有明、清、民国初年徽派古民居建筑300多幢。全书内容包括源头古韵、开邑望族、敬宗睦族、文明发展、山水佳处、村落古建、老街商埠、风声习俗、继往开来等。

本书可供广大建筑师、规划师、风景园林师、古村落保护工作者等学习参考。

责任编辑：吴宇江　率　琦
责任设计：张　虹
责任校对：陈晶晶　马　赛

钱江源头古村落——霞山

邰惠鑫　赵淑红　宋绍杭　著

*

中国建筑工业出版社出版、发行（北京西郊百万庄）
各地新华书店、建筑书店经销
北京嘉泰利德公司制版
北京云浩印刷有限责任公司印刷

*

开本：787×1092毫米　1/16　印张：10¾　插页：4　字数：232千字
2011年5月第一版　2011年5月第一次印刷
定价：**32.00元**
ISBN 978-7-112-12845-7
（20111）

版权所有　翻印必究
如有印装质量问题，可寄本社退换
（邮政编码100037）

前　言

　　保留至今的中国古村落，从唐宋到明清，各种类型基本具备，成为中国乡土文化的活的载体。古村落文化内容的丰富多彩，使得载体形式更是千变万化。人们对古村落的关注是从20世纪80年代才开始的，真正重视古村落的研究则是20世纪90年代的事情，学术界主要从如下三个方面进行研究：(1) 从乡土建筑入手进行研究，建筑学界对古村落的研究视角新颖，方法独特，已经有了许多可喜的成果，值得其他学科领域借鉴；(2) 作为地方历史文化进行研究，乡土文化是构成古村落面貌的总体框架，要对古村落进行全面系统的研究，必须研究地方历史文化，弄清乡土文化的根源、脉络和表现形式，建立合理有机的乡土文化体系；(3) 作为景观资源进行研究，近年不少地方利用古村落的景观资源优势发展旅游业，古村落景观资源的研究也在开展。

　　笔者出生在山西南部一个农村，儿时村落中还有许多的传统建筑。但是20世纪70年代中后期亲眼目睹村落中的一座座寺庙、祠堂、牌坊、戏台或坍塌或拆除，亲耳听闻村中长者的有关叙述和声声叹息，当时的心中就泛起隐隐的痛。20世纪80年代末开始从事与建筑学有关的工作，凭着儿时对于历史与建筑的兴趣，开始关注起古村落、古建筑的事情来。三晋大地处处浸润着古代黄河流域文明的营养，城乡各地古建筑比比皆是，有"表里河山"之谓。我和几位同事极其关注山西各地的古建，对古建筑、古村落进行了一些调查研究，对古村落古建筑有了一定的认识。2005年笔者进入浙江工业大学工作，随着与同事的交流和对浙江文化的了解，深深感受到浙江文化底蕴的深厚，尤其是在浙江农村的考察使我对浙江古镇古村落产生了浓厚的兴趣。

　　浙江山区现存的古村落灿若繁星，这与其连绵不绝的山川和不断更迭的交通，有着密不可分的因果关系。浙江与闽、赣、皖、苏、沪五省市相邻，其中与闽、赣、皖三省接壤面积最广，并且大多为山地。其间古道纵横交错，数百年来交通变化繁杂，近百年更是变化巨大。尤其浙西地方与古代徽州毗邻，明代或者更早，徽商以及龙游（包括龙游、开化、常山乃至金华一带）商帮穿梭在浙、闽、赣、皖边界崇山峻岭中，在不断寻找贸易和运输中转地点的过程中，无意间创造了聚落建筑的辉煌，为后人留下了宝贵的财富。位于钱江源头皖浙交界处的浙西开化县北部徽开古道旁的霞山正是一个以河埠、古道为依托发展起来的农村聚落。

　　一个偶然的机会，在2006年的夏天我走入了霞山这个地处浙西边陲的古村落。霞山古村落已被浙江省政府确定为第三批历史文化村镇，包括霞山村全部及霞田村一部分，共有明、清、民国初年徽派古民居建筑三百多幢，总建筑面积达2.9万多平方米。特殊的地理位置，优美的山水环境，郑氏家族的人文鼎盛，造就了霞山古村明清之际的繁华，吸引了明清两代不少文人名士在此驻足，明代商辂、胡拱辰、方豪、汪渐磐，清代汪桂、姚承祖等等都曾为古村落留下了佳句名篇。但是由于自然条件的变化、近现代交通重心的偏移，村落如今已经失去往日的辉煌，成为浙西边陲长期不为人所知的普通村庄。相对于自古即为闭塞之地的古村落来说，因为交通重心偏移而保存下来的霞山古村更耐人寻味。往日的逸闻趣事，昔时的车水马龙，曾经的喧闹繁华，都已经如过眼的云烟，悄然消失在岁月的流转中，渐渐地归于宁静，深埋在历史的深处，只留下古老的村落、传统的建筑以及村民记忆中的碎片，为那昔日的繁华做着默默的注解。

霞山古村落被确定为浙江历史文化村镇已有近5年时间，衢州市和开化县在几年之前就已经将其作为旅游景点向外推介，但是其村落结构、民俗文化、民居建筑文化以及村落由古道而兴起、繁华乃至衰落等变迁的诸多方面价值还没引起各方学者关注，系统的学术专著与文章也不多见，相关研究尚处于起步阶段。因此关于霞山古村落的系统研究仍是一个全新的课题。作为浙西以古道古埠为依托发展的典型村落，具有重要的研究价值。

研究古村落的历史并非易事，因为在村落一级，较为正式的典籍史料除了民间的谱牒以及各种传说之外很难再有遗存，即使如此，那些难得的文字许多又在上世纪那一场灾难中焚毁，历史史料的缺乏使得我们只能在深入挖掘有关民间谱牒和典籍史料的前提下，通过访谈、观察、参与其中，尤其注重民众的口述，处理好几个方面的关系，力求揭示村落的制度文化、环境文化、建筑文化、艺术文化等各个方面的历史概貌和特征。当然霞山村的历史及其所代表的文化并非通过一本书、一段口述所能全部揭示，但是通过我们的努力，尤其是结合本专业的知识，通过现存的古民居建筑实体这一文化形态的载体，融合经济、社会、宗族、历史以及民俗，以较写实的心态描述出霞山村——这个位于徽开古道旁的血缘村落的历史情况、建筑特点、村落格局、文化民俗以及在未来发展中霞山古村的保护和可持续发展的问题。

借此书让人们了解霞山，认识金溪！

目 录

第一章　源头古韵 ··· 1
　第一节　地理环境 ··· 2
　第二节　人文背景 ··· 5

第二章　开邑望族 ··· 8
　第一节　郑氏源流 ··· 9
　第二节　霞蒸丹山 ·· 17
　第三节　汪氏辅翼 ·· 25

第三章　敬宗睦族 ·· 36
　第一节　修建宗祠 ·· 37
　第二节　撰修谱牒 ·· 40
　第三节　订立族规 ·· 43
　第四节　设置族产 ·· 46
　第五节　家族武装 ·· 47

第四章　文明发展 ·· 50
　第一节　诗书继世 ·· 51
　第二节　农商并重 ·· 57
　第三节　家庭生活 ·· 62
　第四节　汪氏人物 ·· 66

第五章　山水佳处 ·· 68
　第一节　堪舆选址 ·· 69
　第二节　霞山八景 ·· 71
　第三节　村落布局 ·· 76
　第四节　迷宫交通 ·· 78
　第五节　村落水系 ·· 80
　第六节　村落"井"观 ·· 81

第六章　村落古建 ·················· 83
　　第一节　建筑成因 ·················· 83
　　第二节　住宅建筑 ·················· 85
　　第三节　祠堂建筑 ·················· 90
　　第四节　商业建筑 ·················· 97
　　第五节　其他建筑 ·················· 98
　　第六节　建筑雕刻 ·················· 102

第七章　老街商埠 ·················· 109
　　第一节　因木而生 ·················· 109
　　第二节　因水而兴 ·················· 112
　　第三节　浙西木商 ·················· 115
　　第四节　经商贩木 ·················· 119
　　第五节　老街兴衰 ·················· 122

第八章　风声习俗 ·················· 125
　　第一节　人之常礼 ·················· 125
　　第二节　丧葬习俗 ·················· 128
　　第三节　建房风俗 ·················· 129
　　第四节　生产习俗 ·················· 130
　　第五节　文化风俗 ·················· 131

第九章　继往开来 ·················· 135
　　第一节　村落价值 ·················· 135
　　第二节　存在问题 ·················· 137
　　第三节　发展对策 ·················· 140
　　第四节　保护措施 ·················· 145

附录　文献典籍 ·················· 149
参考文献 ·················· 162
后　记 ·················· 164

第一章 源头古韵

溯钱塘江上游马金溪而上，沿着徽开古道①向徽州而去，在莽莽苍苍的大山之中，几近风光秀丽的钱江源头，有一个古老的村落名曰霞山。霞山古村落山清水秀，环境清幽。村北有来龙山依附，峰峦叠翠，村南有马金溪环绕，溪流映碧。远处可眺青云峻岭，景色秀美；近处可耕辛田沃野，丰衣足食。地处钱塘江上游，有水可资利用，路当徽开古道，方便对外交通。

霞山旧称九都（图1-1），地处开化县西北部，徽开古道从村旁而过，自唐宋时期至近代，有不少士商旅人经过此地西北向皖南，北向入淳安，西向走江西，南向经江山抵福建。尤为重要的是徽开古道是徽商经陆路通往闽浙赣的重要通道，霞山自然成为这个通道上一个重要的节点。当年的郑氏家族就是沿着这条古道和水路，走出了大山，登科入仕，贸易南北，最终富甲一方，成为开化一带的大家族、大村落。

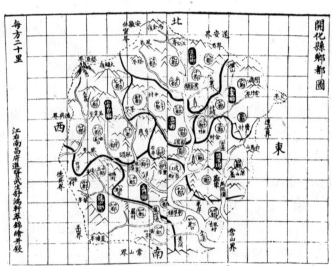

图1-1 开化乡都图
（来源：光绪《开化县志》）

宋皇祐四年（1052年），霞山郑氏始迁祖郑慧公为避祸，自孤峦（今开化县音坑乡青山头村）迁来丹山居住，传三世至郑律公，因元丰癸亥（1083年）大水再迁现址，至今已有近千年历史，是繁衍了37代，现有661户人家，总人口达2264人的血缘村落。千百年来，郑氏家族历经艰辛，在此聚族而居，开垦良田，建造栋宇，兴学育人，耕读传世，经商贩木，儒商共济，百业繁荣，凭着自己勤劳的双手创造了一个理想的家园。作为一个古道上的聚落，来来往往的商旅行人在此留下了不少的印迹；富裕强盛时的郑氏族人广交名士，霞山古村落的青山秀水，也吸引了许多文人骚客来此吟诗作赋，留下了不少的

---

① 参见杨正泰《明代驿站考》（增订本附《寰宇通衢一统路程图记》《士商类要》），徽开古道从歙县西门出发，向南经过屯溪，翻越马金岭，途经霞山达开化县城，由此可由常山县到江西省，由江山县越仙霞岭可到达福建。

名篇。

  由于近代林木产业的衰落，交通重心的偏移，偏处浙西一隅的霞山古村落，从 20 世纪中叶开始，昔日的繁华不再，几乎被历史尘封，直到 21 世纪初才被文物工作者和到钱江源采风的记者们所发现。如今的霞山古村民风淳朴，文风鼎盛，古村落格局基本完好，保存下来的约 300 多幢明清以及民国时代的民居、祠堂等古建筑，工艺精湛、规模宏大，令人惊叹。盛时的霞山村落中有园林、书院，有寺庙、桥梁、水碓等，村南的商业街上，民国初年仍有肉铺、酒店、南货布匹等等商店，建筑类型丰富，几乎囊括了封建社会自然经济条件下的所有内容，反映出村落和家族建设的成熟，也反映出郑氏家族宗族势力和经济实力的强盛。即使在今天走进这个古村落，依然能够感受到氤氲的古风。

第一节　地理环境

  浙江省地形复杂，整个地势由西南向东北倾斜，山区面积较多，素有"七山一水二分田"之称。在浙江的西部，自北向南有天目山、白际山和千里岗山，形成了浙西中山丘陵地形。衢州地处浙西，南接福建，西连江西，北邻安徽，省内则与杭州、金华、丽水三市相衔。所谓"姑蔑之墟，太末之壤，四通五达，江浙闽广之所辐臻，得山水之胜，东南孔道，闽越之交，其山邃以丽，其水清以驶，据浙江上游，川陆所会。""居浙右之上游，控鄱阳之肘腋，制闽越之喉吭，通宣歙之声势。"① 不论在军事上或在交通上衢州都处于非常重要地位（图 1-2）。

  开化县在衢州市的西部，在地形上属浙西中山丘陵区，四周为大山环抱，北和西北部为浙皖分界线的白际山，西属由赣东北逶迤而来的怀玉山脉的延伸，南和东南部是千里岗山脉，县境内千米以上的山峰就有 46 座，山岭连绵，峰峦叠嶂，谷深坡陡，青山葱翠。开化

图 1-2　衢州区位图

（图片来源：http://www.quzhou.gov.cn）

---

① 参见陈鹏年主纂，康熙《西安县志》。

县东连淳安，可沿新安江抵达古严州府和杭州；西临江西，经由陆路往西通往婺源、德兴；北达徽州，与安徽省休宁县仅一山之隔，过白际山即可进入休宁、屯溪；南接华埠、常山，沿马金溪、常山港水路前行直下衢州、金华。由于地处三省七县交界，素有"鸡鸣闻三省"之说（图1-3）。民国《开化县志》（稿）①载："本县疆域北连皖省，西接豫章，复岭重山，至为险要，平时无交通之频繁，有事实行军之间道。顾祖禹②谓守两浙而不守衢州，是以浙与敌也；争两浙而不争衢州是以命与敌也。君进而言之，则开化实衢州之咽喉，两浙之屏藩也。"

考古资料表明，远在五六万年前，衢州开化境内气候温和，雨量充沛，丛林密布，是一个鸟语花香、马嘶鹿鸣、猿啼虎啸、野牛成群、野猪结队的原始天地。钱塘江源出浙皖赣边境位于开化县境内的

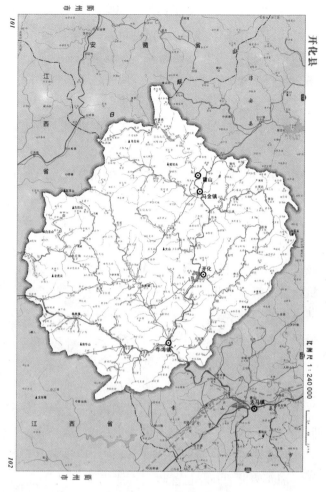

图1-3 开化县地图
（图片来源：《中国地图册》）

莲花尖③，现在人们把开化和开化县北部山区泛称为"钱江源"，钱江源头的涓涓细流汇集成马金溪，并与龙溪、何田溪、村头溪、金村溪、桃坑溪等组成叶脉状水网系统，缓缓流注，滋润着这一方土地，开化人世代相续、繁衍生息在这片生机盎然的土地上。据1979年中村双溪口发掘的古遗址出土的石斧、石刀、印纹陶片等佐证，距今约4500年前的新石器时代晚期，就有人类在开化境内定居、劳动、繁衍生息。根据明代万历《开化县志》记载，开化"禹贡扬州之域"，夏、商、西周三代这里属于越之地。《左传》载："鲁哀公十三年，越伐吴。吴王孙弥庸、寿于姚自泓上观之，见姑蔑之旗。"春秋时这里被称为

---

① 此县志稿完成于开化新中国成立前夕，未成书。
② 顾祖禹（1631—1692年），字景初，一字景范，江苏无锡人，居常熟。生于明思宗崇祯四年（1631年），卒于清圣祖康熙三十一年（1692年），享年62岁。沉敏有大略，善著书。家奇贫，然性廉介朴厚，不求名于时。学者称宛溪先生。父柔谦精史学，祖禹承其志，撰历代州域形势9卷，南北直隶13省114卷，川渎异同6卷，天文分野1卷，共130卷，名为《读史方舆纪要》。
③ 《辞海》（三卷本），上海，上海辞书出版社，1979。

"越之西鄙姑蔑地"。到了秦代,属会稽郡太末县地,汉初平四年析信安置定阳县(今常山),以其地仍归信安郡,晋代以后为信安县地,唐武德初为定阳县地,唐高宗咸亨年间(670—674年)为常山县地。到了北宋乾德四年(967年),吴越王分常山西境设置开化场,太平兴国六年(981年)应常山县令郑安所请,升开化县,肇分七乡,开化县名即取自开源、崇化二乡首字。元至元十三年(1276年)开化隶属衢州路,明初属龙游府,后又属衢州府,清代相沿。民国元年时,废府为开化县治。

开化县境为大山环绕,自然环境相对封闭,马金溪成为古代唯一的水运通道,主要的人流、货物沿着这条河流向常山、衢州及更远的金华、兰溪、杭州方向集散,流域内部的向心性强,自设县治以来,行政区划一直比较稳定,形成钱塘江源头地区经济、文化和生活圈。纵贯开化县境的马金溪两岸分布有马金、开化、华埠三个较大的河谷盆地,霞山古村落坐落于县境东北部的马金盆地北缘。徽开古道早已成为历史,如今沟通皖南、浙西、闽北的205国道沿马金溪从村庄的西侧经过,沿公路往南下行5公里是马金镇区,再南行大约22公里就到了开化县城;从霞山往北溯马金溪而上,进入钱江源头森林茂密的山区,二十多公里路程就到了浙江和安徽的分际,白际山的那一边就是有着深厚历史文化积淀的古徽州境地(图1-4)。过去,浙西偏远的开化虽然不是一个荒蛮原始之地,却是个山高林密、相对封闭、耕地狭小的地方,在这样的自然环境中怎么会出现一座商贾云集、豪宅林立的聚落呢?古人说,天下之山,得水为悦;天下之水,得山而止。水给山带

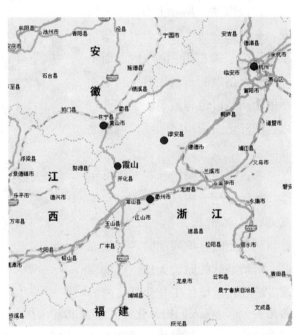

图1-4 霞山区位图
(图片来源:电子地图网)

来生气,山使水浩瀚蜿蜒,钱塘江源头的山水环境成就了霞山在钱塘江源头的商业地位。

钱塘江的两条主要支流的上游,多山的地貌和地理条件使得大部分区域没有形成大规模种植的水土条件,但山峦叠嶂,气候湿润,盛产林木,为早期的商品交易提供了充足的山货和林木资源。南宋皇朝偏安一隅,建都临安,人口的大量增加和城市建设的需要使木材的消费量剧增。而钱塘江上游与主要消费地杭州及太湖流域地区等地水运廉价便捷,成为木材的主要供给地。一条支流上溯富春江、新安江进入桐庐、建德(严州)、淳安、遂安直到皖南山区;一条支流由严州沿兰江、衢江、常山港、马金溪进入浙西的龙游、衢州、常山、开化等地,并辐射到江西东部的部分地区。马金溪从钱江源头出发蜿蜒流过二十多公里的齐溪峡谷,进入马金盆地,到达霞山,在此拐了个大弯,由南向东流,流速变

缓，水深河宽，霞山以下的河道，已经可以通行小木船和木筏。上游林区砍伐下来的木料散放到霞山，集中编成小排向下游发运。渐渐地，霞山成了钱江源头林区木材交易和水路转运的第一个集散地，其水路转运木材的功能在很长的历史时间内，对霞山的发展繁荣起着关键性作用。在明、清和民国的六百多年间，霞山是钱塘江源头地区闻名遐迩的木材采伐和集散地，浙西"山客"[①]最先活跃的地区之一。同时穿过霞山青云岭上的徽开古道又是沟通钱江源一带与浙闽皖赣联系的主要陆上通道。正是由于这种特殊的地理位置，霞山古村落随着上游木材采伐运输的发展，日渐繁华，形成一个以古埠、古道为依托，向四周扇形辐射的大村落。霞山先民在木材商贸转运中获得了巨大的物质财富，一座座富丽堂皇、精美绝伦的深宅大院、祠堂庙宇耸立在霞山的土地上，给后人留下了一座感受传统建筑艺术的殿堂。

第二节　人文背景

继五代之后的两宋，是浙江历史上的大发展时期。北宋时，浙江在前代发展的基础上成为经济最发达的地区，农业、手工业、对外贸易等均居全国首位，时人有言"万室东南富且繁"，浙江跃升为东南翘楚。北宋靖康二年（1126年），徽、钦二帝被掳，金兵入侵，直逼扬州，宋高宗赵构仓皇南逃，定鼎杭州，中国社会的经济、文化发展的中心随着宋王朝的南渡而彻底移向江南，江南从此成为中国经济、文化和社会发展的最活跃最具代表性的地区。开化虽然偏僻，但是地处江南，南宋时又属京畿之地，同时与徽州在地缘上接近，因而在经济政治文化等各方面均受到较大影响。崇祯《开化县志》序："隶于柯城，则有尼山南渡播迁，邹鲁之余风可被也；邻于徽婺，则有晦翁托迹于兹，唱酬赓和者久之，紫阳[②]之心印可传也。"有所谓"风声习俗，流徽余韵"之说。

当宋高宗仓皇南逃之时，孔子第四十八世孙衍圣公孔端友奉孔子夫妇木像，率宗室成员随宋室南渡过江。此时的浙江西部衢州一带由于位处浙闽赣皖四省交界处，当时并未受到战火的侵扰，而且文化基础比较深厚，物产丰富，社会和谐安宁，孔端友及其他孔子嫡裔就被皇帝钦定居住衢州，衢州成为孔氏裔孙的第二个家，世称"南孔"。孔氏后裔的南渡使儒家文化发生了重大转折。突出的特点一是以"仁"为核心的儒家文化，从关心上层建筑转而关心经济基础；二是虽然仍以统治为出发点，但已从"治民"安邦转而为"富民"安国。可以说，这种转变是儒家文化从经世转为侧重"致用"，它不仅加快了南方思

[①]　"山客"是旧时木商买卖双方中对卖方的俗称。
[②]　紫阳，朱熹的别称。

想文化发展的进程，而且催生经济的发展，对江南，尤其是浙闽赣皖四省的思想、道德、风俗，乃至政治、经济诸方面都产生了深刻的影响。①也有学者认为，孔家南迁到衢州后，由贵族转向平民，创造了一个平等的学术氛围，萌发形成南孔儒学。朱熹是程朱理学发展最重要的奠基人，而他正是在孔氏南迁衢州后南方儒学大发展的历史环境中诞生的，史学上有称"南孔后，方有朱熹"。

对开化的经济社会文化生活影响最大的还是其毗邻的徽州。徽州处于群山的怀抱之中，吴、越、楚等"蛮夷"文化和大批中原世家大族迁入带来的中原文化长期在这里碰撞、交会，北方移民所带来的在人口、经济和文化上的冲击、碰撞以及整合，最终以强势的华夏文化，同化了原始的土著文化和"山越"文化，使得徽州社会得到了长足的发展进步，封建化进程得到实现。到宋室南渡，定都钱塘江下游的临安（今杭州），使得处于钱塘江上游的徽州等地得到前所未有的发展机遇，在经济社会文化生活的多方面大显身手。中原文化中崇文重教，尊师重儒在徽州一度蔚然成风。赵汸曾言："新安自南迁后，人物之多，文学之盛，称于天下。当其时，自井邑、田野以至远山深谷，居民之处，莫不有学、有师、有书史之藏。……故四方谓'东南邹鲁'。"②作为"朱子阙里"，徽州士人对孔孟儒学的尊崇，对宗法伦理文化的发扬光大自是不遗余力，尤其是对文正公朱熹的推崇，使得徽州成为程朱理学的发祥地。徽州山多田少，粮食不足而土特产丰富的地区特点和水路便捷的自然条件对徽商的产生起到了很大的促进作用。徽州人摒弃了经商为耻的传统观念，提倡士农工商并重，并且身体力行，从事商业经营，活跃于各地市场，形成了著名的"徽州商帮"，创造了巨大的财富，奠定了徽州文化的经济基础。徽商的成功也在很大程度上刺激了徽州儒学的发展，徽州的许多家族秉承由儒而贾，由贾而儒，儒商共济的理念，所以才有"十户之村，不费诵读"的盛况。徽州文风鼎盛，自宋代科举成功至明清两代，徽州的儒生通过公平竞争跻身上流社会者数不胜数。而程朱理学特别是朱子之学恰是徽州文化的理性内核。经商致富的徽州商人们将大量的财富带回家乡，整理村落风水，建设公共建筑，构筑精美住宅，为自己也为后人留下了一笔宝贵的财富，形成了颇具地域特色的徽派建筑。以徽商、新安理学（程朱理学）、宗法伦理、徽派建筑等以及由此而衍生的其他文化现象囊括了古代徽州府所有社会生活的总和，形成了颇具地域特色的徽州文化。

开化与徽州在地缘上接近，和徽州是同俗共气之地，所谓"风声习俗，流徽余韵"。在南宋、元及明清时期，两地交流密切，开化的人口唐宋以降大多是来自徽州的移民，千百年来两地民间的学人、商人频繁交流，使得徽州文化对于开化乃至浙西一带的影响极为深远，现在有人称之为"泛徽州文化圈"就包括了开化、龙游以及淳安一带。开化、龙游等处与徽州有着同样的地理条件，经商是解决田少人多带来的生存压力的唯一途径。以龙游商人为主体，融入了开化等衢州府其他四县及近邻的绍兴、金华府县的一些商人，通过

---

① 《南孔文化泽被浙闽赣皖》，转自新华社福建频道网，http://www.fj.xinhuanet.cn。
② 赵汸：《商山书院田记》，元代。

经营米、竹、木、茶、油漆等粮食山货业，药材业，丝绸棉布业，珠宝、古董、文物以及造纸业，印书、贩书业，逐渐兴起形成了龙游商帮。与其他商帮相比，龙游商帮最大的特色如同徽商，受儒家传统文化的熏陶，比较重视儒学文化，特别是将儒家伦理道德贯注到商业经营中。其实不独商业，开化、龙游等浙西广大地区的经济、社会、文化、生活的各方面都受到徽州文化的影响。开化虽地属偏小，但是自建县以来依赖于山林出产，经济长足发展，由此促进了文化的进步与繁荣。宋元明清历代以来，开化人文鼎盛。南宋淳熙年间，理学大家朱熹、吕祖谦、张栻、陆九渊等曾来开化马金包山书院讲学，吸引了开化乃至附近淳安、遂安一大批的士子文人负笈就学，一时间，尊儒重教、捐资助学之风在开化城乡蔚然成风，全县有记载的书院就有十几所之多，在开化"邑无不学之户，家无不学之童"。根据新编《开化县志》以及《衢州市志》等记载，自宋至清，开化共有进士214名，有明一代，开化进士数占衢州府总数的29.6%，功成名就的不胜其数，有著作存世的约80人，其中程俱、江少虞、吾衍、方豪等人20余部（篇）作品收入《四库全书》，这一切足证开化的人文鼎盛。经济、文化的发展促进了社会的进步，无论是文人还是商人都在开化这块土地上留下了宝贵的物质财富和精神财富，霞山古村落以及众多现存的古文物、古建筑便是最好的见证。

  霞山地处开化西北部，溯马金溪而上二十多公里即到达徽州的休宁。作为连接沟通浙闽皖赣四省的徽开古道上一个重要的节点，又因坐落于徽州商人经营木材贸易的水上通道上发展而成，自然与徽州文化结下了不解之缘。霞山郑氏的开化始祖郑元祷是由歙而入开，与徽州有着家族的渊源。郑氏家族熟读孔孟之书，尊崇程朱理学，恪守"耕读传家"的古训，崇文重教，与霞山毗邻的马金有朱熹、陆九渊、吕祖谦等曾来讲学的包山书院，霞山村内有霞山书舍，霞田汪氏有梅里书院以及设于世家大户的私塾学馆，方便子弟读书入仕，村落里处处书声琅琅，由此造就了进士、举人、贡生以及众多的国学生、邑庠生。在宗法制度方面，霞山郑氏家族更是不甘落后，确立宗子地位，修建裕昆堂、爱敬堂、永锡堂、永言堂以及继志堂、寿萱堂等大小宗祠，家谱的修订则是遵循五十年一修的原则，自宋至民国一直未曾间断。郑氏家族订立了族训祠规，规范族人的言行，族内设义田，抚恤穷乏，奖励后进，促进了宗族制度与宗族文化的建设。开化地处群山之中，田少人众，与徽州有着类同的地理环境和自然条件，且盛产杉松等木材资源和茶叶等土特产，与徽州有着同样的自然资源，也就决定了霞山郑氏族人通过经商贩木发家致富的途径，从元末明初郑氏族人参与木材贩运到明清时期的经济繁荣，几乎与徽州商帮的兴起与衰落同步。富裕起来的郑氏族人在聚积了大量财富之后，修起精美豪华的住宅，建起高大宏敞的祠堂，并整理村落的风水，同时慷慨解囊回报社会，为桑梓振兴文教，修堤坝，建路亭，资助地方公益；乐善好施，赈恤贫困，致力慈善事业，成为了开化以及淳安、遂安一带受人瞩目的郑氏望族。

第二章 开邑望族

"霞峰郑氏,开邑之望族也。"

——余绍宋《霞峰郑氏宗谱·序》

所谓望族,即是指颇有声望的家族,他们或有财有势,或深孚众望,声名煊赫,雄踞一方,在当地的政治、经济和文化等社会生活中都具有举足轻重的分量。中华民国 20 年(1931 年),郑氏家族在开化地方绅士、族人郑松如和郑西山两位的主持下又一次重修《霞峰郑氏宗谱》,郑松如出面邀请民国前司法次长、寓居杭州的余绍宋先生为宗谱题款并撰序(图 2-1)。

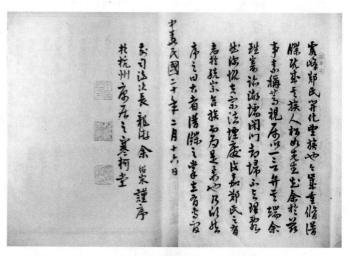

图 2-1 郑氏宗谱谱序和余绍宋题款

余绍宋,字越园,号寒柯,衢州龙游县人。余绍宋先生为民国时代著名书画家和方志学家,年轻时留学日本,毕业于东京政法大学,归国后曾出任北洋政府司法次长、代理总长,后因"金佛朗案"辞职。当时,余绍宋先生寓居杭州寒柯堂,以书画自娱。民国 10 年(1921 年),他曾应聘主纂《龙游县志》,四年成书。余绍宋先生作为旧时代的文人,特别推崇宗族礼法,在《龙游县志》编写过程中,他广集谱牒,以互为征引,纂辑《氏族志》一篇,对当时社会宗法湮废和民间谱牒存在的诸多问题颇多感慨,故而在《霞峰郑氏宗谱·序》中写道:"霞峰郑氏,开邑望族也。今岁重修谱牒既成,其族人松如先生知余于兹事素称重视,属以一言弁于端。余虽寄迹湖埂,闭门却扫,不去理乱。然深慨宗法湮废,复嘉郑氏之有志于统宗合族,而为是举也,乃欣然序之。"余绍宋先生在序中对于霞山郑氏后裔郑松如、郑西山等重修祠堂、纂修谱牒以统宗合族一事给予了很高的评价。

第一节 郑氏源流

霞山郑氏源出周朝王室，得姓于周厉王幼子郑友后裔，派衍自中原望族荥阳郑氏，肇始于三衢首宦郑平，开基于唐颍川刺史郑元祷。自唐至今的一千多年来，多次重修家谱，因而郑氏家族昭穆有序、尊尊亲亲，整个家族形成了一种"父慈子孝、兄友弟恭"，和谐发展的局面。浏览《霞峰郑氏宗谱》，上迄帝喾，下至民国，世袭源流，宗脉分支历历在目（图2-2）。

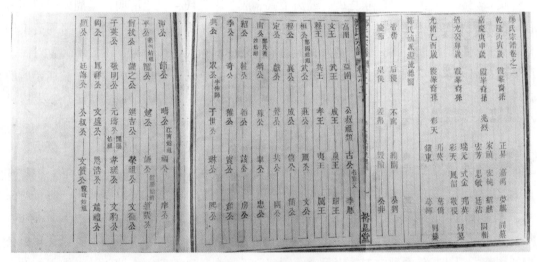

图2-2 郑氏源流图

一、得姓始祖

黄帝是开创中华民族古代文明的先祖，传说中远古时代华夏民族的共主，五帝之首。相传黄帝本姓公孙，因居轩辕之丘，故名号轩辕（天鼋）氏；由于是在姬水生长成人，所以又以姬为姓①，后来在有熊（新郑）建立国家，故又称有熊氏；他以土德为王，土是黄色，所以叫黄帝。黄帝的这些不同姓氏充分反映了汉族姓氏的不同起源。黄帝一生中先后娶妻4人，生有25个儿子，据《国语·晋语四》所载："黄帝二十五宗，得姓者十四人，为十二姓，姬、酉、祁、己、滕、任、荀、葴、僖、姞、儇、依是也。"传说中帝喾是黄帝的曾孙，其祖父为黄帝的儿子玄嚣，玄嚣承袭了姬姓，帝喾自然姓姬。周王朝的血缘始祖后稷乃是帝喾的元妃有邰氏姜源"履大人迹"而生，承袭了姬姓，传至姬昌，创立了周

---

① 见《说文·女部》："黄帝居姬水，因水为姓。"

朝,是为周文王。

之所以阐明帝喾以及后稷的姓氏乃至与周王朝的关系,是因为霞山郑氏奉帝喾为始祖,与周王室有着一定的联系。唐代司空图在研究考证中国姓氏时指出:"郑氏出自姬姓。"① 这个结论是在大量史料的基础上得出的。按照《说文》释"郑"云:"京兆县周厉王子友所封,从邑奠声,宗周之灭郑,徙溱洧之上,今新郑是也。"西晋元兴年间,霞山郑氏的衢州始祖郑平在《郑平公自序源流》中沿用了郑姓得姓之古老传说,"郑氏姓由帝喾后稷之裔,至周宣王封弟友于郑,其地在荥阳宛林之西。秦京兆,汉华阴郑县是也。友卒谥曰桓公,子掘突立,谥曰武公。传至君乙为韩哀侯所并,子孙播迁陈、宋之间,以国为氏。"周王封弟友于郑的故事出于《左氏春秋》,而郑姓以国为姓的说法源于《唐书·宰相世系》,宋人的《百家姓》和宋代的郑氏名人郑樵《通志·氏族略》也都相继沿用,是汉族原姓郑氏的经典出处。

史籍记载,周王朝自建立之后,经历了武、成、康三代,政治清明,是周朝的黄金时代。但是到了周昭王、周穆王时代,周朝逐渐衰微,周共王、周懿王、周孝王、周夷王四代,由于戎狄的不断侵扰,王朝陷入长期的战争之中,国力消耗很大,不得不加重对民众的剥削,国内矛盾日益尖锐。有的贵族也开始破产,而表现出对现实的愤懑。长期矛盾的逐渐积累,使王朝产生了深刻的危机,此时继位的周厉王,不仅不采取安抚民众、发展民生的措施,反而任用佞臣,大肆挥霍,连年对外征战,变本加厉地剥夺和垄断山泽之利,并派巫师监视、杀死议论的人,引起民众的不满和议论,使矛盾更为尖锐。三年以后,愤怒的镐京居民终于发起暴动,将厉王流放到"彘",由周公和召公共同执掌政权,历史上称为"周召共和"。周厉王死后,他的儿子周宣王姬静整顿朝政,使得周王朝一时有所复兴。就是在这个时候,周宣王继续西周初期的分封制度,于宣王二十二年(公元前806年)将自己的弟弟姬友封于郑(今陕西华县的东方),是为郑桓公。周幽王时代,郑桓公担任周朝的司徒,他看到幽王昏庸无道,预感天下将大乱,曾向太史伯问计,太史伯劝桓公将家族财产迁至今河南中部的虢、郐两国。于是,在太史伯的建议下,于桓公三十三年(即周幽王八年,公元前774年)将郑国财产、部族、宗族连同商人、百姓迁移到虢国和郐国(今河南嵩山以东)之溱水、洧水之间,这是郑国历史上有名的大迁移。桓公三十六年(即周幽王十一年,公元前771年),幽王被犬戎杀死于骊山之下,桓公战死,西周灭亡,周平王宜臼即位。郑国则由桓公儿子掘突继位,为郑武公,与晋文侯会合,辅助周平王迁都河南洛阳,史称东周。郑武公乘护送平王东迁之机,以武力一举夺得虢郐之地,建立了实际独立的郑国,定首都为新郑(今河南省新郑一带)。

郑国,别名奠国,是春秋战国时期重要诸侯国。郑武公在位27年去世,儿子庄公登基。郑武公和郑庄公都是周平王手下的卿士,很好地控制了自己属下卿大夫的势力,在春秋初年,郑国非常活跃,甚至在一段时间之内,强大的齐国也对郑国俯首称臣,跟随郑国

---

① 见司空图:《郑氏图谱·序》。

东征西讨。庄公时代郑国内部肃清了反对势力，外部灭了许国，败了宋国，一度曾与周王室交恶，交战之中郑庄公曾射中了周桓王的肩膀，史称"郑庄公小霸"，成为当时最强盛的国家。郑庄公在位43年去世，其子厉公驱逐太子自立为君，从此郑国大乱，日益衰落。厉公下传两代到了穆公以后，郑为晋、楚两国威逼，几乎年年不得安宁，到郑襄公时期，楚国曾攻占郑国，襄公忍辱存国。郑简公时，郑国任用郑子产为相执政，铸造刑鼎，发展经济，救助百姓，使郑国一度中兴。但简公下传四代到哀公时，国力又逐渐衰弱。哀公之后的幽公时期，韩武子攻占郑国，杀害了幽公。幽公之弟繻公曾复国，多次与三晋发生战争。繻之后的康公时，韩国再次强盛，郑康公二十一年（公元前375年）韩哀侯率军再次攻占郑国，郑国灭亡，国土并入韩国。郑国灭亡之后，康公侄子郑鲁，号南里君，与族人徙居于陈、宋之间，即今河南省淮阳县与商丘县一带，遂以国为姓，郑姓自此开始①。

二、世系考疑

对于郑氏来源于姬姓的说法，似乎并不存在什么疑问。古往今来，许多的历史典籍，诸如《唐书·宰相世系》、郑氏名人郑樵《通志·氏族略》等都承认这一点。《霞峰郑氏宗谱》也以此作为郑氏的起源。尽管霞山郑氏历次修谱，均有名人撰序（当然不可否认的是其中许多名人谱序似有杜撰之嫌，如朱熹、王十朋等的谱序，这是古代编辑家谱的通病），而且认为谱系确凿，当属公正，并无攀附之嫌，但也仅是一面之词，《霞峰郑氏宗谱》记载的郑氏古世系存在着不少疑问。

其一，按照历史典籍《新唐书·宰相世系五十》所述："十三世孙幽公为韩所灭，子孙播陈宋间，以国为氏。幽公生公子鲁，鲁六世孙荣，号郑君，生当时，汉大司农。"而《霞峰郑氏宗谱》则是另外一种说法，幽公子为宙。一般的说法，鲁和宙都是幽公之子。不过，鲁是播迁陈、宋等处生活的郑氏，其子为琚；而宙则滞留荥阳，其子据被奉为践土君守祭郑武公陵墓。《霞峰郑氏宗谱》中却以炳为宙公之后，未曾见于其他史料，并以鲁公之子琚为炳公之子，传至宙公的七世孙为汉大司农郑当时，与鲁公之后相同。上述的记述显然是将鲁、宙分别的世系混为一谈。

其二，《新唐书·宰相世系五十》所述："（幽公十三世孙）稚生御史中丞宾，宾生兴，子少赣，莲勺令。"而按照《霞峰郑氏宗谱》载，稚生御史中丞宾，宾生二子并和永，并生兴，兴字少韵（按史籍应为少赣，郑谱疑为笔误），治左氏春秋，拜丞相、谏议大夫，与唐书所载的郑兴，字不同，官职也要高很多，同时从世次上看也晚了一辈。

其三，郑兴的儿子郑众也是郑氏家族历史上的名人，他从父授《左氏春秋》，作《春秋难记条例》，兼通《易》《诗》，知名于世。汉明帝时为给侍中，持节出使匈奴，不拜，单于怒，围受闭之。众拔刀自誓，坚执不屈。章帝时为大司农，以清正称，著作已佚。郑众的儿子郑安世，曾担任城门校尉一职。《霞峰郑氏宗谱》在郑众名下也记载有持节出使

---

① 此说依据荥阳市人民政府世界郑氏联谊中心，世界郑氏网以及《福建莆田郑氏宗谱》《浦江义门郑氏宗谱》等。

匈奴，不辱使命，归后从父治左学，应该无误，但是对于郑众的子辈则载众有三子：安、世、中。若认真分析不难发现，所谓安、世、中，可能就是"子安世，中……"之误，其实在郑谱中大晋泰康三年博士秦秀所撰的谱序就明确指出"众生安世"。郑谱对于郑众的三子在世次的安排上，以子世为长，骑都尉琳为其长子，另有亮为次子；其他两个兄弟子安、子中有无后代就不得而知了。琳又生二子熙、训，其中郑训其人不为其他谱书所载。

其四，郑熙子郑泰、郑浑二人在历史上均有其名，似无差错，但是郑谱在郑浑名下有七个儿子：郑崇、郑烈、郑集、郑谟、郑昭、郑俊、郑节，霞山郑氏自称乃郑节之后裔。在这兄弟七人之中，郑崇确有其人，在《三国志》郑寿为郑浑所写传记①中说，郑浑"清素在公，妻子不免于饥寒。及卒，以子崇为郎中"。在《唐书·宰相世系》中，也只有"浑生崇，晋荆州刺史"的说法。现存其他典籍②中通常的说法是："崇生通，通生扶风太守随，随生赵侍中略，略生六子：羆、豁、渊、静、悦、楚。豁迁荥阳郡（这是现在郑氏后裔所称荥阳郡望之由来），生燕太子詹事温，温生四子：涛（西祖）、晔（北祖）、简（南祖）、恬（中祖）。"至于郑浑的其他六个儿子则不置可否。姑且不论郑节其人是否存在，按照唐书宰相世系，郑崇西晋时曾出任荆州刺史，那么郑节作为郑崇的幼弟自然也应该是三国到西晋时期的人物。但根据霞峰郑氏宗谱，郑节的儿子郑畴为中书侍郎，于汉初平年间渡江而南仕御史参军，封平乡侯。郑畴有五个儿子为郑福、郑历、郑贤、郑赐、郑白；郑福的儿子郑庠，献帝时为平难将军、东安太守，于蜀汉章武元年（221年）八月十五率子平、昭渡江居秣陵丹阳。从中不难看出，在郑崇已是西晋官员的情况下，其幼弟郑节之子郑畴、孙郑福却依然在汉献帝朝为官，甚至其曾孙也还在东吴为将，此说不能不令人生疑。

其五，今天衢州、金华一代的郑姓均奉三国时期的吴国大将郑平为始祖（图2-3）。根据新编《衢州市志》记载，郑平（207—300年）③，字元先，号自强，今河南郑州人。郑平好接贤士，谈论古今；操演征战，以身先之。部下千人，一饥则赈，一疾则疗。郑平当年仕吴之后，于吴黄龙元年（229年），拜赞护将军、南郡都尉使，后持节平南，加平南大将军、光禄大夫。孙吴政权为与魏、蜀抗衡，要巩固江东基

图2-3 郑平容像

---

① 见《三国志·魏书卷十六·郑浑传》。
② 据世界郑氏网以及《福建莆田郑氏宗谱》《浦江义门郑氏宗谱》等。
③ 据多数郑氏谱载，郑平寿93岁，古人一般称虚岁，故生卒年代应为207—299年。

业,防止山越的反抗,于嘉禾五年(236年),加封郑平征房大将军、亭长侯,戍守峥嵘(即今衢城)。其为衢州历史上有文献可考的首任驻军官员,称为"开衢首宦"。吴元兴元年(264年),吴国孙皓即位,赐封金紫光禄大夫、新昌郡开国公。郑平遂率眷属定居衢州。吴天纪三年(279年),年已73岁的郑平,目睹吴国统治者的专横残暴和奢侈荒淫,加之晋武帝司马炎意欲举兵攻吴,内忧外患,遂萌发挂冠归隐和舍宅建寺之念。他说:"桑榆景暮,感念于生寄死归之说,崇尚释教。虽道不相同,抑亦劝人为善之一端,非所以妄冀冥福也。居署舍为梵刹,延僧奉佛,而身且隐于山林之间。"翌年,晋武帝果然分兵六路攻吴,吴国亡。晋元康九年(299年),郑平去世,享年93岁。

霞山郑氏奉郑平为衢州始祖,按照郑氏宗谱中《开国公行状》一文记载,郑平生于东汉建安四年(199年)丁丑正月十五日。建安元年为丙子年,如果是建安四年应为己卯年,丁丑则为建安二年(197年),显然记载有误。其余有关生平的记载与《衢州市志》基本相同,如"黄龙元年(229年)31岁以功封赞护将军,光禄大夫,开府仪同三司。嘉禾五年(236年)郑平被加封为征房大将军,元兴元年(264年)迁左光禄大夫、新昌郡公,食邑信安"。只是由于出生年代的提前,卒年也提前到了晋元康元年(291年)去世。

有关郑平的记载还有不同的说法,如据元代衢州路教授郑子仁撰《始祖开国公舍宅建寺宋祥符来历》中云:"今大中祥符寺,在府治西北隅,即吴峥嵘镇是也。晋永嘉二年(308年)戊午为吾始祖开国公舍宅所建。"既然为郑平舍宅所建,而非郑平后裔所为,那么此时的郑平应该依然在世,但是不管是按照《衢州市志》还是按照《霞峰郑氏宗谱》的说法,公元308年,郑平早已去世了。郑庠为郑氏"渡江始祖",已成为郑氏南迁史之定论,国内多数的宗谱及研究文献都认为,郑平之父郑庠是避永嘉之乱过江居秣陵的,时间在永嘉元年(307年),曾任吴国车骑长史、平难将军,后出任东安太守,镇守丹阳(今江苏江宁)。晋建兴四年(316年)出任信安县令,逝世后葬于信安西门外,子孙繁衍江浙闽粤等省。① 郑庠长子郑平为豫章太守,坐镇江州(今江西九江),并非所谓三衢始祖,其弟郑昭为东晋龙骧将军,封开国侯,率兵入闽,称"开闽始祖"或曰"入闽始祖",入闽时间也在永嘉年间。

三、开邑始祖

关于霞山郑氏宗族奉为开化郑氏始祖的郑元祷(图2-4),《霞峰郑氏宗谱》在其小传中有"太宗时持节往劳,突厥悦服",并附有唐高祖颁给郑元祷的圣旨和对郑元祷夫人的诰命。诏书上说:"今颍川刺史郑元祷不劳兵甲,不费剑矢,掉三寸之舌能消十万之熊羆,奉尺一之书能遏方张之戎马。"此诏书内容载在宗谱,似应有出处,当然由于年代久远,具体从何而来现已无从查考,如今的霞山郑氏宗人也不知其所出。值得怀疑的是,

---

① 《郑庠渡江始发地固始考》,世界郑氏网,http://www.zhengshi.ha.cn。

谱中所述均认为是"太宗时持节往劳",但是诏书却是"武德四年",即应该是唐高祖李渊颁赐的诏书。似乎是颁赐诏书在前,出使突厥在后。现存的崇祯《开化县志》以及康熙、乾隆,直到清代光绪《开化县志》都将郑元璹作为开化的乡哲或名宦收录,有关他的事迹也都按照《孤峦郑氏家谱》以及唐书所载的郑元璹传记撰写。直至民国38年(1949年)由龚壮甫①先生编著的《开化县志》(稿)才对此进行了认真的考证,龚先生认为,郑氏奉为始祖的郑元璹并非唐书所载之郑元璹。以下为民国《开化县志》(稿)中有关的记述:

图2-4 郑元璹容像

"郑元璹,字子瑞,其先世祖郑平,于吴嘉禾五年拜征虏将军,以千人守峥嵘镇。元兴元年以功迁左光禄大夫,新昌郡公,食邑信安。至四世孙冠武将军南安侯歙州刺史谦居于歙。元璹即其九世孙也。生而颖异,夙学天成,为颖州刺史。尝至衢祭扫祖墓,道经孤峦,爱其山水之胜。于唐武德四年自歙州徙居衢州常山县玉山乡仙凤里孤峦山下居焉。今开化郑氏多其子孙。(据孤峦郑氏谱世系及郑谓川《衢县志》)

按开化旧志均误引唐书郑元璹事列入本传,而不考其世系爵里之不同。唐书郑元璹为郑州荥泽人,此则自歙州刺史郑谦以下至元璹凡九世皆住歙州,其不同者一;唐书郑元璹袭爵沛公更封至国公后转武侯大将军,坐事免,起为宜州刺史,卒后谥曰简,此则位只颖州刺史,未有谥号,其不同者二;唐书郑元璹于贞观三年尚出使突厥,以后又为大将军,而此则据谱所载武德四年已迁居孤峦,其不同者三;唐书郑元璹字德芳,此则据谱所载字子瑞,旧志误引其事,且并更其字,其误甚矣,今特正之。"

其实,按照《霞峰郑氏宗谱》记载,郑元璹为郑平的十三世孙,郑元璹父亲为郑敬明,祖父为郑子英,谱上并无二人出仕的记载,而且郑子英更是"笑傲林泉,不求闻达",这与唐书中郑元璹的情况完全不同。唐书中郑元璹的父亲为郑译,为北周、隋朝著名音乐学家。祖父郑道邕曾任魏司空,这二人史书上都有明确记载。郑译幼时与北周宣帝交好,在周宣帝时任内史上大夫,封沛国公。杨坚掌握北周朝政后,郑译为上柱国、相府长史。作为隋朝开国功臣,入隋后,仍拜上柱国,还曾出任隆州刺史、岐州刺史。郑译其人"性轻险,不亲职务,而赃货狼藉","又与母别居,为宪司所劾,由是除名。下诏曰:'译嘉

---

① 龚壮甫(1887—1977年),民国《开化县志》(稿)总纂,新中国成立后曾任开化县各界人民代表会议常务委员会副主席。

谋良策，寂尔无闻，卖官鬻爵，沸腾盈耳。若留之于世，在人为不道之臣，戮之于朝，入地为不孝之鬼，有累幽显，无以置之。宜赐以《孝经》，令其熟读。'仍遣与母共居"。也就是说郑译此人为官并不清廉，且对母不孝。郑元璹为郑译三子，隋文帝夺取北周政权建立隋朝之后，即"进子元璹爵城皋郡公，邑二千户"，"元璹初为骠骑将军，后转武贲郎将，数以军功进位右光禄大夫，迁右候卫将军。大业末，出为文城太守。及义兵起，义将张伦略地至文城，元璹以城归之"。郑元璹善用兵法，更是个远近闻名的出色外交人才，在俘获郑元璹之后，李渊如获至宝，不但赦他无罪，还任命他为太常卿，从此，郑元璹登上了唐朝的外交舞台，成为一位名垂青史的外交官。曾在唐高祖、唐太宗两朝出使突厥，不辱使命，受太宗器重。不过这位外交官与其父郑译一样，同样以不孝敬母亲出名①。

另外，郑氏宗谱载唐德宗朝宰相陆贽所撰《郑太常卿子瑞先生传》中有"唐太宗朝辟为颖川太守……朝廷以公深明韬略，令督师远伐。斯时也，公以文职而亲戎事"等语，也充分说明了此郑元璹与唐书中记载的郑元璹之不同。唐书中的郑元璹善用兵法，隋时就担任过骠骑将军，且"数以军功进位右光禄大夫"，何以能是文职？清乾隆十一年（1746年），霞山郑氏合族编修宗谱，始祖郑元璹墓在开化郑岸，且有石牌坊存在，上书"唐太常卿郑元璹墓"，唐书中的郑元璹确实担任过太常卿一职，而郑氏开化始祖郑元璹谱上记载较多的是担任过颖川刺史，鸿胪寺卿以及所谓太原河北安抚使，郑氏始祖郑元璹是否曾经担任过太常卿一职现在无法考证。当然假使这位郑元璹曾经担任过太常卿，就据此认为是那位出使突厥的外交官员，似乎有些牵强。况且此牌坊立于何时并不可考，也有可能就是在郑氏后裔以讹传讹之后才建造的呢？因此郑氏奉郑元璹为开邑始祖没有错，但是此郑元璹非彼郑元璹也。

四、衢州刺史

前文提到衢州大中祥符寺乃郑氏衢州始祖郑平舍宅而建，郑氏宗谱对此亦有记载。《霞峰郑氏宗谱卷之廿二·艺文》中，宋嘉祐五年（1060年）由郑平的第二十五世孙郑慧、郑成、郑珊等撰写的《修祥符寺罗汉阁路宗堂记》中说，大中祥符寺初名"郑觉"，唐神龙年间，改为"龙兴寺"；唐德宗时陆贽曾助田千余亩以饭僧众。会昌灭佛时寺废，唐宣宗年间梵刹重兴改为"高行寺"，后又恢复"龙兴寺"，宋太宗景德年间改名"景德"，真宗时以年号命名"大中祥符"。同时郑氏宗谱记载，在唐元和二年（807年）郑平的十九世孙郑思浩担任衢州刺史，看到昔日先祖舍宅为寺的祥符寺日益破败，"以祖像淹黝，乃就寺北建'路宗堂'，安奉以像，广集子姓，以时拜祭，继而恢拓前模，崇乃殿，广乃庑，庄严罗汉五百一十六尊"。而根据元代衢州路教授郑子仁撰《始祖开国公舍宅建寺宋祥符来历》中云：唐元和年间，郑平第十九世裔孙郑式瞻任衢州刺史，捐资修葺，于寺中隙地建室数十间，供奉罗汉516尊，并建"会宗堂"，置郑平遗像以祀之。其余有关

---

① 以上史实见《隋书》卷三十八及《新唐书·郑元璹传》。

寺名更改的记载与郑氏宗谱同。根据两者以及衢州县志的记载，大中祥符寺在唐代元和年间进行过修扩建是确凿无疑的事情，但这位担任衢州刺史的郑平十九世孙到底是郑思浩还是郑式瞻？根据新编《衢州市志》，郑式瞻是在唐贞元十六年（800 年）担任衢州刺史的，且有史籍为证，如《旧唐书·本纪第十三·德宗下》载，在贞元十七年（801 年）癸酉，衢州刺史郑式瞻进绢五千匹，银两千两，上曰："式瞻犯赃，已诏御史按问，所进宜付左藏库。"郑式瞻的犯赃是在衢州刺史任上的第二年，与衢州的银矿开采有关，根据《册府元龟》记载，"盐铁使李某于衢州即山凿银，式瞻诬银工，杖杀十余人，人怨之。观察使举奏，发御史就鞫之，坐赃二千贯"，结果被鞭笞四十，下诏流放崖州。诏书未至，即死于衢州府监狱①。郑式瞻的事迹在《太平广记》中也有记载，这位郑刺史曾照顾过一位流落到衢州的落魄少年。此人本名为豆卢辅贞，郑刺史将其改为豆卢署，以后此人应试四次才中举，据说就是因为郑刺史所改名字当中的"署"字为"四者"合成②；另《全唐诗》中有著名诗人李益所作《自朔方还与郑式瞻崔称郑子周岑赞同会法云寺三门避暑》，看来郑式瞻与李益还有一些交情。就以上史料看，郑式瞻作为衢州刺史是确凿无疑的。霞峰郑氏宗谱所记之郑思浩，字孟养，担任衢州刺史的年代为唐元和年间（805—820 年），与元代衢州路教授郑子仁所述担任衢州刺史的郑式瞻为同一时期，且同为郑平十九世裔孙，应该是同一人，与衢州市志所述的年代相差也不是太大，当然不同的是郑式瞻在此之前的贞元十七年（803 年）已经死于州狱了。同时按照《衢州市志》记载，在元和年间担任衢州刺史的并没有郑氏，倒是那位受郑式瞻照顾的豆卢署在元和十五年（820 年）担任过衢州刺史，由此可以认定郑氏宗谱所载之郑思浩应该与郑式瞻为同一人。

　　另有衢州亭川郑氏与霞山郑氏一样也是三衢始祖郑平的后裔，但《亭川郑氏谱》载，始祖为郑浩，曾任衢州刺史，遂家于城西亭川鲁安山。亭川始祖郑浩是否为郑思浩的笔误呢？郑氏宗谱虽无郑思浩家于衢州亭川的记载，但是说他"建路宗堂，安奉以像，广集子姓，以时拜祭"，所以也有可能确实当时家在衢州。根据《霞峰郑氏宗谱》记载，郑思浩有二子，郑端仁和郑端礼，霞山始祖郑慧为次子郑端礼的五世孙，那么极有可能是郑思浩的长子郑端仁居于衢州亭川。无论如何，说明在衢州以及开化的郑氏家族中历史上应该确有其人，至于郑式瞻的字号为何，郑思浩是否是郑式瞻的别号，现不得而知。当然除了人名问题，还有就是堂名问题，既然是萃族祭拜祖宗，那么自然应该是以此堂作为"会宗"之所，何以名为"路宗堂"呢？霞峰郑氏宗谱中记载，宋嘉祐五年（1060 年）郑平的第二十五世孙郑慧（霞山郑氏始祖）、郑成、郑珊等曾恳请同宗共同葺理，重修祥符寺罗汉阁路宗堂，此事似也无法考证。近观《黄溍全集》③，其撰写的《衢州（路）大中祥符寺

---

① 见《册府元龟》卷七百《牧守部·贪黩》以及卷一六九《帝王部·纳献》。
② 见《太平广记》卷第二百七十八《梦三》。
③ 黄溍（1277—1357），元代文学家。婺州义乌（今浙江义乌市）人，字文晋。元仁宗延祐间进士，任台州宁海县丞，累擢侍讲学士知制诰等职。著作有《日损斋稿》33 卷、《义乌县志》7 卷、《日损斋笔记》1 卷、《黄文献集》10 卷。今存《黄学士文集》43 卷。《黄溍全集》2008 年由天津古籍出版社出版。

记》一文中没有宋代大中祥符寺修葺的记载，黄溍为元代人，去宋不远，如果霞山始祖郑慧等曾经大修祥符禅寺，黄溍应该是知道的。

第二节 霞蒸丹山

赵华富先生在分析徽州宗族的繁衍时指出，徽州宗族繁衍裂变的原因有：宦游、避地、择胜、指众、出赘、隐居等。① 其实纵观国内各地，宗族的发展变化似乎都不外上述这样一些原因。霞山郑氏衍自开化孤峦郑氏，而孤峦郑氏始祖郑元祷即是由于"尝至衢祭扫祖墓，道经孤峦，爱其山水之胜"，于唐武德四年（621年）自歙州徙居衢州常山县玉山乡仙凤里孤峦山下（即今开化音坑乡青山头村），迁居此处的原因即所谓"择胜"，其实从历史情况分析，郑元祷之迁居开化，大概还有"避地"的原因。据史料载，隋末天下扰攘，徽州汪华于隋大业三年（607年）起事，据黟、歙等五州，号称吴王，"镇静一隅"十余年。武德四年（621年）十一月，唐高祖命已归顺的杜伏威调遣王雄诞进攻汪华，最后以汪华"窘迫请降"，归顺唐朝告终。② 也许郑氏开化始祖郑元祷正是看到这场战争不可避免，故而举家由歙迁来开化孤峦的。从武德四年（621年）至宋皇祐四年（1052年）的400多年时间里，郑元祷的后代或宦游于外省，或因商客居外籍不返，或入赘他姓，或由于"土满人稠"而徙居他处，遍布常山、开化、江山、淳安等处。

一、孤峦裂变

宋仁宗皇祐四年（1052年）是北宋时期的一个重要年份，也是开化郑氏家族发展历史上的重要一年。这一年在广西发生了侬智高的反宋叛乱。侬智高（1025—1055年）是北宋时期岭南边境广源州（今越南高平省广渊社）人，继其父之志在傥犹州（今广西靖西县境内）建立"大历国"。宋仁宗皇祐元年（1049年）九月，侬智高公开打出了反宋的大旗，派兵攻打广南西路的重镇邕州（今广西南宁）。在多次要求内附不允的情况下，宋仁宗皇祐四年（1052年）四月，在不到半个月的时间内，侬智高军连下邕、横（今横县）、贵（今贵港）、浔（今桂平）、藤（今藤县）、梧（今梧州市）等州，占领了广南西路的大片区域。紧接着，侬智高兵取封（今广东封开县）州，又连下康（今德庆县）、端（今肇庆市）等州，于皇祐四年五月抵达广州城下，使这座岭南重镇陷入重围之中。广州

---

① 赵华富：《徽州宗族研究》，合肥，安徽大学出版社，2004。
② 有关汪华归顺唐朝和王雄诞攻打汪华的时间有不同说法，按照《唐书》和《资治通鉴》唐高祖授予汪华"一府六郡"歙州总管应在汪华被降服之后，但是县志记载正好相反。转引自洪峰：《望族的故乡》，合肥工业大学出版社，2005。

毕竟城坚池深，守兵众多，侬智高围城五十余日不能得手，再加上原来安插在荆湖地区的内应人员被一一查出，侬智高自度北伐无望，于是只好在围攻广州五十余日后撤兵西归，转而又去攻打贺州，在贺州太平场杀了广南钤辖蒋偕、庄宅副使何宗古、右侍禁张达、三班奉职唐岘等官员。九月，破昭州（今广西平乐），又去围攻宾州（今宾阳），十月，破宾州，再次占领邕州，"日夜伐木治舟楫，扬言复趋广州"。

  这年九月，当两广败报像雪片般地飞往京城开封时，宋仁宗决定征调狄青、孙沔以对付侬智高。当狄青离开汴京率兵出征。远在浙江开化的郑元琦十二世孙郑胜（霞山始祖郑慧的从弟）因"武略超群，忠义激发，出膺武荐，宣抚狄青与谈兵，恨相见之晚，心腹任之，奏为护国大将军。公集家兵以图奇捷。弟九公胭、子十五人还有侄九人，英烈济济，克服端州……"① 也就是说，开化郑氏家族中的郑胜带领子弟共25人随狄青出兵广西平叛，参加了攻克肇庆的战斗。族中子弟的参战在郑氏家族平静的生活中掀起巨大的波澜，郑慧是孤峦郑氏家族的第十二世长孙，此时大概已从淮阳令上卸任，作为一个见过世面的人物，对于从弟参战平叛的举动，无疑认为是忠君爱国的当然之举，然而对当时势不可挡的侬智高叛乱能否平定确实还是心有余悸。所以当族中有人提出，他们的参战会不会使整个家族都要受到牵连的时候，就不能不引起大家的警惕。这也难怪，当时的汴京城内，宋仁宗与枢密院等朝廷中枢一片惊恐，"朝廷忧之，君臣为之旰食"。据说当狄青离开汴京的时候，宋仁宗十分担忧，对大臣们说："狄青有威名，敌人一定很怕他，我担心他会受到暗害，左右使唤的人非亲信者不可，即使是饮食卧起等这样的事也要严加防范。"为此宋仁宗特地令使者驰行千里去告诫狄青。② 这种情形之下，如果郑胜是一位参加战斗的重要将领，那么他自己也可能确实要有所防范。然而查阅《平蛮三将题名碑》③，狄青麾下并无郑胜之名，由此说明郑胜并非重要的参战人员，自然不会有人去加害于他，其家人远在浙江开化，更没有遭侬智高派人报复的可能。根据曾巩文集④记载，当狄青率军出征之时，有不少企图不战而得以升官的人都托关系找狄青，希望跟随狄青出征，被狄青挡了回去，说明即使参战也并不存在"恐贼报复"的问题。故而郑氏族谱中所谓"其余亲族，恐贼报复，累及身家，隐居四散"一说不过是为避讳"家丑"的一个借口而已。我们可以推测此时的孤峦郑氏家族内部一定是发生了什么事情，才使得人心涣散，族人纷纷各自出外择地另居。"一公慧同堂弟第四公成迁霞山，三公憖迁菖蒲，五公珊迁礼范，六公瑚迁睦州青溪，二公琏徙衢之小沟，七公伊徙昌化大峒街，十一公居常山，十三公十七公同移浦江，廿四公移闽之崇安，廿七公移蒲田，三一公据德兴，五三公居分水，百二公居绍兴，

---

① 见族人郑瓉撰写于宋咸淳八年（1272年）的《霞山郑氏宗谱·序》。但是郑胜被授予所谓护国大将军一职，应该并非实情。况尚未参战，仅凭口头谈兵而功未立，怎么可能授予护国大将军一职？
② 汲古阁主：《从宋人笔记看北宋中期的宋侬之战》，http://www.guoxue.com。
③ 该碑位于桂林市铁封山西麓，今存。碑立于狄青等平定侬智高叛乱之后，刻有狄青、孙沔、余靖三将麾下上将名单。狄青麾下并无郑氏将领，孙沔麾下虽有郑纾之名，但查相关史料，其为湖北陆安人，系北宋文学家、政治家郑獬之父，与开化郑氏无涉。
④ 宋·曾巩：《杂识二首》，见《旧小说》丁集。

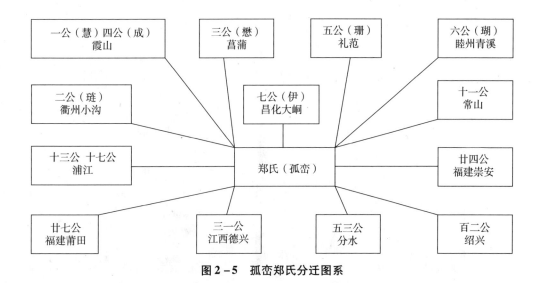

图 2-5　孤峦郑氏分迁图系

行次不一，悉皆外播。"（图2-5）但是等到第二年，"侬贼走窜，中原平静"，参加战争的八公郑胜等其他子弟皆由于战功"各膺武职镇守边疆"，"八公长子悌、九公长子焙荣归旧宅居"。迁徙出去的族人似乎都有点不太好意思，南宋宝祐年间举人，曾担任国子监大司成的霞山郑氏十二世郑瓒在撰修族谱时特地为他的先祖郑慧公作了一些解释："而我祖慧公虽以避寇徙居，实承祖志以乔迁丹山而占川岳之胜，遂迎父文质公就养丹山而立桑梓。"

二、乔迁丹山

郑氏家族在皇祐四年发生的"裂变"其实是正常的事情。自郑氏开化始祖郑元祷于武德四年（621年）由歙州迁居孤峦，到宋皇祐四年（1052年）已经历四百年，传十三世，尽管霞山郑氏宗谱在郑元祷孙辈以下没有旁系分支的完全记载，但是其孙辈已有十二人，可以想象到十三世时孤峦郑氏家族的人口规模，所以田少人稠，整个家族面临着较大的生存压力应该是主要的原因，外因大概是家族中出现了一些特殊情况或者正如宗谱所述是为了避祸，郑氏族人各自寻找出路，从而出现了皇祐四年的大迁移和族人的大散居。

前述郑瓒在家谱序中说，郑慧公（图2-6）乔迁丹山，并迎父郑文质公（图2-7）来此就养是继承祖父郑公叔的遗志而来。郑慧之祖父郑公叔乃是一员武将，"黄巢作乱，剽掠睦杭抵衢及歙，公同张自勉督兵追贼，贼营视坞，坚壁不战，逾旬，粮矢竭，弃寨潜遁，至剑石溪阻，兵袭其后，遂北望桃林向歙而走。公尾贼，道经丹山，见一水拖青，群峰拥翠，形势之美有如天造，遂有迁居之志。后因国政日萦，未果"。也就是说，郑公叔是追随唐右威卫上将军张自勉围剿黄巢起义军，路经此地，看到丹山周围环境优美，山清水秀，遂有乔迁之志，但因自己公务繁忙，没有来得及迁居丹山。据谱称，郑公叔还是将霞山的情况经常讲给子孙，希望有一天自己的后代能够迁居到那里去。

图 2-6　郑慧容像　　　　图 2-7　郑文质容像

无论出于何种原因，可以看出，随着郑氏家族在孤峦的发展，家族的不断裂变迟早会发生，所以郑公叔也是早就做好了子孙外迁准备的，谱中说他"尤善于地理"，对于开化孤峦周围的地方应该是进行了一番考察的，每遇山水佳处，"私幸而窃记之"，然后令子孙"择其善者而居"。霞山在马金溪上游，由孤峦溯马金溪而上不过十多里即可到达，即使郑公叔没有追随张自勉围剿黄巢，也应在其考察之列。郑慧公自孤峦迁居丹山的确是"继祖之志"。

事实上，关于张自勉，按照崇祯《开化县志》载："张自勉，原名御，字子平。生而志远谋沉，善鞍马。唐末盗起，屯戍捍御，乡群以安。声闻于朝，辟为征南行营。"也就是说，张自勉原来是一位乡勇，因为维护当地治安出了名，才被朝廷招用。又据《新唐书》载，唐懿宗乾符三年丙申（876 年）十二月，王仙芝在攻占山东沂州之后，向南攻打申、光、庐、寿、舒、通等州。淮南节度使刘邺紧急奏求朝廷派兵，懿宗皇帝接受宰相郑畋的建议，任命崔安潜为行营都统，李琢为招讨使，张自勉为招讨副使。这是唐书中第一次提到有关张自勉参与征剿王仙芝义军的事情，这个时候的张自勉已经是一名骁勇善战的良将了。此后，乾符四年（877 年），张自勉率领忠武兵七千人解宋州之围，杀贼两千余人；当年十二月，黄巢攻陷匡城（今河南睢县一带）后，朝廷再次下诏颍州刺史张自勉将诸道兵击之；乾符五年（878 年）正月，曾元裕被任命为诸道行营招讨使，张自勉为副使，两人率兵追杀王仙芝至湖北黄梅县，斩王仙芝于此。三月，张自勉又被任命为东南面行营招讨使。当王仙芝被杀，余部投靠黄巢，黄巢准备攻取洛阳，张自勉等受僖宗之命，加强了在中原的兵力部署。黄巢只得引兵渡江，攻陷虔、吉、饶、信等州。八月，在攻打宣州失利的情况下，引兵入浙东，开山路七百里，向东南攻剽福建诸州，于当年十二月，攻陷福州。也就是说乾符三年（876 年）和乾符四年，张自勉一直是在河南一带活动，自然不可能到达浙江开化的霞山。如果说郑公叔追随张自勉剿灭黄巢起义军的话，只能是在黄巢引兵浙东，路经衢州的时候。然而从唐书上看，并未见张自勉从中原追击黄巢到衢州的记载。更加值得关注的是，假设郑公叔确实是追击黄巢起义军到达过霞山一带，当是在乾符五年（878年）前后，或者至迟是在黄巢北伐之时即唐广明元年（880年），但是直到宋皇祐四年（1052年）才由其孙子郑慧完成了其迁居丹山的遗愿。这时距公叔公追剿黄巢已经过去170年了。从祖父到孙子三代经历了170年，这又怎么可能呢？更何况郑慧还是郑公叔的长房长孙。如果说从郑公叔到其子郑文质以及其孙郑慧之间的世系正确，按照较长的时间如一代大约30年计算，那么郑公叔生活的年代应在公元1000年前后，那时候早已是北宋的天下，自然不可能去攻打黄巢了。另外在霞峰郑氏宗谱的古世系图中记载，郑文质的堂兄弟郑文礼"开宝七年客居润州东门今镇江府"，也就是说郑文礼是在北宋开宝七年（974年）迁居镇江的，那么郑文礼与其堂叔郑公叔，生活的年代怎么有可能相差一个世纪？

郑氏宗谱上有关霞山之前的世系中有明确纪年的人物不多，只在个别人物的名下有一些有着明确纪年的事实记述。如作为衢州始祖郑平第十九世孙的郑思浩，宗谱记载他曾在唐元和年间（806~820年）出任衢州刺史，并创路宗堂于祥符寺奉祀始祖郑平；其次子郑端礼"咸通六年本州路兼沿江兵马迁端阳令"，咸通为唐懿宗年号，咸通六年即公元865年。郑公叔为郑端礼的曾孙，又如何能够在公元878年跟随张自勉去追剿黄巢？如果说是郑端礼追随张自勉去攻打黄巢起义军还是有可能的，因为他担任"本州路兼沿江兵马"，有"抗匪守土"之责，而且从时间上看也是合理的，且宗谱记载有其兄郑端智为"无锡尉，运粮殁于阵"，当也是在剿灭黄巢的战斗中阵亡的。在《霞峰郑氏宗谱》郑氏历世人物传中，对于郑公叔的记载，与其名下小传不同，并没有关于其追随张自勉围剿黄巢起义军的只言片语，只是说他"留心家计，绝意进取，力行节俭，治家产竟能大起规模，为裕后之基"。"尤善于地理，其山明水秀之区，气脉团聚之域，不觉足为目迫。私幸而窃记之矣，乃指其子孙择其善者而居之。"因此郑氏族谱极有可能是将郑端礼的史实错误地安排在了郑公叔身上，使得郑公叔与郑慧祖孙两人生活的年代相差了170年。而且如果根据郑文礼在开宝七年（974年）迁居镇江的时间判断，郑公叔的确也应该是生活在公元1000年前后的北宋时代，只有如此，其孙郑慧于皇祐四年迁居丹山的史实也才能够成立。

郑慧公迁居丹山之初选择的居处，并非今日之霞山。根据郑氏宗谱记载和现今郑氏族人的传说乃是与霞山隔溪而望的丹山石壁之下，其地背有青云岭依峙，左有包山，右有来龙山，船安山为其近案，前有马金溪流过，一水去之如元，尽管朝向为西，但是依山傍水，明堂宽阔，前有粮田可耕，后有群山依峙，宜于子孙后代的发展。在当时的条件下，这样的风水宝地，自然是郑慧公从孤峦迁出的最好选择。于是郑慧公度地构屋，并将父亲郑文质公接来，一家人在新的居住地其乐融融，尤其郑文质公其时年岁已高，基本不问家事，整日优游于山水之间，安度幸福的晚年。

三、奠基霞山

北宋元丰癸亥（1083年），也就是郑慧公迁居丹山之后的第32个年头，此时郑氏的男主人是慧公的嫡孙郑律了。就在这一年的夏季，突如其来的一场大水，使得马金溪改道直冲丹山而去，汹涌的洪水将丹山石壁下的房屋荡平，家园尽毁。好在郑律公似乎对这样的灾难早有准备，大概多年前就已经请地理先生对于上田五垅庄（即今霞山村一带）的风水进行了一次全面的考察，并已经在此营造了一处别墅，从此全家迁居上田五垅。其实此时的上田一带已经有人居住了，甚至还不止一家，其中便有范姓和黄姓，或许还有别的人家。之所以这样说，一是村中至今流传着"郑姓到，范姓歇"的说法，说明郑氏前来霞山发展之后，范姓就衰落了，而且在南宋末年郑氏家族上派始祖郑天麒即在地名为范家塘的地方构筑了严堂庵，地址就在霞山的钟楼东北一带；二是迁来霞山的郑律死后的坟地是其岳丈黄老先生所给，地名为黄家门前，约在今霞山永锡堂的东侧附近，说明霞山也曾有黄姓家族生活；再有就是郑氏前房始祖郑天麟之孙马四公曾设法用计挤走了某姓人家，谱载"村内向有基地数亩，系他姓人业，新营建其地"，马四公"卒以计阻之，售其地"（图2-8）。

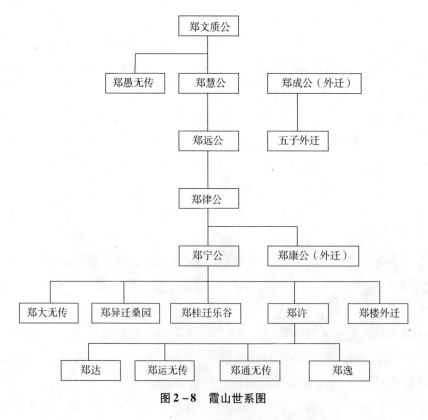

图 2-8 霞山世系图

自郑氏迁来丹山，两代单传至律公，律公再迁霞山，生二子郑宁、郑康，按说好不容易有了两个儿子，应该兄弟一起共同在此处发展，但是郑康在娶妻生子之后，迁往前田，后又迁往大垅发展，郑宁生了五个儿子，留在霞山的也只有一个，即四子郑许（霞山六世祖）。

究其原因可能还是由于当时的上田早有他姓人家在此生活，郑氏家族尽管有人为官，但毕竟是后来者，田产不足以糊口，面临着较大的生存压力，因此才有不断外迁的情况出现。郑氏到了第七代的时候，在霞山有了四个男丁郑达、郑运、郑通、郑逸。然而这四个男丁当中只有郑达留下了后代，虽然郑达之子郑子谦曾出仕任建宁学政，其孙郑伦也曾担任晋江县丞，生活富裕，衣食不愁，但遗憾的是留在霞山发展的郑氏一支直到第九世，人丁一直不旺，六世祖郑许的其他子孙要么外迁，要么无传，而郑子谦和郑伦父子二人均在外为官，家中几无男丁。在自然经济的社会，对于一个家庭而言劳动力是最关键的，人口的多少直接关系到一个家族的兴旺发达，乃至生死存亡。大概就在这时，郑氏便招赘汪崧来到霞山。

汪崧乃世居徽州的唐越国公汪华之后裔，先祖由歙县迁居开化马金江村。汪崧既然赘居霞山郑氏，必是依附于郑氏家族，甚至可能就是郑家的总管。郑氏家族中男丁人口稀少，且都是读书人出身，家中的大事小情尤其是耕田出力之事，想必都是由汪崧全权处理的。郑氏霞山八世祖郑子谦曾任建宁学政，属于书香门第，如果按照传说汪崧是猎户出身，社会地位相差悬殊的郑汪两家能够联姻，在现今看来也是匪夷所思。但是事实上根据郑氏宗谱记载，郑汪两姓之前就有联姻关系，汪崧先祖也曾是簪缨相继的耕读之家，而到了汪崧这一代可能确实由于家贫未能读书，一心务农或者打猎为生，这正是郑氏家族生存发展所需。在古徽州一带，一些家族在本支人丁不旺的情况下招赘他姓，以形成一种帮扶的力量从而促进本姓发展，尤其是在家族发展的初期，也是一种风气。想来郑氏招赘汪氏入门的意义即在于此吧。果然在汪崧入赘郑氏之后，郑崇的孙子郑瓒考中举人，并在京城国子监担任了大司成。郑瓒生有三子：郑天麒、郑天麟、郑天祥，各个聪明颖异、勤奋好学，熟读经史，并靠着父亲的国子监大司成荫补国子监助教①，三子竟"俱不就官"，各建别业名为严堂庵、乐互庵、石柱庵，每日读书自娱、壶觞自乐、悠游山水。在汪氏的帮扶之下，郑氏家族的经济条件逐步得到改善，人口也逐渐增多，仅郑瓒的孙辈就有了8个。

四、家族繁荣

宋室南迁定都杭州，大兴土木，为江南的木材业贸易提供了发展的机会。徽州的自然条件和地理位置给徽州商人经营木材业提供了充裕的条件，到了明代初期，徽商初步形成，仅凭徽州本地的木材产出难以满足对木材的需求；而开化重峦叠嶂，气候湿润，林木资源丰富。头脑灵活的徽商把目光转向了与徽州毗邻的开化，开拓新货源，扩大木材贩运活动。木材商业的整个经营活动包括拼山、采伐、加工、运输、销售等诸多环节，而开化木材的运输尤其是西北部木材的运输只有马金溪这一黄金通道。随着徽州商人在开化一带拼买山头经营木材业的逐渐兴起，通过马金溪中的木排日益增多，霞山一带的人们逐步参与到木材经营的环节当中，这块马金溪流过的土地也受到了商业文化的浸染。耕读传家、优游山水的郑氏书

---

① 家谱中并无三人参加科考的记载，只是说三人才华横溢，所谓授国子监助教，也仅是郑氏宗谱一面之词。如果确实，想来是靠着父亲的荫补吧。

香门第也开始发生了生存观念的变化,由"传家别无法,非耕即读",转向了由儒而贾,以贾求生,以贾养儒。大约从霞山郑氏的第十五世——前房的马四公、中房的鼎五公开始了拼买山木的贸易活动。木材贸易是一种风险较大的生意,当然利润也相当可观,凭着吃苦耐劳的精神,超凡的胆识和气魄,逐渐赢得了丰厚的利润,积累了大量的财富,到了郑氏家族的第十六世时,经营木材业的赢利竟"大起规模"。家庭经济条件的改善使得郑氏家族的生存环境发生了根本改变,他们开始娶妻纳妾,人口按几何级数上升,逐渐枝繁叶茂。到十七世郑旦公时郑氏家族已经是"田连阡陌,赀甲一方",且"声望日隆",成为开化巨族世家。

郑氏家族生存观念的改变和经商贸易的兴起其实也是与日俱增的人口和山多田少的客观环境压力所造成的,通俗一点说就是"山多田少、人多粮少"逼出来的。康熙年间县令崔华曾上奏朝廷减免赋税,奏折中称"开化地处万山,总无平原阔畹,大约山水居八,田地居二,即此二分田地亦皆因山之高下而始成。在昔民殷物阜时,人力有余。凡在山之上者皆砌石叠障而为地;凡在河之旁者筑堰累坻而为田。若一年不加修整则水□石塌,而地复为山,田化为河矣"①。这是开化"田少"之确证。关于开化的人口,根据民国38年《开化县志》(稿)所作的粗略统计,在五代之前,迁入开化的家族数大约在十四五姓,而到了宋代迁入开化的家族数量为二十,元代迁入开化有三个家族,明代又有大约五个家族迁入。乾隆六十年《开化县志》载,宋端平年间开化县总户数18538户,人口53921人;到了元朝至大年间户数增至25265户,人口数量达到127534人。人口的机械增长和自然增长使得人口数量陡增,到了元末,郑氏家族仅在霞山的人口数量就增至大约七十人左右,更何况当时的上田还有其他的人家。因此为了生计,霞山郑氏不得不拓展自己的生存空间,从事木材生意。当然从主观上讲,家族理念的转变是很重要的因素,同时郑氏家族家境宽裕也有资本和条件从事木材生意。

郑氏家族与他姓人家共处霞山上田的局面一直维持了大约400年,需要说明的是自从郑氏迁居上田,其他的几户人家逐渐衰落,但是直到第十五世时村落内还有一户别姓人家。据宗谱记载,其时"……村内向有基地数亩,系他姓人业,新营建其地"。马四公"谋诸宗人曰'卧榻之下,岂容他人酣睡?'卒以计阻之,售其地,而后郑氏之居,始称'完锦'焉"。也就是说郑氏在霞山发展到第十五世时,整个村落才成为郑氏家族的完全单一的血缘村落。当整个村落成为郑氏的独居之处时,富裕起来的郑氏家族开始了整个村落的建设活动,明代弘治年间郑氏家族有感于村落东部水口处的风水缺憾,修建钟楼以平衡村西之高岭——船安山,同时有计划地改善整个村落的内外环境,规划村落的整体布局,铺设石板路、修丹山桥、八风桥等以方便交通,建设宽敞的住宅等,修祠堂祭拜先祖、辑宗谱统宗收族,设义田怜恤孤寡等宗族制度的建设;兴文崇教,开办书院培育族中子弟,重科举、勤耕读等攸关家族发展的举措,使得霞山郑氏家族呈现出一派欣欣向荣的繁荣局面。

---

① 朱朝藩等主纂:《开化县志》,乾隆六十年。

第三节　汪氏辅翼

霞山村东侧紧邻蓝峰之下居住着汪氏一族，其地名曰下田（或称霞田），与郑氏所在的上田村（即今霞山），对外均称为霞山或者霞峰，历史上曾经就是霞山的一部分。根据《霞峰汪氏会修宗谱》所载的霞峰里居图（图2-9）可以清楚地看到，古时的霞山上田、下田两村的建筑毗连在一起，并无现今中间的这块田地，甚至在霞山村水口的钟楼和紫霞堂内侧还有所谓汪家路。汪氏本为唐代越国公汪华后裔，浙江、安徽、江西一带的汪姓族人大都源自汪华一脉，尊汪华（图2-10）为显祖，汪华后裔汪祖圣于北宋（宋太祖）开宝年间（968—976年）由歙州（现安徽歙县）篁墩迁来开化马金江村，汪祖圣的十世孙汪崧，谱名六一，字松高，生于宋淳熙戊戌年（1178年），于庆元乙卯年十七岁时（1195年）定居霞山，开始了汪氏在霞山长达近千年的繁衍生息。

图2-9　汪氏宗谱霞山里居图

图2-10　汪华容像

一、郑汪联姻

关于汪氏迁居霞山，民间的传说有两个版本：一是汪姓本姓江，世居马金江村。那里有千户人家，江村有一条街从北到南，商业兴隆，有一年与邱姓的外村人发生纠纷，出了人命案子。邱姓家族依仗有女为皇帝贵妃，状告到一个姓邱的贵妃那里，贵妃让皇上下旨灭江姓九族，得此消息的江姓族人为保全家族将江字加上一横改姓汪氏，官府来到江村，只见汪姓不见江姓人，便一把火烧了江村，迫使江村人迁徙他处。如今的霞田汪氏（即江氏）便是此时来到霞山的。其实，这样的传说根本不可置信，摊上人命官司，岂是随便改个姓氏说跑就跑的,一个人跑掉也就罢了,整个家族都改姓汪,官府岂是蒙混得了的?况且即使跑也应远遁他乡,怎么可能只在江村几里之外的霞山?此说显然经不起推敲。二是霞山汪氏始祖汪崧本为猎户,一年冬天,汪崧从马金江村来此打猎,在休憩时,环顾四周,发现霞峰山下的这处地方山清水秀,土地肥沃,便萌生迁徙之志。这时信手将槐木猎叉插在雪地里,向天祈祷说,若来年猎叉发芽就举家迁来。可能当时的汪崧也就那么一说,并没有在意。然而当第二年春天,汪崧再次来到此处,那棵槐木叉果然发芽了,于是汪崧便举家来此定居,并取名霞田,汪氏祠堂堂名为槐里堂,也与此有关。事实上,如前文所说,六一公汪崧是因为入赘霞山郑氏才来此定居的。其孙汪世英为汪崧所撰的墓志铭中称:"府君少敏悟,慷慨凛如成人,及长有弧矢四方之志,赘居霞峰前田郑氏,遂奠基厥址焉。"然而,如今霞田汪氏族人似乎更乐意叙述这样的传说,而不去理会先祖赘居霞山的史实。也许是由于宗谱的缺失,已经没有人了解这段历史;或者是汪姓后人有意隐瞒这样的事实,因为在清代后期霞山郑汪两大家族曾一度交恶,甚至械斗。在这样的情形下,以传说回避先祖入赘郑氏的事情,避免给郑氏更多的口实。但实际上汪崧公确是娶霞山郑氏之女,由此入赘郑氏,定居霞山的。既然是入赘,就不可能是举家而来,只能是一个人到此做上门女婿的。

    汪氏宗谱并没有载明汪崧的夫人是郑氏家族何人之女,郑氏族谱也没有记载。当汪崧入赘霞山郑氏的时候,根据郑氏宗谱,此时郑氏在霞山已历十世,但是由于不断外迁,居住在霞山的只有郑文质的六世孙郑许的后代,郑许有四个儿子:郑达、郑运、郑通、郑逸。其世系如图2-11所示。

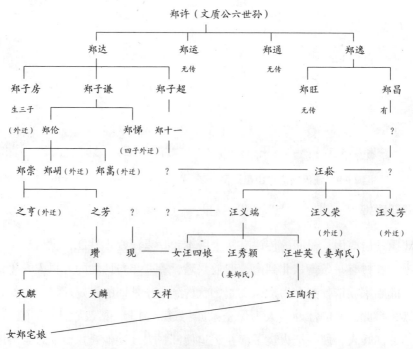

图2-11 霞山郑氏(6世至14世)与霞山汪氏(1世至4世)联姻关系图

从世系图可以看出，郑达有三个儿子：郑子房、郑子谦、郑子超。由于家谱只有郑伦及其子郑崇的生卒年月，所以只能据此进行分析。郑伦是郑子谦的长子，生于宋绍兴甲戌年（1154年），有三个儿子，其长子郑崇生于淳熙甲辰年（1184年），而前来入赘的霞山汪氏始祖汪崧生于宋淳熙戊戌年（1178年），汪崧夫人郑氏生于淳熙庚子年（1180年）。这时的霞山郑氏门中与郑崇年龄相仿并且有可能招赘女婿的只能是郑崇的姐姐或者堂姐——其堂叔郑十一的女儿，甚或是其堂姑——堂叔祖郑昌的女儿。而且最有可能的就是郑十一和郑昌这两支，因为这两支人丁不旺，家谱上没有关于其后代的记载，也并未说明无传，所以可能性较大。在郑氏和汪氏的家谱上对于郑汪联姻有明确记载的是郑天麒的女儿郑宅娘与汪陶行的结合，但是若果真如此，根据前面的推论显然汪陶行应该是她的表叔或者表叔祖。虽然两人的婚姻在今天看起来可能符合婚姻法的规定（两人的关系应属旁系三代之外），但是在宋代，异辈之间的婚姻应该是严格禁止的。而如果要按照汪陶行与郑宅娘为同辈推论，那么嫁给汪崧的应该是郑伦的孙辈、郑崇的子辈，但从辈分和年龄上推算，除了外迁的郑子房（郑子房为长子）的后代之外，郑崇似乎不会有一个比他年龄还大的侄女，自然更不会有一个这样的女儿。同时郑汪两姓的联姻在辈分上也还存着一些令人生疑的地方，如汪义端的小女儿汪四娘就嫁给了其表兄郑现，但是查阅郑氏宗谱中郑氏（霞山）十世前后各代，并未出现郑现其人，名字为王字旁的郑瓒算一代，但是郑瓒是独子，家谱并未记载郑瓒的外迁的堂兄弟，还有就是郑天麒的子辈们名字均为王字旁，如郑珀、郑瑞、郑玮等，或许郑现是笔误，但这样的话，郑天麒的女儿又要高出汪陶行一辈了。更为迷惑的是，既然入赘，那么汪崧或者其后人应该是改姓郑氏才对，当然按照霞山一带的风俗有入赘者，生两子各姓，生一子兼祧。汪崧有三个儿子，只有长子汪义端留在霞山，其余两个都外迁，并且都没有姓郑，仅仅是继续与郑氏联姻而已。当然古来编辑家乘对于入赘之人一般不载于谱，在郑氏家谱中没有记载也属常理。

姑且不论汪崧到底入赘霞山何门，但汪氏定居霞山之后最初的发展主要依赖于郑氏应当不错，当然也可以说是汪郑两姓通过联姻相互支持。极有可能的是，当时郑氏一门人口不多，且都是读书之人，缺少劳动力，汪崧在郑氏家族中管理耕种和负责家庭经济管理的重担。此时的郑汪两家实际上就是一家人。汪崧的三个儿子之中有两个即汪义端、汪义芳两人都娶了郑氏的姑娘。其长子汪义端在汪氏宗谱中明确记载"娶外姊郑氏"，"夫人长先公一岁"，也就是说他是与比自己年长一岁的表姐结合的。据汪氏宗谱中《曾九省元汪公（义端）墓志》记载，"公用父嘱命为嫡孙娶郑氏"，即汪崧在世时即明确提出，让自己的孙子继续与郑氏通婚。这样汪义端的嫡长子，也就是汪义端与表姐郑氏所生的儿子汪秀颖，又娶了郑氏的女儿。不幸的是，汪秀颖早逝，这位郑氏姑娘未曾生育有一儿半女，从此守寡。其实，从遗传学的角度看，汪秀颖的早逝很可能就是其父汪义端与表姐近亲结婚的结果。从汪崧定居霞山直至传至第十代几乎每代都有郑氏姑娘嫁入汪氏为妇，尤其是汪崧的第八世长孙汪荣的九个孙子之中有六个是与郑氏联姻的，可见当时两家关系之密切。

早逝的汪秀颖未能给定居霞山的汪氏留下后代,所以汪义端又娶妾程氏,生子汪世英。这位汪世英同样遵父命迎娶了郑氏的姑娘为妻,其子汪陶行继续与郑氏联姻,妻子就是上文提到的郑氏家族上派始祖郑天麒的女儿郑宅娘。从郑氏宗谱可以看出,郑天麒有四个儿子,但其后代人丁似乎并不旺盛。曾孙辈有人离开霞山迁往寿昌或赤峰、豹峰等处,留在霞山的传至第七代,之后便不知所终,如今在霞山的郑氏前中后三房皆为郑天麒的弟弟郑天麟和郑天祥之后。说也奇怪,郑天麒自己有四个儿子,其死后却将祖业严堂庵以及自己墓地周围的房屋二十间,空地十余亩留给了女婿汪陶行作为祭祀之用,而且申明不许汪姓子孙买卖。或许在冥冥之中,郑天麒预见到了自己后代的零落,或者出于帮助女婿的原因,将此作为遗产赠予了汪家。当然郑天麒不会想到,由于这块祀产的存在,汪氏在霞山的产业扩大,而且因为不许汪氏子孙买卖,汪氏在上田保留了这样一块"飞地",以后就有了上田村汪家路的存在,在郑天麒辞世的几百年之后,成为郑汪两家纠纷争执的导火索。

二、卜宅霞田

尽管汪氏来时,霞山尚未完全成为郑氏家族的"地盘",但是由于郑氏几代都有人读书做官,家世渊源。到了郑天麒(郑氏霞山第十三世)一代兄弟三人,在其父宋宝祐科举人郑瓒的督导之下,各个学问精进,但三人年长之后,俱不乐仕进,怡情山水,超脱物外。而汪氏家族中汪崧的两个儿子汪义荣、汪义芳均迁往他处,只有长子汪义端留在霞山,汪义端的嫡出长子汪秀颖早逝无传,庶出的汪世英也只有汪陶行一个儿子,依然是独家独户。从谱上看,汪世英曾在宋景定年间(1260—1264年)试中补为太学生员,那时的郑瓒作为国子监祭酒,其三子都循例授为国子助教,汪世英作为姻亲应该是能够得到照顾的。

汪氏应该是到了汪陶行一代才真正独立和兴旺起来。汪陶行,字舜臣,他出生时,其家庭应是与郑氏一起生活在霞山(上田)的,受到父亲以及外祖郑氏一门读书崇文的熏陶,汪陶行自幼"好学有志",刻苦攻读诗书,虽然后来参加科举考试并没有取得什么功名,但是"有学问,涉猎经史,能语古今成败",在霞山一带颇负文名。成人之后的汪陶行遵照父亲的安排娶了郑氏家族上派始祖郑天麒的女儿郑宅娘为妻,他"有才猷,善治生,家业日充。教子读书,以世其家"。有关汪陶行的事迹,汪氏宗谱上载有元代开化高士鲁贞[①]为其撰写的墓志铭:"十都有包山书院,岁久毁坏,山长请君为倡以迁之,君有疾步艰,即肩舆往,同志迁于马金,君之力也。"根据崇祯《开化县志》(图2-12)记载,包山书院前身为听雨轩,听雨轩为汪氏同宗马金下街西村的汪杞(号端斋)所建,宋代理学家朱熹,以及著名学者吕祖谦、张栻、陆九龄等都曾经来此讲学,后来学废。到了

---

① 鲁贞,字起元,自号桐山老农,元代开化人。生卒年均不详,约元惠宗至正十年(1350年)前后在世。元统(1334年左右)举人,隐居不仕。鲁贞邃于理学,胸怀夷旷,著作有《桐山老农文集》《春秋按断》《中庸解》《易注》等传世。

宋淳祐年间，同族汪沈（号水竹）在包山立塾以承继汪杞之志，44年之后的元至元二十六年（1289年）汪沈之子汪然、孙汪继荣等向朝廷请求赐额"包山书院"，并立山长主持院务。也就是说包山书院直至元代才改为官办性质，原来只是一所"民办院校"而已。元代末年的元统元年（1333年），由于考虑到包山书院所处位置偏远，并且年久失修，奉省檄视学的王有恒请于郡宪迁建，开化侯县令更捐俸禄用以书院迁建事宜。此事载在县志，应当不谬。现在看来这次迁建应该是政府行为，并不仅仅是"山长请君为倡"，根据《开化县志》载，包山书院迁建时，侯县令曾"命诸儒分任厥役"①，汪陶行当时应是名列"诸儒"之中，参与了书院的迁建工程。对于汪陶行而言，为同宗（马金汪氏为霞山汪氏同宗）所创建的包山书院的迁建，尤其是为自己家乡的"教育事业"作出一定的贡献，自是义不容辞。由此也说明了汪陶行在霞山一带的社会地位，自然绝

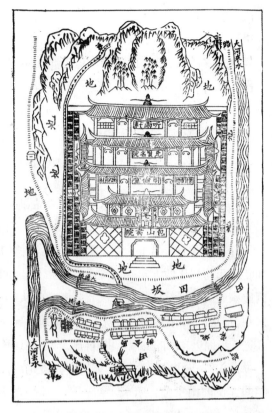

图2-12　县志包山书院

（图片来源：《开化教育志》）

非一介酸儒，至少应属于社会贤达，不然一个穷书生怎么可能"倡以迁之"？但令人不解的是，既然汪陶行"家业日充"，而且也具有一定的经济实力，那么郑天麒自己有四个儿子，为何还要将严堂庵以及自己的墓地和周围的房屋土地留给女婿作为自己百年之后祭祀所用的祀产？汪陶行晚年患"拘挛之疾"②，在母郑氏亡故，卜葬于后陇之岗，他"慕古人合葬之礼，中父母，次分昭穆，营生穴以自为墓，结庵于旁"。"去故居二百步许，地不逾五亩，屋不广百椽，堂列图书，圃植桑果"，并"以家事付三子，移居庐中优游自逸，又十年而逝"。这与其岳父郑天麒在严堂庵旁自营生圹的行为颇为相似，也许正是这位女婿与岳父的共同性格偏好，使引为知音，并受到岳父的特别关爱，所以才将自己的别墅留给了他？

其实通过对汪氏宗谱中汪氏后裔的有关叙述不难看出，汪陶行作为汪氏家族的传人，尤其是作为一个"好学有志"的男人，自然不甘心长期屈附于郑氏家族，因此毅然选择了独立，在霞山村东蓝峰下择地卜居，并命名为霞田，从而开始了汪氏在霞山发展的一个新

---

① 张宗元：《包山书院记》，见《开化县志》卷十一《艺文志》，乾隆六十年。
② 拘挛之疾，即类风湿关节炎。

阶段。郑天麒看到女婿自立门户，出于帮助汪氏独立发展的目的，将自己的别墅以及周围的田产全部留给了女婿。虽然郑氏宗谱没有记载郑天麒的生卒年份，但是郑天麒写于泰定元年（1324年）的《自题严堂庵寿藏记》中说他当年69岁。汪氏宗谱记载的汪陶行生卒年份是在元朝至元壬午到至正壬午（1282—1342年）。包山书院迁建时，汪陶行已经是52岁了。自然应该是郑天麒馈赠遗产在前，汪陶行家业日充在后，也就是说汪氏家族的发展与郑氏的帮衬，尤其是与郑天麒分不开的。

三、和谐竞争

无论如何，汪氏在霞山人丁和家业逐渐兴旺起来，汪陶行的确功不可没，前面提到从汪崧到汪陶行已历四世，但是只有一个男丁，第五世即汪陶行的儿子辈有三个，第六世即汪陶行的孙辈有了五个男丁，到了第十一世仅长房汪懋一支就有四子十孙。随着人口的逐渐增加，郑氏与汪氏两大家族在霞山逐渐形成。此时的汪氏已非昔日依附于郑氏的单门独户了，因此宗族的发展就成为汪氏家族要考虑的头等大事。独立之后的汪氏，要想在霞山赢得地位，做到后来居上，不被小看，就不可避免地要建立起暗自比拼和竞争的意识。当然汪姓的发展又会进一步促进郑氏的发展，由是汪、郑两姓这种有序的竞争促进了霞山的繁荣和鼎盛。

霞山郑氏注重教育，人文鼎盛，激励着汪氏在子弟教育上的作为。霞山郑氏在宋淳熙年间建设霞山书舍，宋末元初，郑天麒、郑天麟、郑天祥兄弟三人各自构筑庵堂作为读书和游乐之所，并组织文会，构筑文会楼，所谓"以文会友"；明代郑国政构筑"乐琴轩"，郑德恭构筑"耕读轩"用来"耕读课子"，清代郑梦麒等组织文社，构筑文社的活动场所"攀桂轩"等等。郑氏家族的崇文重学之举影响着汪氏家族，勤敏好学的汪陶行曾在父母亲墓旁构筑槐里堂读书自娱，汪氏后裔汪文性曾于村东蓝峰山下构筑东山堂，时与名流吟诗论赋，饮弈其中，并以读书课子为乐；为了加强对族中子弟的教育，汪氏还曾独立构筑梅里书院于村北，作为汪姓子弟学习的场所。翻阅汪姓宗谱，虽然历史上并无高官出现，但是读书人亦有不少，从太学生员、汪氏三世的汪世英，到"好读书，涉猎经史，能语古今成败"的汪陶行，还有少尹汪子雄、迪功郎汪之涵、副贡汪云鹤、钦赐顶戴荣身的汪永松、协领千总汪天佑等以及众多的国学生、邑庠生、优廪生，直到晚清和民国时代一度出任振新（霞山）乡乡长的汪式金、汪春槐、汪云锦。汪氏家族一直秉承着耕读传家的古训，从霞田村梅里书院里琅琅的书声中，一代一代的汪氏子弟走向乡试和会试的科场，成就自己的人生。

郑、汪两族分别源于荥阳郑氏和徽州显姓汪氏，在唐时均属世家大族，因此特别重视家族的凝聚力以及宗族制度的建设和发展，而要实现尊祖、敬宗、睦族和凝聚家族的向心力，就必须依靠修建宗祠、编纂宗谱来实现和强化。汪氏宗祠的修建年代，在《汪氏会修宗谱》序中提到由汪陶行始建于元至元庚辰年间，实际情况是，当时的汪氏家族到霞山仅历四世，只有汪陶行一人。汪舜臣父母死后，结庐于墓侧，自营生圹，晚年并将家事托付于三子，"移居庐中，优游自逸，又十年而逝"。所谓"槐里堂"的说法源自于汪陶行所居之南有巨槐，并自号槐里。如果说这时就已经有所谓槐里堂宗祠，只能是指这个墓庐，供其一人居住而已，想必规模不会太大。明正德年间（1506—1521年）"饶寇"① 侵扰霞山，祠毁坏，嘉靖己亥（1529年）大修，道光壬午年（1822年）重建时通过购买、捐赠的形式扩大基址规模，并规定将那些捐赠基址的人家父母神牌请进祠堂供奉，由此可以分析，正是这一次的修建才奠定了今天霞山汪氏祠堂的规模。咸丰辛酉年（1861年）太平天国的起义军来到下田，将汪氏宗祠毁去大半，光绪庚子年（1900年）的一场大火使祠堂成为瓦砾之所，第二年即光绪辛丑年家族中按丁敛资，鸠工庀材，但是在光绪年间，当地的经济一蹶不振，下田汪氏族中富裕的人家不多，收起来的丁赀仅仅将寝堂作了修复。直到民国丁巳年（1917年）开始再次对祠堂进行了大修，这次的祠堂大修同样是按丁敛赀，族中之贫困人家只能捐以砖瓦材料等，或者听凭砍伐墓地中的树木作为修建祠堂之用。即使如此，汪氏宗祠还是在族人的努力下历经四年时间完成。如今的汪氏宗祠（图2-13）已经是经历了90个年头的风风雨雨，但是雕梁画栋依然焕发着光彩，2003年更被认定为省级文保单位。不仅如此，汪氏家族的各个支祠如东山堂、继述堂等等也都不断得到族人的维护和修整。宗祠修建乃一族之大事，也是古代农村聚落中最大规模的公共建筑，需要很大的一笔投入，这对于富裕的家族来讲也不是一件易事，更何况对于一个并不富裕的汪氏家族，由此可见汪氏家族的凝聚力和团结意识。

图2-13　汪氏宗祠

（图片来源：开化县马金镇政府）

康熙年间在了解到郑氏家族准备汇编宗谱，看着郑氏族人为此所作的准备，汪氏族人也立即计议宗谱的修编问题，这一建议立即得到分迁各地的汪姓后裔的一致同意，按照预定的丁银摊派计划筹措经费，设置谱局，积极组织起来进行家谱的汇编工作，《霞峰汪氏会修宗谱》于康熙辛卯年（1711年）顺利完成。乾隆辛丑年（1781年）又有修谱之议，在底稿完成之际，族中不知何故出现纷争，谱局解散，未成。道光丙申年（1836年）在邑庠生汪资深、汪云鹏以及副贡汪云鹤等主持之下修谱，两年之后于道光戊戌秋天始告竣。此后又于光绪丙戌年（1886年）、民国28年（1939年）两次修订（图2-14）。

---

① 明代中晚期，由于政治腐败，社会黑暗，各地农民起义蜂起，江西饶州农民王浩八率农民军起义，正德七年（1512年）经饶、信、徽、衢等州县，并一度打到浙江开化，正德八年王浩八起义被明政府军镇压。《开化县志》称"饶寇"。

图2-14 郑氏宗谱与汪氏宗谱

  明清两代的家谱编修达到了中国封建社会的最高峰①，各家族对家谱的编修非常重视。在这样的背景下，郑汪两姓纂修宗谱似也正常，但是值得注意的是，汪姓家族多数家庭以农为业，或者放排或者工匠，也有一些从事木材贸易，总体上并不富裕，而每次撰修家谱，所费不菲。但即使如此，在建宗祠、修宗谱这样的事情上，汪氏家族从来不甘落后。这一点可以从汪氏宗谱的谱序中看出，兰竹友人汪之任在道光《汪氏会修宗谱序》中说："至以家乘每置之数十年未尝一阅，鲜有不朽败虫蚀者，况农家者流仅田地山场书契之数纸每珍惜之，又焉知谱之为何物乎？然谱不修，本非贤子孙，修焉而漫藏之，尤非贤子孙。"光绪丙戌年间，汪式金在谱序中也明确指出："简策与谱牒，士儒重之无二也，予以非为特士儒足重，即农家者流亦当爱而珍之。无使谱牒之毁坏，是上足承先绪之贻谋，下足启子孙之敬惜。由身而传子，由子而传孙，皆宜秘藏如至宝。无任鼠咬虫蚀，而后世之英豪崛起正于吾族中可必矣。"在谱序中多次提及"农家者流"，道光年间汪云鹏为霞山八景题诗中有"我里少读书，知勤亦称美"之句更证实了汪氏后裔以农为主业者居多。清代咸、同年间，郑汪两姓中贫富分化更为严重。根据汪氏族人的回忆，当时郑汪两姓发生械斗，郑氏族人中的富裕人家较多，而汪氏族人穷苦人数较多，没有"后顾之忧"，所以敢于拼命。由此可见，即使穷困，汪氏族人也每每以一种不服输的心态，与郑氏争高下。郑氏修理宗祠，汪氏不甘落后，汪氏编修宗谱，郑氏紧随其后，就在这样的互相竞争中促

---

① 徐建华：《中国的家谱》，天津：百花文艺出版社，2002。

进了霞山的日益繁荣。

从明代初年开始，霞山郑氏由于经营木材贸易逐渐致富，富裕起来的郑氏族人，日益关注起村落整体环境的建设问题。明代万历辛巳年间，郑氏族人鉴于"里居虽胜，顾使一望平畴，烟村辽阔，而绝无一亭台楼榭一点缀景色，则川原岑寂，花鸟亦觉笑"。为此在村东起造钟楼，"以兜水口"，并镇"村右白虎山峰也"。此楼"楼高百尺，阁叠三层"，为"吾里之巨观也"。郑嘉禹在《郑氏宗谱·钟楼记》中写道，钟楼的建成一是"用于增一方之胜"，但更主要地是用来"振动恪恭之象，以提斯警觉"郑氏族人。从此之后，钟楼成为霞山郑氏族人的骄傲，每每以"钟楼底"人自诩。康熙年间，开化县令蔡腾蛟①劝农巡行来到霞田。这位蔡县令"籍江右（今江西）"，"素精青乌之术"，看霞田"山川壮丽，人物秀雅"，独怪汪姓"阀阅名门簪缨不继"，所以对汪氏族人说："郑氏之钟楼建于兑位，适当里居白虎之次，甚非所宜。当于村东帝出之位起一楼以对峙焉，则龙吟虎啸，双关门户。将来科名鹊起，簪绂蝉联，其食福正未有量也。"听到蔡县令一番言语，汪氏族人纷纷称是，认为这些年郑氏家族经商贩木生意兴旺，而汪氏家族却总也不如郑氏发达，原来是郑氏上田村口的钟楼影响了本村的风水所致，心中不免对郑氏之举不悦，同时也急切期望钟楼能够修建起来。然而修造钟楼对于汪氏家族来讲毕竟是一项重大的工程，尤其是整个汪氏家族并不富裕，建造钟楼的计划搁置了数年。当然在这之后的几年里，汪氏族人对建造钟楼一事耿耿于怀，每每论及此事，总是念念不忘蔡邑侯所言，既然建造一座钟楼会有益于汪氏家族的子孙后代，何乐而不为呢？岂能因为现在的经济拮据，耽误整个家族的发展？于是在11年之后的康熙乙酉年（1685年），汪姓"诸君子起而鼎新之"，按照蔡邑侯所指在村东紫雾崖前巽向构筑钟楼一座，"规模宏敞，气象峥嵘"，与郑氏之钟楼并峙，汪姓族人为此欢欣鼓舞。建造一座钟楼果真能有"钟山川之清淑，毓大地之灵祥，人文当焕发矣"之神奇功效？汪氏家族的有识之士尽管也认为"蔡侯善堪舆"，建造钟楼可以弥补风水之不足，然而蔡邑侯的深意可能并不在此，只不过以此激励汪姓族人"奋发有为耳"，《汪氏宗谱·钟楼记》中写道："惟是地以文明之方而设楼，楼为人文之盛而创造。"于是"因楼之成触于目而警于心，奋志青云"，必将"甲第蝉联而斯文蔚起"。事实上，从今天的角度来看这位蔡邑侯的做法极不可取。也许作为一个风水先生，蔡腾蛟是有一定水平的，但是作为地方的行政长官，不是努力去维持"社会的和谐稳定"，而是以此来显示甚至是卖弄自己的风水之术。蔡县令的做法实有挑起郑汪两个家族矛盾之嫌。

四、化解仇氛

郑汪两姓从汪崧庆元乙卯年（1195年）入赘霞山开始，再到汪陶行自立门户卜居下

---

① 蔡腾蛟，乾隆六十年（1795年）《开化县志》记载为江西瑞昌县人，乾隆丙午举人。康熙三十三年至三十四年（1694—1695年）曾任开化县令。汪氏宗谱记为蔡瀚升，其他不详。

田，最初的年代两姓之间通过通婚的形式相互支持，再到后来的两大家族之间的暗自拼比，以和谐有序的竞争，发展和繁荣了霞山的经济以及家族的实力，这种状况一直持续到清代中期。由于霞山靠近山区有着林木资源的优势，而且地处山区木材放运的黄金通道，因此郑汪两姓家族都日渐富裕，尤其是郑氏家族凭借原有的经济实力，靠着灵活的经营方式和手段，在开化北乡一带声望日著。富裕起来的郑氏家族自然是财大气粗，仗着自己的实力，在霞山一带与邻村的交往之中多少有些霸气。汪春槐在《先考玉如府君事略》①中提到："郑氏固强宗也，思挟其人力资财以屈吾村，村之人不能平。因此，结成宿怨，与郑氏械斗数年不解。"至于械斗的起因也许比较简单，很有可能是郑氏家族中的子弟游手好闲的也比较多，他们整日无所事事，少不了惹事生非，同时清代后期经济形势的恶化和开化山林资源的匮乏，也打破了山村的宁静，昔日依靠放排、转运木材生意的郑汪两姓族人回归田园，而霞山地处山区丘陵地带，田少人众，土地、山林、水利资源往往成为矛盾的焦点，一旦产生口角即成为导火索，如果出现在不同姓氏之间，容易使矛盾产生激化，加上往日的一些恩怨势必演化成一场家族之间的争斗。郑氏家族在开化尤其是在开化北乡一带的望族地位是任何人都无法取代的，在处理问题的方法上就会比较简单甚至霸道，如当地传说在民国年间永锡堂大修时缺少大木，曾去偷砍某村的风水林。郑汪两姓土地山林资源毗邻，自然难免产生摩擦。这样几次小的纷争一起，点点宿怨积蓄，演变成一场大的灾难。余绍宋先生在《郑氏宗谱序》中也谈到："霞峰之族，世居北乡之上田村，俗尚强毅，数以械斗闻，役必死数十百人以为常，官府弗能治。"延续几百年的甥舅之好，联姻通婚的郑汪两姓成为仇人，并一度形成了郑汪两姓不再通婚的局面，甚至原来的姻亲也由于家族之间的矛盾疏远了关系。如今的霞山人早已无法知晓当时械斗的具体原因了，当然在村与村或者家族与家族之间的这种争斗无非是土地、水利等自然资源的争夺，如郑氏宗谱中就载有迁居遂安（今属淳安）的郑氏族人与邻居汪氏因砍伐山地松树引起的纠纷一案。根据汪氏里居图可以看出，原本相连在一起的两个村落中间现在成了一片田地，而在紫霞庵和钟楼的西侧上田村地界内则有一处地方名为汪家路，其实这里应该就是上文提到的汪陶行岳父郑天麒馈赠的田地和庐墓。但是汪陶行和郑天麒都早已故去，当初的他们怎么会想到本属甥舅关系的汪郑两大家族会成为苦大仇深的对立者。

  幸有仁人志士的出现，使得这种局面得到了扭转。霞田邑庠生汪式金天资聪颖，年未弱冠补为县学生，"已为州间所见服。耆老童子见之若大宾"。尽管其父身为国学生，汪式金也已经身列庠序，但是家中一贫如洗，家徒四壁。承蒙同治丁卯科举人霞山郑氏族人郑萼辉的垂青，以女妻之，事蓄之资给予了很大帮助。由于科举废除，汪式金只得以设馆授徒为业，他在学生中发现了郑氏家族的郑松如、郑酉山两位学生，这二人勤奋好学，"年少新进，才名籍甚"，尤其是对于晚清时期的社会现状不满，常常和先生探讨对于时局的看法，慨然以拯救社会为己任。郑松如的父亲郑鼎芳虽然身列庠序，但是一生务农，家中

---

① 见《霞山汪氏会修宗谱》。

并不宽裕，汪式金由此想到自己的身世，便将女儿汪宝莲许配给他。当其时也，正是两村交恶，械斗不止之时。汪式金许配女儿给郑松如，争强好胜的汪氏族人都以此为耻，因此这一举动遭到汪氏族人的一片责难之声。汪式金耐心地告诉族人："郑之与吾衡宇相望，亲戚滋多，仇于悁忿，互相仇杀，操戈同室，识者讥之。重申姻娅，请自隗始。"不仅如此，汪式金还将其侄女汪寿蓉许配郑西山为续弦。今天村中的长者回忆，郑松如与汪宝莲的婚宴是在郑氏宗祠进行的，郑汪两大家族的族长和耆老成为座上客一起把酒言欢，从此郑汪两姓和好如初，"积年乾糇之衍尽鹢，至今敦睦友助过他乡焉"。郑汪两姓再次联姻，化解多年恩怨的行动影响到了开化县的其他乡村，"县之诸乡化之，械斗之风从此息矣"。

以此为契机，汪式金联络陈时夏、张雨田①以及郑松如和郑西山等人"以革新社会、整饬地方为职志，创设振新②公局，兴办崇化小学。风行草偃、群趋正规，裨益乡邦"。一时间，霞山一带社会安定，人心向善。辛亥革命后，汪式金又担任振新乡董、开化县自治会委员，佐理行政，奉公尽职。当时的振新乡成为开化全县乡村自治和建设的模范。

---

① 陈时夏、张雨田均系前清秀才，为当时霞山一带的知名绅士。
② 霞山在民国时期，曾为振新乡属，1934年设，后撤销。振新乡辖区为今齐溪镇、原霞山乡范围。

第三章 敬宗睦族

　　浙江的许多传统村落尤其是在山区，几乎都是单一姓氏的血缘村落，一村一个姓氏，同一个聚落之中的各个家庭之间彼此都有着血亲关系，一个聚落实际上就是一个核心家庭随着人口增加不断裂变的结果，是核心家庭的扩大化，而"所谓宗族，是一种沿男系或者女系血统直接从家庭延长了的组织"。① 因此同一个聚落就是一个宗族。宗族作为一个有宗法的、共识的、首领的群体，"不仅是比家庭更大的血缘集团，而且内部还存在亲疏贵贱的等级关系和相应的行为准则"。② 也正因如此，在这些村落里，宗族制定的行为准则实际上成为宗族的"法律"，宗族组织除了作为一种具有血缘关系的人群的集合之外，往往成为实际上的一种基层政权组织。

　　在宋代，宗族组织逐步代替了在中国延续近千年的门阀制度，成为新的社会组织力量。北宋理学家吕大钧在陕西蓝田推行宗族制的《乡约》。著名理学家张载、程颐等明确提出家族制度由三个方面组成：一是以血缘关系为纽带组织宗族，宗族内设"宗子"；二是立家庙，就是后来的宗祠；三是立家法。范仲淹在家乡修宗谱、建祠堂、置义田，欧阳修和苏轼等也都曾为加强宗族的地位和作用进行了不懈的努力。③ 宋室南渡之后，朱程理学的代表人物朱熹不仅亲自编订《仪礼经传通解》和《家礼》，而且还把未完成的《祭礼》和《丧礼》交给他的门人去完成，进一步完善了这一制度。今人赵华富对徽州宗族组织和制度情况进行了研究，总结了宗族的八个基本特征，即有共同的始祖，以血缘关系为纽带，有明确的昭穆世次，开展一定的集体活动，有共同的聚居地点，有一定的管理形式，有宗族的族规家法，有一定的公有财产④。由此来剖析霞山郑氏家族的特点，应该说是这几个特征齐备。

　　郑氏家族自宋皇祐四年（1052年）郑文质乔迁丹山，经过多年的休养生息，原来的一人之身已经子孙成千上万，而且家业兴旺，聚族而居，尊卑长幼有序，在明代中前期异军突起，成为开化望族。郑氏家族在千百年的发展过程中形成的宗族制度和宗法思想，对于村落的经济、思想、文化、社会生活以及风土人情等诸多方面产生了较大的影响。郑氏宗族通过建设祠堂、修葺家谱、订立族规、祭拜祖宗等活动，把族人的言行限制在宗族规定的范围，利用同宗同祖的亲情关系从思想上、组织上加强了家族的统治，此即所谓通过

---

① 许烺光：《宗族种姓俱乐部》，薛刚译，北京：华夏出版社，1990。
② 王玉波：《中国家庭的起源与演变》，石家庄：河北科学技术出版社，1992。
③ 李秋香：《闽西客家古村落培田村》，北京：清华大学出版社，2008。
④ 赵华富：《徽州宗族研究》，合肥：安徽大学出版社，2004。

敬宗达到收族的目的。尤其是在清代后期，村落总体经济衰落，而族产和祀产则迅速扩展，使得宗族在村落经济中占有绝对的优势地位，使族人从经济利害关系上与宗族紧密联系在一起，心甘情愿地服从于宗族这种基层政权组织的领导。①

第一节 修建宗祠

朱程理学提倡宗族制度建设的目的就是为了敦宗睦族。但是敦宗睦族必须有一定的物质载体，其中很重要的部分就是修建祭祀祖先的祠堂，祠堂乃祖先神灵之依托，同宗族人在祠堂内祭祀共同的祖先，从而唤起共同的记忆，自然能够通过血缘关系的纽带达到敬宗收族之目的，成为强化宗族凝聚力的所在。

北宋范仲淹等积极倡导兴建家祠，南宋朱熹《家礼》立祠堂之制，从此称家庙为祠堂。但是当时修建祠堂有等级之限，民间不得随意立祠，这种情况直到明代才有了改变，根据《明会典·祭祀通例》的记载："庶民祭里社、乡厉及祖父母、父母，并得祭灶，余皆禁止。"里社最初是供奉土地神的处所，后来也作为乡里的代称；乡厉则是旧时乡里没有人祭祀的"魂"，也就是说《明会典》里明确规定了民间祭祀的范围是什么，也使得民间有了专门祭祀之处。在明朝嘉靖年间，朝廷放宽了对民间祭祀的规定。这道诏令允许臣民祭祀始祖，客观上促成了嘉靖、万历年间大建宗祠、联宗祭祖的现象。而到了清代，祠堂更是大量出现。清代的皇帝甚至为家庙的出现做了很多工作，雍正就在他的《圣谕广训》中将立家庙、置义田、修家谱、设私塾作为家族中的四件大事。

霞山宗祠现存前房宗祠永锡堂、后房宗祠爱敬堂以及大宗祠裕昆堂遗址。而全盛时期的郑氏家族计有大宗祠裕昆堂一座，三房支祠永锡堂、永言堂、爱敬堂，另有小宗祠（厅）寿萱堂、继志堂、绍佐堂等若干，从宗祠—支祠—厅—家祭，形成了一套完整祭祀空间体系。霞山村的祠堂大多修建于明清两代，大宗祠和三房支祠的修建均在明代前中期，这与明代允许民间祭祖的活动是分不开的。根据郑氏宗谱载，前房永锡堂可能是最早建设的房祠，谱载"创于生恭二公"，即郑氏前房第十六世宜生、宜恭兄弟二人，具体年代不详，但是"生恭二公"生活的年代在元末明初，因此应是在明代初年；后房宗祠爱敬堂创于明代正统年间，谱载和传说后房郑旦公（第十七世）为迎接"三元及第"的明代大学士淳安商辂而建，所以称爱敬堂"前为知交之所，后为荐享之区"。相传霞山十七世郑旦公与商辂同庚，此时的郑旦公富甲一方，但是好善乐施，"声望日重，名噪日隆"，所以商辂公慕名而来，并结为金兰之好，至今仍为郑氏族人所乐道。"爱敬堂"三字牌匾以

---

① 汪良发主编：《徽州文化十二讲》，合肥：合肥工业大学出版社，2008。

及至今仍悬挂在爱敬堂的对联"爱亲者不敢侮于人，敬亲者不敢慢于人"均为商辂墨宝。永言堂为中房宗祠，根据传说也应该是建于明代，然而由于中房人丁不旺，年久失修，早已经不见了踪影，有关的记载也已不存，目前仅在里居图上能够看到。郑氏宗谱中在讲述大宗祠裕昆堂的建设原因时指出，在霞山的前中后三房祠堂修建之后，族中有人认为三房族人都在小祠堂祭祀自己的"所出之祖"——祖父母和父母，则"将始迁祖置于何地"？因此倡议修建大宗祠，以祭祀始迁祖郑文质及其子郑慧。实际上祭祀始祖祠堂的建立，要归功于明嘉靖皇帝。明嘉靖十五年（1536年），当时的礼部尚书夏言上《令臣民得祭始祖立家庙疏》，获得嘉靖帝恩准，开始了中国古代"臣庶祠堂之制"的重大改革，"天下得祀其始祖"，"祖不以世限，而人皆得尽其孝子慈孙之情矣"。裕昆堂的建设肇始于明嘉靖乙卯（1555年），是在嘉靖十五年获准臣民祭祀始祖之后，这一时期也正是全国祠堂建设的高潮阶段。

在以后的年代里，各房派根据自己的经济力量分别修建了寿萱堂、绍佐堂以及继志堂等。总祠的修建赖人多势众，即使如此，作为宗族内的一大型公建项目，仍需要多方筹资和计划才能完成，如霞山裕昆堂的建设就经历了较长的一段时间，经过几代人的努力，才形制俱备。各房派支祠的建设由于人丁较少，则视各派下房头的经济实力。如霞山继志堂是霞山郑氏最晚建设的小祠堂，祭祀郑朝陞及其二子郑志翚和郑志習，建成于民国十八年（1929年）。虽然基址早在其五世孙时就已确定，但是苦于经费筹措的困难一直未能建成，直到民国时期，朝陞公派下九世孙郑酉山成为富甲一方的开化豪绅，才由他集结族人共同修建。

祠堂是家族中最重要的祭祀空间，"祠宇之设所以妥先灵，伸孝思也"。因此其主要职能是开展祭祖活动，并通过这一活动增强族人的共同信念和团结意识；在村落中祠堂又是族人娱乐的空间，在"酬神敬祖"的同时，也为活着的人提供一个增进亲谊的机会；宗族活动如议事和惩戒违犯家法族规的子孙都是在祠堂进行；同时也是族人举行红白喜事的地方，霞山地少人众，一般居民住宅除了堂前部分，就是一个尺度狭小的天井，不足以进行大型的活动。清末郑松如与汪氏联姻，促进郑汪两姓和解的活动就是在大祠堂中进行的，而在祠堂中进行这样的活动也显示出了对于此事的重视程度。

为了维护祠堂的尊严，保证子孙后裔能够"荐时食祭，无容简亵"，并保证"其祠宇……不致风雨飘摇，朽蠹穿漏，以致神灵怨恫"，郑氏宗族特订立祠规如下：

一、为祠长须至诚接物，言不妄发，事不妄为，庶合古人以身教家之意；处事之际更宜至公无私，视族属为一体。

二、祠堂报本之地，务须肃静，扫地焚香，因时致敬，如对宗祖临祭，除大事俱宜身与，先期斋戒沐浴，至日整肃衣冠，备物尽诚，祭毕听宣祖训，失礼者责戒。

三、每月朔鸣锣一循，符箓来龙，照理祠宇，并集众入祠参谒，昧爽为期礼，谕以孝悌忠信。礼义廉耻，各安常业，毋作非为。各退就事，遵奖违惩。

四、祠内祀田，详载于谱，子孙毋得变易，违者送官，以不孝论。

五、祖宗坟茔圯没残坏，重为修葺立石，勿致湮灭难考。

六、派下有忤逆父母，心忘罔极深恩者，一经投鸣，祠首会同家长，着令跪祖痛责，再犯立革。

七、子侄游手好闲，饮酒撒泼，凌辱高年，侮慢伯叔，欺压孤幼者责惩。

八、赌博游戏，不事常业，唤入祠内，切言警戒，不悛，从重责罚，顽抗送官理治，倘父兄知而故宥，一同责惩。

九、卑幼途遇长上，纵有急务，亦须鞠躬尽礼，则尊卑长幼之分明，方为善族，违者以无礼戒责。

十、派下有故纵妻室闹薄不修，及偷窃人物自甘污下者，惩入痛唤，不改立革。

十一、来龙水口并各派坟墓荫木及互众山场木植，概禁侵犯，违者议罚。

十二、童生院试给卷资壹钱，至入泮祠设席庆贺，称家贫富量出花红入祠，其乡试每名给卷资五钱，登科者祠送会试赆仪拾两，以鼓励贤能。

十三、嫁女须门户相对，婿家具祠礼银一两，祠复钗钏银五钱。

十四、派下产业口角争端，必投鸣祠内，从公理处，如有生波唆讼及未鸣祠而遽逞刁妄控者，罚银入祠公用，违拗公举。

十五、居父母丧及承重者凡遇喜庆，不得易服饮宴，并乘丧嫁娶，违者罚责。

十六、族内年登七旬及绅衿辈胙倍之，至八旬九旬可以次加胙，所以尽敬老尊贤之意。

十七、族有乏嗣续又无亲支可继者，量其家赀厚薄，捐田产若干亩，祠祠生息，于祖祠正寝东厢另立神主，春秋祭享，生忌时荐，其亲房量产给胙几名。

十八、大祠寝室之中安奉始祖神主，百世不迁，毋容错杂，惟先世有大功于祠者附焉。族有科甲仕宦，量家赀捐产入祠，于始祖正寝东厢，各立神主，永远享祀，有真正节烈立神主于正寝西厢。祠内公备牲牷，以时致祭。自后子孙永遵定例毋得变更，其捐产者照产多寡给胙若干名。

十九、祠内元旦值年者，备香灯果品茶酒，陈设几筵，鸣锣一次，合族齐集，拜贺礼毕，分给利市，祠首标挂历世坟茔，其墓在远处者初十内值年祠首，每处着三人标帛，各人给银三分；始祖神主前正月内每日早夜值年，挨次照管香灯毋得间断。

二十、祠内清明前两日，祠首鸣锣齐集备物，拜扫各处丘垅，分给粿胙。至远处坟墓，各房只着头首一名给亥半斤米三筒酒一分，各房祠首挨次轮值不得推诿占越。

二十一、祠内月半值年祠首备果品素菜羹饭茶酒香灯，鸣锣一循，各祠首齐集祭奠分馔。

二十二、祠内冬至前一日，备买牲牷各项，及期择娴礼节者，各执其事，清晨致祭，礼毕照例给胙。

二十三、祠内除夜值年者，备香灯酒馔及果品献祭神前，至元旦族众拜贺，礼毕始撤。

二十四、嗣续艰难别无亲支继立，得在本族内择其名分相同者旁承远绍，以重宗祧。

二十五、朔望及公事鸣锣不到，罚银一钱入众，如处事欠公不妨面谏，毋得背言生隙，祠首犹宜从谏，勿执拗坏事。

二十六、贵贱有份，派下不得与仆人饮酒嬉戏，自失品格，至仆众毋许红缨外套琴鞋丝带，乃坐要地以坏体统，违者主罚仆责。

从上述所列二十六条祠规的内容看，祠规将祠堂的功能实际上也就是宗族组织的功能加以明细化，因此除了有关祠堂祭祖的时间、程序、日常的维护等活动内容之外，如对忤逆不孝、游手好闲、赌博游戏的恶习的惩戒，对参加童子试、乡试和登科者的褒奖，充分说明了宗族鼓励子弟读书入仕的作用，其他如尊老敬贤、居丧尽礼、贵贱有份等规定则是表明祠堂亦即宗族大家庭对族人行为规范的约束。实际上郑氏的这一祠规与其家训的内容相辅相成，互为补充，是整个宗族或其房派下族人参与宗族活动和日常行为的准则。

第二节　撰修谱牒

家谱是以图表形式记载的一个以血缘关系为主体的家庭世系繁衍乃至重要历史人物的事迹等情况，正所谓"家之有谱，犹国之有史"。司马迁曾说，历史之所以延绵不断，能够如实记载，编写成书，很多资料都是来源于宗谱。宋代理学家程颐认为，宗谱可以教育人们不忘根本，使人们了解自己的祖先是怎样流传下来的，他还说："家法坏，谱牒尚有遗风，谱牒坏，人家不知来处，故谱不可不修。"朱熹甚至说，三代不修谱就是不孝。一个宗族如果不修谱，就会使宗法制度混乱，先后长幼次序颠倒紊乱，世系不清。清代学者程瑶田则明确地说，族谱之作，与宗法相为表里者也。① 很明确，家谱编纂的目的正如郑氏后裔郑尊辉所说："谱之为书也，其义取诸溯原本、序昭穆、辨亲疏；其用取诸睦宗族、兴礼让、敦风俗。"并使"睹斯谱者，则尊尊亲亲之心油然而生，不复途人之叹矣"！郑氏家族作为开化望族，自不能不重视宗谱的修葺。尤其是作为周王室后裔和曾经的士族，其家族渊源、家族世系有着更多的史料，应该是比较完整的。郑氏宗谱从晋至清，一直到民国曾经几修，虽然昔日的谱牒已经不可能再看到，但是通过现存宗谱中的旧谱序可以了解大概。

郑氏谱牒始修于晋代开国公郑平，谱中收录《郑平公自序源流》和由博士秦秀②撰写于西晋太康三年（282年）的《修郑氏宗谱序》。魏晋时期，为了"九品中正"制的需要，国家设"有谱局，亦有谱学官"。谱牒之作，"皆掌之在官，天下名家巨族，斑斑可

---

① 汪良发主编：《徽州文化十二讲》，合肥，合肥工业大学出版社，2008。
② 博士的职责主要是掌管书籍文典，"通古今，以备顾问"，后成为学术上专通一经或精通一艺、教育贵族子弟的官职。秦秀，晋武帝时入朝为太常博士，历二十余年，政绩卓著，宦声清朗，为人处世胸怀坦荡，无虚妄之言，无污秽之行。《晋书·秦秀传》评论秦秀说："象既攘善，秀惟瘅恶。义之所在，不避斧钺。"他一生磊落，可谓"人杰"，是我国历史上不可多得的优秀文人。

考"。也就是说家谱的存在，魏晋以降其主要功能是社会政治职能，即所谓"别选举、定婚姻、明贵贱"。魏晋时代政府选官，以族望取人，宗族在社会上地位的确定，其根据是宗族的谱牒，所以谱牒的记载准确与否不只是宗族的事情，也是关乎国家，关乎整个社会的大事，故其时官修士族谱牒发达，家族个人修谱的不多，并且还有可能因为擅自修谱获罪。开国公郑平源出荥阳郑氏，是当时的名门望族。修于太康三年（282年）的《郑氏宗谱》如果确实存在，似乎应该是官修的宗谱。

郑氏谱牒再修于唐代贞观戊申年（648年），以开化始祖郑元琦亲自撰写的家谱序为证。唐贞观十二年（638年）唐政府重订士族谱，颁布《贞观氏族志》，从而贬抑门阀士族，但实质上是建立以李氏皇室为首，以唐朝功臣（包括传统的关陇门阀和新贵）为核心的新的门阀体系，取代南北朝时期的旧门阀体系，这对于巩固新统一王朝的统治具有一定的作用。这一时期许多簪缨继世的旧士族失去了往日的政治地位，因此更加珍视家族文化的传承，他们希望子孙后代能继承这种精神遗产，以挽回其原有的社会影响和声望。故而在唐代初期，私人谱牒也一度发达，或许这正是一部分士族在时代风云变幻的旋涡中苦苦挣扎的反映。在这种背景下，唐代士族家庭的宗谱在记载世系承继关系的同时，也具有了传递家族文化传统的功能。正如郑元琦为家谱所撰的序文，列举了先祖开国公郑平、歙州始祖郑谦的事迹，强调他们在家族繁衍滋盛过程中所发挥的重要作用，并指出"后人如有锐然而特达者，亦将因此而激昂，砥砺以高大其门庐，不替前人遗绪"。

经过唐代前期三次大规模官修谱牒之后，士族地主逐渐衰落，庶族地主开始崛起，并取得统治地位。谱牒的纂修、管理、功能和编纂的宗旨从严辨士庶之别，以为出仕和婚姻之需演化为"统宗收族"之手段。徐明善明确指出："今宗法弛，犹赖谱可以收族人也。"① 因此这一时期之后，"家自为谱"的宗族谱牒制逐渐兴起，并成为占主导地位的谱牒编纂、管理制度。宋元时期，修宗谱的活动十分活跃，尤其是在徽州，在朱子理学的倡导之下，统宗修谱已经成为宗族活动的主要内容。当然这种修谱活动的活跃也是与宗族的繁荣分不开的。自郑文质乔迁丹山之后，郑氏家族支派繁衍，而留在霞山的郑许的后代又一直不甚兴旺，所以分迁出去的各派大都自行修订家谱，最早独立编纂家谱的是迁往乐谷的郑文质公七世孙郑桂的后代，由后裔修职郎国子博士郑裕主持，时间在南宋绍熙五年（1194年）。到了咸淳八年（1272年），郑氏迁居霞山已经有220年了，由霞山分迁出去的派系已有数十处之多，子孙繁衍甚众，为了一统文质公支下各派，霞山郑氏在族人郑瓒的主持下，编辑了文质公派下的统宗谱。郑瓒为此撰写了谱序，详细叙述了霞山郑氏从孤峦分迁的事由和孤峦郑氏分迁之后的各居住地，以"使各派俱有所考，而昭分穆别"。不然，"何以寻其本而大宗以现，别其支而小宗以明耶"？宋时郑氏的这两次修谱，都是由于后裔出仕，成为国家官员而促成的，反映了宋朝时期，谱牒的编修基本上是仅限于官员之家。

---

① 徐明善：《芳谷集》卷上《太原族谱序》。徐明善，约1294年前后在世，字志友，号芳名，德兴（一作鄱阳）人。舆弟嘉善以理学名，时称"二徐"。至元中，官隆兴教授。又为江西儒粤提举。尝奉使安南，历主江浙湖广三省考试，拔黄潜于弃卷中，识鉴为当世所称。

根据现存谱牒的记载，有元一代，郑氏家族未见编辑家谱的记录。明代初年，郑氏家族日渐富裕，从明前期开始了大小宗祠的建设，宗族组织逐渐在霞山确立，但是从霞山分迁出去的各房派也是各自修谱，有记载的有分迁乐谷、豹峰以及霞山的郑氏后裔分别于明代弘治丙辰（1436年）、万历二十四年（1596年）和天启四年（1624年）编纂的家谱。这也可以从霞山郑氏家族的行辈字派看出，自霞山郑氏第十四世分房头之后，自第十五世起，前、中、后三房即自为一宗，各有一套辈行，互不雷同。如第十七世前房起名均为"钅"偏旁，中后房则为"日"偏旁；十八世前房为"氵"旁，中后房则为"扌"偏旁，其中中后房由于同为十二世天祥公之后，起初的几代还用相同的字辈，但到了二十世的时候，族属关系已经出了五服，自然也就没有统一了。到了第二十四世时，谱中记载的人名用字分别为"有、志、国、邦、文、可、怀"等等，此时已是明代末期，可见当时尽管有宗祠存在，家族中的统谱并未编辑，或者说宗族组织制度并未完善。

清代康熙年间是霞山郑氏家族最为辉煌的年代，族中人丁兴旺、耕读并举、儒商共存，家族呈现出一派蒸蒸日上的繁荣气象。此时族中有人提出了以大宗郑文质公一统郑公叔支下各派，汇集修编郑氏宗谱。这一提议得到多数族人的认可，于是便开始行动联络各派子弟参与。但是郑文质之仲弟郑文彬派下后裔郑楠没有同意这一建议，甚至可能当时还鼓动郑文行（郑文质之季弟）派下后裔等其他各派不要参加此次会修宗谱的活动，终使这一提议没能实现。根据郑氏宗谱载，郑楠系郑文彬次子郑成之后裔，郑成在皇祐四年（1052年）曾与堂兄郑慧公一起乔迁丹山，但后来郑成及其五个儿子都离开丹山，迁居常山县。郑楠为清代康熙辛酉科武举人，并著有《武经捷解》一书，载在县志，应该算是郑氏家族历史上的名人；而霞山郑氏此时虽然称为开化巨富，人才辈出，但是毕竟自清以来尚未有取得举人以上功名的人物。郑楠当时之所以不同意一起会修宗谱，可能是觉得自己身为武举人，身份较高，因此不愿意屈附于霞山郑氏，同时按照古代的宗法礼制，要一统郑公叔派下子孙修谱，必然是以霞山郑文质为郑氏大宗，正如郑瑞元在道光年间《郑氏会修宗谱跋》中谈到"盖谱书之修与宗法相为表里者也，古有大宗小宗。大宗百世不迁，小宗五世则迁。粤籍我霞峰鼻祖文质公雁行有三，公居长，固大宗而为百世不迁者"。如此，郑楠自己的先祖郑文彬则为小宗，而经过从宋代皇祐四年（1052年）到清初600多年的繁衍发展，郑文彬的后代已有不少，昔日的小宗如今已经独立多年，因此不愿意作为小宗去参与这样的事情，也是可以理解的。这次修谱之议后来由于康熙十三年（1673年）的"耿精忠之乱"而作罢。

乾隆十一年（1746年），修谱之议再起，前房岁进士郑嘉禹、中房岁进士郑正昇、后房恩进士[①]郑梦麒等三人出面主持，纠合六百多年来从霞山分迁的郑文质公的后裔共二十余派会修宗谱，成为当时郑氏家族较为完整的一部家庭史。为了宗谱的撰修，郑嘉禹等三人遍访宗亲，搜集资料，筹措经费，为郑氏宗谱的纂修立下了汗马功劳。当然，对于未能

---

① 岁进士、恩进士均为贡生，即岁贡、恩贡的别称。

实现一统郑公叔派下各支会修郑氏宗谱的愿望也颇感遗憾，族人郑惟肃在乾隆十一年《会修郑氏宗谱·跋》中对于郑文彬后裔郑楠不愿意参与会修宗谱一事表示了极大的愤慨，称"常山彬公裔有郑楠者，昧一本大义，从中造言蛊惑"云云。

以后的郑氏宗谱又在嘉庆庚申（1800年）、道光癸卯（1843年）、光绪乙酉（1885年）及民国二十年（1931年）等多次重修。根据家谱修编的原则，一般在新谱编辑完成之后，旧谱旋即焚毁，因此以前的郑氏家谱早已无存，只有光绪年间《郑氏宗谱》的部分保存在上海图书馆，目前在霞山村保留的3部《郑氏宗谱》即是民国二十年的版本。全谱凡20卷，共22册，内容包括：卷一谱序、宗说、谱说、姓原、郡望、凡例、家训、祠规、里居图记，卷二古系图、霞峰总系图、像赞、诰勅、祠产、祠墓考等，卷三至十八各派世系，卷十九、二十文传、传序，卷二十一墓图，卷二十二艺文、跋。宗谱全面记述了郑氏家族的历史渊源，上迄帝喾，下至民国，将郑平公一脉从远古至现代的源流支脉网络其中，派系清楚，源流分明，当然其中不乏可疑之处甚或攀附之嫌，这也是古来编辑家乘的通病。同时这部郑氏宗谱记录了不少相关的艺文、诗歌等历史文献，是一部体系完备、内容完整的宗谱，是研究霞山村落的历史、文化、经济、建筑等方面的珍贵依据。

由于家族的繁衍人口越来越多，世次越来越繁，因此宗谱的修撰，组织和编写者都要耗费大量的时间和心血才能完成，如光绪乙酉年（1885年）完成的宗谱修订始于光绪壬午年（1882年）秋，整整用了四年时间；现存的民国宗谱从1929年开始，直到1931年完成用了三年时间。同时为修家谱所需费用也特别巨大，因此家谱的纂修总要在家族中募集资金，一是靠富裕者出资，二是靠原有的族产出息，再就是在族中按丁摊派所谓"丁银"，所有入谱的男丁都要承担一定的费用。宗谱修好之后，一般都刊刻印刷，并同时印制多部，供各房收存。民国年间的《郑氏宗谱》共刊印四十部，按照"天地玄黄"起"露结为霜"止共四十字编号，各房派按照一定顺序照字号领取，不能混淆占越。对于宗谱的日常管理，则是各房派自行慎重保藏，每年的春节拜节和冬至日的祭祖之时，要在神主面前共同打开展示，遇有管理不善，或者出现"典质疏虞"等情况，则要将保管人立行责革，另择本房贤能子孙收管。这样做一方面是为了加强宗族的内聚力，进行宗法教育，另一方面也是为了杜绝日后冒宗之事的发生。

第三节　订立族规

清代雍正皇帝在《圣谕广训》中指出，宗族的任务乃是"立家庙以荐蒸尝，设家塾以课子弟，置义田以赡贫乏，修族谱以联疏远"。但是实际上，宗族组织管理着农村的一切事务，触及乡民生活的各个方面。从敬宗睦族、伦理教化、社会治安、农田水利、抚老恤幼、赈灾济贫、审理争端,到干涉寡妇再嫁、兄弟析产、子嗣承继,乃至打扫卫生。宗族有公田、义田、祭田、学田等大量公产,用作祭祀和公益事业。而实现这样的管理,就必须要有一套完整的组织制度和条例规章,制约族人的行为规范,实行"依法治族"。"国有典制,家有规训,事虽异而理则同。"因此订立族规家训也是宗族制度建设的一个重要方面。

在徽州,朱熹亲订的《家礼》成了各个家族"族规"、"家典"的依据,即使冠婚、丧祭的礼仪,也按《家礼》的规定进行。而霞山郑氏在乾隆年间修订的家训中明确提出,"凡吾子姓,但宜遵行文公家礼"。从郑氏宗谱中记载的《凤祥公家训》可以看出早在唐代,郑氏家族就已经具备了完善的家法族规。到了清代乾隆年间,鉴于家训传世已久,所以根据当时的实际情况和时代变化的特点,在郑嘉禹、郑正昇、郑梦麒等的倡导之下,郑氏家族根据先祖的家训,结合现实情况,将不合时宜的旧有条规剔除,增加新的条规,所谓"其间有宜于古者,未尽宜于今者,参酌损益,总以阐扬祖德,务期可传可法"。

由郑嘉禹等厘定的郑氏家训共26条,基本囊括了家庭、宗族和个人生活的各个方面,从中可以反映出郑氏家族对于宗族制度建设,对于人生观念以及行为规范,乃至整个社会生活各方面的理念和观点。总体上讲其主要内容包括:

(1) 强调宗族的组织和宗法原则。郑氏家训与郑氏祠规互为补充,规定了宗子、族长等宗族首领的确定方法和族长的权力以及宗祠的建设管理制度。家训第一条即明确规定"立宗子",提出"凡宗子之立,所以端坊表、承祖考。一宗族古今大义也,子孙无许变乱",宜"择齿德兼优者立之"。对于宗祠的建设与管理,则提出"祠宇之设所以妥先灵、伸孝思也。族众人稠,既立大宗祠以奉始迁之祖,出入必告,朔望必谒,四时必祭。仍各立支祠宇,奉各派祖先,荐时食祭。生忌仪式一尊家礼,无容简亵。其祠宇务虚四时修理,不得听其风雨飘遥,朽蠹穿漏,以致神灵怨恫"。

(2) 提倡封建的伦理道德。封建伦理的核心是要求卑幼者对于尊长的绝对服从,将孝道置于家庭、家族伦理中最重要的位置。郑氏家训提出"孝为百行之首,不此是务,他何足言"。"兄友弟恭,悌道则孝道也。""送死,人子大事。""盖祭也者,报本返始,人道之大端也。"这些条目规范了家族成员"敦孝、笃友"、"丧葬尽礼、祭祀因时"等对长辈尽孝方面的言行。当然郑氏宗族所提倡的并非仅仅是一般意义上的侍奉、尊敬和生养送终之事,家训中指出"孝之大者,先意承颜,立身扬名,以显父母;次则服劳奉养,定省温情,以事其亲"。

(3) 宣扬敦本睦族,同族一气。本族成员不论贫富均宜互帮友爱,维护和加强本族的团结。且一族之人原系同一祖先,同本同源,"以其日夕相见,声息相闻,而亲疏无间也。故必出入相友,守望相助,疾病相扶"。"遇尊长视如父兄;遇卑幼视如子弟。则亲逊之风行,而仁让之俗成。"强调"凡我宗人,处邻里间慎毋因势炎凉,恃强凌弱,用智诈惠,致伤亲睦之谊"。一方面对于族内难以生存的贫困族人,如"孤寡、幼弱"者,宗族利用族产收入给予一定的救助,同时也提倡族人尤其是富有的族人"必多方辅翼,共相维持,其在服属,尤宜加意"。另外,对于族内因"钱粮田产,交易往来"产生的纷争,必须先奏鸣族长众人，族长"必唤急面谕，揆情度理，从公调处，以平其气而杜其争"。如未奏鸣宗祠处理擅自告官，构讼结怨，族长有权处置。此所谓"家丑不外扬"也。

（4）为了光大门闾，提倡对于子弟进行文化教育以及人格培养，并在宗族内部提倡尊贤敬老等良好风气。郑氏家族非常重视对于子弟的教育，在家训中明确提出"教化明则人才出"。"吾宗建塾，当择老成严重、练达经史者为师，必以四书五经朝夕讲解，则英敏者固以有造而进于有成，即椎鲁而改图生业者，亦粗识经书伦理，可无顽梗之习。"而对于未能接受文化教育的贫家子弟，"父兄或于家庭朝夕之眼，或于出入事为之际，谆谆以孝悌谨信、礼义廉耻，随时开导"。作为读书人，由于"士列四民之首而为万民之望，欲实称其名，良非易，故穷则砥砺名节，达则黼黻皇猷"，故而要"一矢口，必思言无口过；一措事，必思行无怨恶"。有关尊贤，家训提出"族有德裕才优者，实荷祖宗之荫，钟川岳之灵，而伦常赖以仔肩，风俗赖以维持者也"。因此，"贤能之老者，必尊礼优崇以隆重之；贤能之少者，必培养熏陶以作成之"。

（5）出于维系家声之需，郑氏家训还规定了对族人本身、持家等方面的要求和禁止条款。如"务本业"、"急国课"、"慎婚嫁"、"禁赌博"、"戒淫行"、"止偷窃"、"远骄奢"等，教育族中子弟力图上进，并不厌其烦地强调不准赌博、不准宿娼、不准斗殴，提倡勤劳务本，崇尚淳朴节俭，有关条款占了家训的很大比重，多少体现了宗族对于族人个人品德修养的重视，另一方面也是为维护门风，保障家族利益所需。应该明确的是由于郑氏家族先以诗书传世，后以经商起家，因此坚持"耕读传世"之时，又不乏对于商业行为的理解和支持。"王政首重农桑，而百工商贾，亦各有常业"，并提出，"为商贾者必勤慎和平，以裕其利"。"凡属子姓，虽土俗不一，苟术业有常，不同于游惰，自不至玷厥祖先矣。"

郑氏家训的制定，对于凝聚宗族势力，促进家族内部的团结，增强宗族抗击自然和社会的能力，具有很大的作用，同时提倡封建伦理道德，加强了对于族人封建伦理道德的教育，使得伦理纲常成为族人日常的行为准则，所谓"化民成俗"。家训对于子弟的文化教育和品德的修养更是提出了明确的要求，激励子弟吃苦耐劳，努力上进，以光宗耀祖，光大门闾。当然我们不能不看到，这一切都是出于维护封建纲常思想的需要，维护家族声誉的需要，也符合统治者的思想。其中必然包含着许多封建、落后、消极的内容，如"严闺范"一条，规定："女子十年不出，既嫁而反，伯叔昆弟，坐弗同席，食弗共器，盖礼之用以别嫌，明微者至严矣。故妇主内治不与外事，日夕务勤针纫，事老抚幼。不得群聚笑谈，无故不出户庭，至寺院拈香、越境看戏，尤宜禁绝。即归宁奔丧，亦必母家风俗之善，否则不许。"可以说是严格限制了妇女的人身自由，郑氏家族的妇女只能是足不出户，每日在家缝缝补补，甚至赴娘家奔丧，还要看看娘家的家规如何，否则是不允许的。另如"兄弟如手足，妻室如衣服，衣服可以复制、手足不能再生"，"每听妇言，以致阋墙构衅，祸若仇敌"等出自对妇女的偏见以及针对妇女的歧视性、压迫性的规定，极大地贬低了妇女的人格，所体现的"夫为妻纲"、男尊女卑的原则反映了家庭和宗族中另一种以性别划分的不同等级，这也正是封建宗法思想的重要组成部分。

第四节 设置族产

族产或称为祠产，名义上是合族公有的财产，包括山林、土地、房屋等。宗族宗法势力的强大，不仅在于有思想伦理基础，还要有雄厚的经济基础。最早设置族产（族田）的是北宋的范仲淹，他在平江（今江苏苏州市）购田千余亩以赡族，使族人贫乏者"日有食，岁有衣，婚娶凶葬皆有赡"。朱熹制定《家礼》，则规定："初立祠堂，则计见田亩，每龛取二十之一，以为祭田。宗子主之，以给祭用。如上世未置田，则合墓下子孙之田，计数而割之，皆立约闻官，不得典卖。"元明以后族田普遍设置，明初方孝孺在《宗仪·睦族》中说："睦族之法，祠祭之余复置田，多者数百亩，寡者百余亩。"实际上有些大族的族田有以千亩计者。由于族田可以缓解贫民的反抗斗争，有利于封建统治，所以封建朝廷把购置族田当作"义举"而大力提倡，对捐资较多的人予以旌表。有些大官富商也表现得颇为慷慨，如清长洲陆豫斋，一次"割遗产五百亩，为赡族之资"，歙县黄履昊也曾"捐银计一万六百两，置田八百八十余亩"，以"恤族姓之孤贫"，庐江章氏更"捐田三千亩赡族"①。

在宗族祠堂建立之后，就出现了祠产形式的族产，这是更为成熟的族产类型②。祠产或称祀产的来源有些是祖先留有遗嘱，规定不许分散、归子孙共享的那一部分财产，或者祖先留下的祀产，除此而外的主要来源有："或独出于子孙之仕官者，或独出于子孙之殷富者，或祠下子孙伙议公出者。"③也有个别无子嗣而且无亲支可继承的后裔之田产，以及族众神主入祠、添丁、嫁女、娶媳利用祠堂等收取的银两等。此外还有把犯了过失的族人财产罚入者。族产中最重要是可以年年有地租收入的族田，一般都招佃耕种。族田的收入主要用于国课、墓祭，以及宗族内重大公益事业的开支，如一年内各时节的团拜祭祀，宗谱的修葺，祠堂的维护管理与维修，赈灾扶贫，修桥铺路乃至族中子弟的学费考资等等。郑氏祠规就规定"童生院试给卷资壹钱，乡试每名给卷资五钱，登科者祠送会试赆仪拾两，以鼓励贤能"。

明清之际，郑氏族人依靠木材贸易发家致富，所以裕昆堂、爱敬堂、永锡堂之祠产祀田数量颇多，而永言堂则由于房中经济实力较差，谱中并未载明其祀产和相关情况。据谱中记载，后房宗祠爱敬堂之祀田计有35.66861亩，其中田税8.392亩、实田税12.06485亩、浮实田5.82109亩、地税9.39067亩、实地税1.14亩，另外房下各派子孙捐产入祠的

---

① 阴法鲁、许树安主编：《中国古代文化史》，北京，北京大学出版社，1991。
② 汪良发主编：《徽州文化十二讲》，合肥，合肥工业大学出版社，2008。
③ 同①。

田地共计 11.05868 亩，其中田税 3.79293 亩、实田税 3.01765 亩、浮实田 2.46732 亩，地税 0.82234 亩、浮实地税 0.95844 亩①。虽然从绝对数上讲似乎并不多，但是霞山历来田少人众，加上大宗祠裕昆堂、前房永锡堂、中房永言堂以及其他房派小祠堂的祀产，数量还是相当可观。另据郑酉山在民国二十年所撰《爱敬堂增建敏事轩记》中所说，爱敬堂祀产山林还有不少，其中仅宜于栽植松树杉树的就有近百亩，禁山会在光绪十八年（1892年）造林禁山，其后"得地之利、渐积渐厚，涓滴归公"，民国二十年（1931年）"族内续修谱书，凡属爱敬堂而未迁居他处者丁赀咸取于此，不烦户口毫厘"。爱敬堂增建"敏事轩"购地、建房等所有经费均来源于此。民国九年（1920年）霞山郑氏家族在紫霞庵旧址兴建学校，成立霞山国民小学，建校的所有经费均来自于各宗祠的祀产，并另购土地20 亩作为学田。

族田祀产是众存产业，各宗族都立约规定不得典卖。郑氏祠规规定："祠内祀田，详载于谱，子孙毋得变易，违者送官，以不孝论。"清政府也订有"子孙盗祭田五十亩以上者，发边远充军"等法律条文，用以保证族田的长期维持。族田一般由族长统率下的专人管理，如霞山爱敬堂的祀产山林由禁山会（民国年间改为世卿林业会）管理，部分作为义田的由义和会管理，这些管理者都是家族中的绅衿富户，这种名义上的公产其实际权力都操纵在他们手中。选择绅衿富户管理的原因是他们家庭富足，不会产生"假公济私，托收管之柄，肆侵蚀之谋"。族规也要求他们秉公处事。实际上，由于管理祀田有巨大经济利益，宗族内部为争夺管理权而内讧的现象也经常发生。虽然郑氏族谱没有反映出这些问题，但是从其他一些地区的情势看，族田最后往往多被势豪侵渔兼并，而这种势豪又往往为本族的成员。

第五节　家族武装

郑氏家族乃习武世家，族中子弟以习武报国，读书济世为念。当郑氏家族迁居孤峦之后一方面遵循耕读传家的古训，攻读儒业，勤于耕作；另一方面为了维护家族的平安，族中子弟多习武强身，以对付土匪的骚扰、流寇的入侵和局部的战争，在国家有难之际即挺身而出，以报效国家为己任。根据郑氏宗谱的记载，孤峦郑氏家族自始祖郑元祷以下有不少子孙出任武职，如四世孙郑凤祥担任河东节度使，七世孙郑端仁任沿江兵马司后迁端阳令，十世孙郑公叔则武略超群，曾经追随严将张自勉追剿黄巢，更有十二世孙郑胜、郑脗以及他们的子侄等 25 人随狄青剿灭侬智高叛乱，获封护国将军以及副将等职。但是自从

---

① 数据来源于《霞峰郑氏宗谱》爱敬堂祀产。

郑氏迁居霞山之后，子孙多以读书事儒为业，后来又多从事贩木生意，家道富裕，承平日久，再没有子弟肯去吃苦练习武艺了。

明代正德年间"饶寇"侵袭开化，霞山古村内祠堂被毁，家中遭抢，田园荒芜，族人四散逃命，郑氏家族遭受重创。自此霞山郑氏家族意识到要保护村落的安全，即使遭遇强敌无法抵挡，也能够防身以自保，于是族中青壮年男丁习武之风又起，即使读书人相聚在一起谈学论道之余，也注意锻炼身体，清代道光年间霞山的文人士子组成的文社攀桂轩就有用于练习举重的石锁至今尚存。清初康熙十三年（1674年），靖南王耿精忠叛乱，分兵进击浙江，由马九玉、朱顺德率数万人入仙霞关，占领江山、常山、开化和皖南的祁门，路经霞山，兵进衢州。面对突如其来的兵灾，郑氏族人郑大来响应县令崔华的号召，率领族中子弟举起大旗，组织族中的武装，加入到抗击"耿逆"的队伍中。郑大来及郑卓麟、郑振祥、郑有忻、郑毛、郑大卿、郑童等郑氏族人先后战殁，他们的事迹载入乾隆《开化县志》，留名清史。

咸丰十年（1860年），太平天国农民军进攻开化，霞山再次受到战争的影响。霞山一度成为太平军的营地，驻扎在此的军队因没有大锅可以烧水，便利用院落中的大水缸烧水，如今这被大火烧裂的"千金缸"尚存，成为太平军驻军霞山的直接证据。那时，郑氏族人大多数逃到深山躲避，族人郑启周分析了当时的形势，与乡中父老商议，聚集万余名青壮年，"伸锄为兵，揭竿为旗"，捍卫家乡，并越过马金岭，到达皖南休宁县汊口，出奇兵大败太平军，遏制了太平军进占开化的趋势。参与指挥战斗的邑庠生郑式金被俘。《开化县志》记载他"咸丰十年粤逆扰开，率乡壮捍御。被虏，贼以降劝。金曰：刀锯鼎镬，甘之如饴，何降？贼怒，决其首，裂其腹焉。"关于太平天国运动的影响，史家已有定论，这里不必赘述。太平军彼时实力之大绝非乡勇所能抵挡，郑氏族人组织武装保卫自己家园的行为确实难能可贵。在当时的情形之下，战争对于人民生活的影响和对生产力的破坏则是显而易见的，太平军前后十余年多次进军开化，霞山古村遭到了毁灭性的破坏，祠堂被毁，灶冷室空，人员伤亡惨重，直到左宗棠坐镇浙江，督师开化，最终剿灭太平军之后，局势才安定下来。

清末民初，政治腐败，社会动荡，霞山商业发展和贩木生意受到了严重影响。在此情势之下，霞山一带的族绅富豪汪式金、郑松如、郑酉山、张雨田、陈时夏等人倡导，建立了崇化区保卫团，并购买了枪支弹药，由郑松如担任保卫团总。民国二十一年（1932年）改为西北两乡保卫团，抗日战争当中，改编为抗日自卫总队第八中队，并成立社会军事训练总队。郑氏家族在郑松如和郑酉山的带领之下，通过家族内部宗法制度的建设和维护乡村秩序的努力使得霞山一带社会形势较为稳定。

郑氏家族是封建社会耕读文化和商业文化共同作用形成的典型宗族之一，显著的特点就是：聚族而居、依祠而立、修葺宗谱、建设祠堂、依法治族、族产雄厚等。郑氏宗族从元末明初依靠商业贸易兴家，随着家族人丁兴旺、攻读儒业、商农并举，发展成为霞山的名门望族，整个家族在开化以及周边的遂安、淳安一带的影响很大。迄至清末及民国时期，随着社会的动荡、经济发展的停滞和宗法制度的逐步瓦解，霞山古村也逐步走向衰落，尽管随着郑松如、郑西山等人在经济上、政治上实力的增强以及在霞山对于宗族制度的极力维护，也使得霞山村落一度有了中兴的迹象，然而他们所做的也只是维持表面的"稳定"而已。实际上当时的霞山贫富差距巨大。例如，郑松如的住宅建筑面积3000多平方米，内有轿厅、客厅、书房、闺房、花园以及马厩，功能齐全，而郑氏家族中还有很多人只能栖身在茅屋之中，依靠租佃郑松如家的土地为生，且因交不起地租受到逼迫。在郑春馥为其祖母巴儒人撰写的墓志中写道："政治腐败，里党风俗，日以颓靡，同室操戈者有之，争夺田产者有之，凌虐孤寡者又有之……"就在郑松如邻居的住宅（现名为"梨园聚"的院落）中就有因赌资发生纠纷以致毙伤人命的事件，在老街上的一所宅院中发生了兄弟相残的悲剧[①]，其时的霞山社会矛盾日益突出，这并非是维持宗族制度所能解决的问题了。

---

① 据2007年9月采访郑渭登、郑寿海记录。

第四章 文明发展

从永嘉之乱到宋室南渡之后的几百年间，北方战况频频，与古代徽州一样，地处浙西一隅的开化境内，社会相对稳定，因而便成为士族避乱的栖身之处。据民国三十八年（1949年）《开化县志》（稿）记载，开化县境内的家族以外地迁入的为多，如唐代迁居开化的大约有10个家族，宋代迁入开化的多达24个家族。据史料所载，最早迁入开化的就是郑氏家族，即唐武德四年霞山郑氏家族的先祖郑元琇从安徽歙州迁居常山县玉山乡仙凤里（今开化县底本乡青山头村）。大约唐宋时迁徙来开化的，都是像郑元琇这样的衣冠世家，"一再避地卜居于此，故自宋以来，文物彬彬，名臣硕彦，相继辈出"。① 众多士族世家的迁入，不仅为开化的经济繁荣增添了活力，而且为发展文化教育事业作出了贡献，从而培养了人才，提高了山乡人们的社会历史地位及政治影响。

郑氏家族自徽州迁居开化，为了续写家族的辉煌，不负荥阳郑氏的盛名，担任过颍川刺史的郑元琇，将子孙的入仕和家族兴旺视为家族发展的头等大事。定居之后的郑元琇在"学而优则仕"的治学观念影响下，课子读书，鼓励子孙入仕为官。他的努力没有白费，其次子郑孝信担任了越州博士②、安抚太史③；四世孙郑凤祥担任河东节度使；六世孙郑思浩任衢州刺史；七世孙郑端礼任无锡尉，郑端仁任沿江兵马司后迁端阳令；十世孙郑公钦担任泗州巡检后迁蔡州通判，郑公叔则武略超群，膺任武职，追随张自勉追剿黄巢；十二世孙郑慧于宋天禧己未年（1019年）考中进士，担任了淮阳令；更有十二世孙郑胜、郑脁以及他们的子侄等多人随狄青剿灭侬智高叛乱，获封护国将军以及副将等职。十四世孙郑庠，淳熙丁未（1187年）科进士，是宋代著名的古音韵学家，其著作《诗古韵辩》对古韵学的发展作出重要贡献，曾任翰林检讨，累迁龙图阁学士④。

郑慧公为避祸自孤峦乔迁丹山，但是避祸并不等于避世，自己是进士出身，虽然已经解组归田，但是为了在新的家园实现光宗耀祖的理想，子孙后代是不能退出政治舞台的。毕竟是出身世家大族，而且郑氏的迁徙并非为生计所迫，故而当一般的家庭在迁徙之初考虑如何生存，怎样解决衣食温饱站稳脚跟的时候，郑慧公则同时考虑的是家族如何发展的问题。在当时的社会条件下，耕读传家便是一条理想的发展之路：勤于耕稼，以求生存；

---

① 龚壮甫主纂：《开化县志》（稿），民国三十八年（1949年）。
② 博士为传授经学的官员。
③ 太史，西周春秋时代为地位很高的朝廷大臣，掌管起草文书、策命诸侯卿大夫、记载史事，兼管典籍、历法、祭祀等事。秦汉以后设太史令，其职掌范围渐小，地位渐低。明清时代也成为翰林院修撰的代称。此处所谓安抚太史，不知何意，因古代有安抚使一职，或为其误。
④ 关于郑庠任翰林检讨，累迁龙图阁大学士的史迹，史书无载。《浙江通志》载，郑庠为从政郎。

读书入仕，以求发展。因此在始迁祖郑慧公的激励之下，郑氏子孙秉承孔孟之学，以诗书继世，耕读传家；元末明初为了家族的生存发展，子弟们贾儒并举，发家致富；甚或精研方技，各营生理。霞山的郑氏家族始终处于蒸蒸日上、良性循环的发展之中。

第一节　诗书继世

隋唐以来，科举制度成了学而优则仕的途径，官吏的选拔大多由科举而来。这样，士庶的界限就为科举所突破，只要科举中试，无论破落的世族还是贫穷的农家子弟都可以陡然富贵，平步青云，这就诱使更多的农家和世家子弟走上读书备考之路，"朝为田舍郎，暮登天子堂"成为现实生活中的常态。当然，世家大族对于读书又有更深层的认识，在他们看来，读书不只是博取功名，更主要的是提高家族的素质。

宋代，科举制度的完善以及全社会鼓励读书的政策给也给昔日辉煌的郑氏家族带来了新的发展机遇。宋真宗（赵恒）曾以皇帝之尊作《劝学文》号召："富家不用买良田，书中自有千钟粟；安居不用架高堂，书中自有黄金屋；出门莫恨无人随，书中车马多如簇；娶妻莫恨无良媒，书中自有颜如玉。男儿欲遂平生志，六经勤向窗前读。"这一流传千古的诗句宣扬读书万能，即只要认真读书，积极应试，则黄金美女、良田美宅、富贵利禄，都不是什么难以企及的目标。正是在这种读书至上，以科举为目标，积极向学的社会风气熏染下，徽州及其周围地区文风陶陶，形成了"十户之村，不废诵读"的壮观场面，数量众多的文人士子纷纷醉心于科场应试。

一、兴学育人

开化本是山越荆蛮之地，自然灵气十足而文化气息微弱。但是自中原衣冠迁徙来此，他们聚族而居，昭穆有序，组织严密，同时继承了其宗族"崇儒尚教"的优良传统，特别重视文化教育，走读书入仕、科甲起家之路。这也与作为徽州近邻，并与徽州有着相似的文化背景是分不开的，特别是集儒学之大成的程朱理学兴起之后，宗族开办书院以培养家族子弟业儒入仕蔚然成风。开化县在宋淳熙年间形成了办学的高潮，而这一高潮则与朱熹、张栻、吕祖谦等著名学者有着密切的关系。淳熙三年（1176年）三月，朱熹回婺源祭扫祖墓之后来到开化马金包山听雨轩（距霞山约5华里）与吕祖谦等有"三衢之会"①，并在此讲学；淳熙五年（1178年），朱熹任浙东路盐茶使，再次来到开化，一时间，开化士林如沐春风，本吕氏之学，奉朱子之教，官府和民间集资办学，在开化城乡日益盛行。

---

① 关于三衢之会的地点有不同说法。开化马金包山的听雨轩一说出自衢州文化网。

郑氏家族的霞山书舍大约就是在这期间建成的。

从北宋皇祐四年（1052年）郑氏家族迁居霞山，到宋淳熙年间已历百年，但是由于宗族子弟的不断外迁，人口并不多，尚处于发展时期。即使如此，为了子弟能够接受良好的教育，郑氏家族即联合霞山的其他家族在村内建设霞山书舍。霞山书舍始创的确切年代，现今无从查考。据霞山邻村石柱《清华胡氏宗谱》记载："霸公，宋为泸州长史，因家合肥县，改秩信安郡，即今衢州府是也。次子达分监开化场……然公，达长子，为九都霞山始祖，淳熙间为霞山书舍山长，从朱子游，生三子，皆入仕……"① 由此可以确定，在宋代淳熙年间，霞山书舍就已经存在了。虽然由于年代久远，如今霞山书舍的基址难考，而且宗谱中关于霞山书舍的记载也不多，只有明代开化进士礼科给事中徐文溥②《题霞山书舍》的诗句："素访名山入紫霞，重来殊胜旧繁华。遍郊膏沃余千亩，比屋诗书富五车。十里幽隐彭泽柳，一川香气武陵花。群峰互拥翔鸾凤，应产英贤佐帝家。"说明至迟在明代正德、嘉靖年间霞山书舍依然存在。不仅如此，当时的霞山郑氏家族子弟还组织文会，并建设文会堂作为活动场所；郑氏三兄弟郑天麒、郑天麟、郑天祥分别构筑别业严堂庵、乐互庵、石柱庵作为日常读书修习和与朋友吟诗论文之所。

霞山郑氏家族在经商贸易获得巨大的经济利益之后，在文化教育上的追求更为强烈，把族内子弟的教育培养视为宗族发展的大事。霞山郑氏如此重视子弟的教育，其实主要是因为：一是郑氏族人的科举情结，霞山郑氏家族的始迁祖郑慧乃进士出身，迁居霞山几百年来虽然家族兴旺发达，尽管也曾出过举人，也有读书入仕担任过府学学政的，但是留在霞山的后裔一直未曾有考中进士的，科举中试成为郑氏族人的一个心结，上派始祖郑天麒曾说："生不能猎取禄位以光祖考，每念于中，不胜歉然。"同时寄希望于子孙："所冀二三子各相努力，骧首青云，发潜起幽，以雪平生之歉然。"故而即使后来为了家族的生存，不得已而从事商业，在家族富裕后，仍以读书入仕为念，延师课子以期实现擢高第而登仕途的理想追求。如郑鋆公幼年丧父，不得已辍学经商，在家庭致富之后，命三子廷芳跟随自己从事商业活动，而次子廷贵读书有天赋，便让其随内侄方豪③学习。二是明清时期开化的人口与土地矛盾突出，带给人们较大的生存压力。郑氏家族在元末明初家庭富裕之后，虽然霞山村落的基址逐渐归郑氏家族独有，但是土地的数量有限，随着人口的逐渐增

---

① 资料来源于开化县志办吴德良所撰《朱熹与包山书院》。

② 徐文溥（1480—1525年），字可大，号梦渔，开化人。明正德六年（1511年）进士，授南京礼科给事中。后因屡次上书劝谏武宗不纳，愤而托病回乡。嘉靖元年（1522年），群臣举荐，任河南参议，后任广东副使，因触犯权要，恐增母忧，引疾归，行至玉山病逝。一生清廉节操，死后囊无宿储。著作有《燕程集》《留都拾遗》《南巡稿》《东巡稿》《梧山集》《短笺录》及奏议等。

③ 方豪（1482—1530年），字思道，号棠陵，开化（今金村乡金路）人。正德二年（1507年）乡贡第一，次年中试及第，赐同进士出身。在刑部四川司办事二年后，担任昆山知县，时昆山遭大灾，田园荒芜，民食草根树皮，朝廷催逼欠赋，特疏请免。后担任沙河知县、刑部主事、湖广提刑按察司佥事、福建提刑按察司副史等职，其断狱清明，所至之地，称誉有声。嘉靖六年（1527年）以病养告归，卒于家。方豪生平著作甚多，有《老农篇》《珍忆录》《昆山集》《养馀录》《见树窗稿》《洞庭烟雨编》《蓉溪书屋集》《性理集解》等十余种，其中《棠陵集》《断碑集》于清乾隆年间收入《四库全书》。方豪的亲姑嫁与郑鋆公为妻。

加,人地矛盾突出,郑天麒撰于元代泰定年间的《自题严堂庵寿藏记》中有"支分派衍,族日以繁,赀日以削"之语,因此为谋求发展之路而萌发的"忧患意识"也是家族重视教育学习的重要原因;同时宗族要发展壮大、长盛不衰,要想在社会上享有威望,光靠经济力量是不够的,更重要的是确立宗族在政治上和学术上的地位,所谓"子孙才,族将大焉"。而要取得在政治和学术上的地位,只有通过教育才能实现。三是士人学子中形成的朱子之学传统,让人们在读书求理、志在圣贤的熏陶中,练就一生孜孜以求的苦干精神,培养良好的道德品行。"吾宗建塾,当择老成严重、练达经史者为师,必以四书五经朝夕讲解,则英敏者固以有造而进于有成。即椎鲁而改图生业者,亦粗识经书伦理,可无顽梗之习。"郑氏家族子弟中不乏弃儒从商的例子,且均能诚心经营,以致家赀日丰。

  有清一代,郑氏家族人口数量进一步增加,族内富裕的人家大都开设私塾,聘请饱读诗书之人任教于家中,也有族人自己设馆授徒,如清康乾年间,郑梦麒兄弟就曾在岁贡郑嘉禹的书馆学习,后来郑嘉禹到外地坐馆,兄弟二人又负笈遂安童璇文先生;道光年间,郑宏炳曾延请开化秀才徐庭柏于家教读子孙;清末,郑萼魁也曾设馆于家,郑氏子弟以及周边乡村子弟受业于他。当包山书院逐渐荒废之时,郑氏家族遂于清嘉庆年间倡议全乡在厚山修建书院,名之以崇化书院,所谓"夫儒崇文为要,本立而道生,道生而化崇焉"。崇化书院是开化县著名的书院之一。咸丰十一年(1861年)书院毁于战火之后,以轻骑都尉郑志汉为首的郑氏族人又倡议合乡捐资修理,于同治二年(1863年)建成房屋十三楹作为校舍。汪氏家族也不甘落后,汪陶行曾经参与包山书院的迁建,明末清初汪氏家族曾修筑梅里书院以读村中子弟。科举制度废除之后,郑氏族人读书学习的热情依然不减。宣统元年(1909年),以郑酉山、郑松如等为首将崇化书院改为崇化高等小学,民国三十三年(1944年)在郑酉山、郑松如等的参与之下将崇化高小改为县立开化中学,后迁移至开化县城,原址设立小学补习班。民国初年,崇化乡改为振新乡,霞山郑氏族人郑绍斌、郑宝善兴办学校,以方便村中子弟就学,但是苦于没有校舍,为此与"松酉两公"(郑松如和郑酉山)商议,二公皆以为"建庵以立佛曷若兴学而树人?以公济公得其所哉!"①遂决定将紫霞庵内佛像搬迁至龙村西南侧钟山堂内,将族内准备修建紫霞堂的资金用于建设学校,并由郑酉山进行设计,严格按照校舍要求施工。"度地绘图,悉改从前寺观之规模,凡一窗一楹必求适合于学校用者。"学校的建设大约用了不到一年时间,于民国九年(1920年)工程完工。为维持学校的日常用度,除紫霞庵原有寺田60亩外,还另购土地20亩作为学田。次年学生入学,"生徒来游者以百计,弦诵之声朗然也"。直到民国二十年(1931年),虽然学制屡有变化,但是"霞山小学独为全邑之模范",由此可见霞山村郑氏族人读书兴学之风气。今天的霞山小学旧址上已经建设成为霞山初级中学。每日清晨,钟楼上悠扬的钟声和着学生琅琅的读书声回荡在马金溪两岸的上空。

---

  ① 郑宝槐:《重修紫霞堂钟楼记》,见《霞峰郑氏宗谱》卷二十《艺文》。

二、读书入仕

"读书入仕"的家训始终贯穿着郑氏家族发展的整个过程。进士出身的郑慧深知读书对于家族的重要性,家庭初迁,新居初建,郑慧公就及时督促儿子郑远参加科举考试,虽然最终并未能获得什么功名,但郑远才华横溢,"读书好古,长于风骚,而淡于仕进"。郑远的儿子郑律受家庭读书重礼之风的熏陶,自幼勤奋好学,但是始终没有能够考取任何功名,两代人的失败对于郑氏家族多少有些打击,此后郑远便"怡情山水"。尽管如此,郑氏家族并没有放弃读书入仕的初衷,在几代人的共同努力下,郑律的长子郑宁终于"膺乡荐除沧州别驾",虽然官职卑微,但是总算圆了一个读书人家的梦,郑宁的成功极大地鼓舞了郑氏子弟学习的信心,自后郑氏家族人才辈出,遂得以"大振家声,恢拓前业"。

宋淳熙年间郑慧的七世孙郑子谦出仕福建建宁学政,据《郑氏宗谱》记载,郑子谦是一位极为负责任的学政,他"每朝望必集诸生而谕曰,秀才二字,最好名目。秀者,含英咀华,足以黼黻王猷也;才者,质美材良,足任皇家梁栋也。古来名臣硕辅,盛德大业,彪炳史册,无不由秀才中出者。尔诸生当顾名思义,无负朝廷作人雅意"。一时间许多文人士子投其为师,门下弟子人数之多可以与胡安国①并论。其长子郑伦"资性明敏,博涉经史,沉酣韩欧,为人文大家"。虽然父亲担任了建宁学政一职,但是并没有作为官宦子弟的"骄奢纨绔"之态。郑伦少年时代曾跟着父亲郑子谦在建宁任上,经常与府学生们一起论文赋诗,谱中说他文章才情总是高人一筹,几乎每篇文章都会被传阅,得到人们赞赏。建宁的士子们都认为郑伦将来必定能够"斫桂蟾宫,名邦秉铎"。想当时这位郑伦可能也是踌躇满志,家族中人也是拭目以待。然而不知道是他的才情确实一般,所谓文章高人一筹只不过是建宁士子们的阿谀奉承之词,还是命运不济,成年之后,仅仅得到一个福建晋江县丞的职位。做这样的工作,对于当年有着远大理想抱负的郑伦来说,实在是"位卑才高,不能竟用",故而不久之后,便辞职归家,"情切归林,徜徉山水",悠游于家乡霞山的山水之中了。郑氏宗谱郑伦公传评说"丞哉丞哉,公不负丞,而丞正所以负公也"。当然尽管从政时间不长,但郑伦作为一个县丞应该还是称职的。家谱中记载:"今虽人往风微,尔地犹歌德政。"郑伦的四世孙郑瓒,字元中,号圭峰,幼失怙,遵孀母之训,在霞山书舍攻读诗书,学习经史,写的一手好文章,由于大量涉猎先世留下的藏书,胸中自有成竹,每每作文,总是下笔千言立就,后来补为国学生,就学于当时的都城临安。除了学习之外,郑瓒"遍交当世之名公巨卿",以求得到赏识和提携,实现自己的人生理想。郑瓒这样的做法就是历史上所称的"行卷",即举子在考试前将自己平时所作诗文择其佳者汇集成册,投献给当时的名公巨卿和社会贤达,求其赏识,制造声誉,向主考官推荐。

---

① 胡安国(1074—1138年),字康侯,建宁崇安(今福建武夷山)人。宋高宗朝官至徽猷阁待制,是湖湘学派的先驱和奠基者。一生著述颇丰。胡安国是程颐的学生,曾出任湖南提举学事、成都府路、江南东路提举学事。胡安国于南宋建炎年间在潭州湘潭建碧泉书院,后又在衡山山麓办文定书院,以讲学撰述为业,除自己的子侄胡寅、胡宏、胡宪等外,还吸引了众多湖湘士子前来就学。

也有直接向主管考试的尚书省礼部投卷的，称为"公卷"。经过这样的努力和辛苦，郑瓒在京城文誉日起，宋宝祐戊午年（1258年）参加乡试中举，后被授为国子监大司成①。郑瓒传世的诗文不多，现有《霞峰秋色》一首编入衢州市初中地方教材："漠漠平芜老岸容，蘋江自断蓼花红。振衣独啸无人见，一道寒光接太空。"

元代科举制度废立无常，科举的一度废除完全断了文人儒士们的科举之路，而在反复的废立当中，哪怕是立的时候，由于元的民族歧视政策，作为文人儒士核心力量的汉族文人，也很难获得真正相对公平的竞争机会。因此有元一代，汉人能够通过科举晋身仕界的不多。也正是因为这样的原因，使得文人士子们所笃信的"学而优则仕"的思想受到冲击，霞山的郑氏族人纷纷另寻生路，而自宋代逐渐兴起的木材交易日益兴旺，郑氏族人通过参与木材经营，家族日渐富裕。发家致富的诱惑使得郑氏家族中的许多读书人弃儒经商，因此虽然郑氏号称开邑望族，但在整个明代三百年的时间里真正读书入仕的人却寥寥无几。载入崇祯《开化县志》的有三位，分别是明代隆庆万历年间担任过典史的郑德盛，担任过扬州主簿②的郑材以及参议郑孔麟。郑德盛，字行先，号碧霞，万历四年（1576年）春天，在典史任满升迁之际，有多位朋友为其饯别，开化进士南京光禄寺卿徐公遴③为其撰荣行序："士君子之生斯世也，出处虽异，勋业则同，顾力行何如耳？方今天子明睿英哲，网摭群贤擢用不泥于三途，职事维严于稽选。竭力效忠，骋才植德，此其时也。"三途者，即明朝官吏选拔的三种途径：进士、举贡、杂流，由此说明郑德盛担任典史并非科举正途，然而他"素履淳朴，接人忠厚，且倜傥圆敏，处事有方。为椽数载，奉公守法，秋毫无暇，上下翕然称善。缙绅往来，春风可掬"，并说自己"素嘉其为人，冀以敏颖之资，循谨之行移，在邑之贤为在京之用，他日所久，殆未可量"。也就是说郑德盛当时应该是在府或县级政府中担任典史，因为成绩突出，将被提拔重用。当然我们没有看到有关这位郑德盛的"后续报道"，所以不知其后来被提拔到什么岗位去了。郑材，字汝美，谱中说他"练达经济，以太学生任扬州主簿，善政多端，口碑载道，后以终养致仕，仕民爱之，为之脱靴留记"。"脱靴"之礼，本是地方官为官清正，百姓爱戴，才有此仪节。故而可以想象这位郑主簿当时在扬州任上恪尽职守，受到了老百姓的一致拥护。这两人的名字都载诸县志，想来不谬。

清朝初中期，是霞山郑氏家族最为繁荣的时期。霞山郑氏家族从事木材贸易带来了巨大的社会财富，越是在这样的条件下，家族越是重视子弟的学业，因此，除了霞山书舍之外，村内还有许多的私塾、学堂，条件好的家庭还将子弟送往淳安等处拜投名师，一般家

---

① 国子监大司成：国子监的主官，对国子监祭酒的别称。宋代元丰改制前，国子监主官为判监事。自元丰三年（1080年）起，改设国子祭酒（即旧判监事）。

② 典史和主簿都是古代的官职名称。典史设于州县，隶属于县令，主管缉捕、刑狱，属于未入流（九品之下）的文职外官。主簿属于文官，主管文书簿籍及印鉴，即起草一些文件，管理档案及各种印章等，大致相当于现代的秘书一职。县的主簿地位仅次于功曹，为门下亲近吏之长。明清时设于知县之下，与县丞同为佐官，有时也省并。

③ 徐公遴，开化人，明代嘉靖二十二年（1543年）中举，嘉靖二十三年（1544年）甲辰科进士，官至南京光禄寺卿，载入《开化县志》。

庭中，都在几个儿子中间选择一个可以从事贸易的，其余都在家专心耕读，在家长的督促之下，充分利用所谓"三余"① 时间，发奋攻读学业，因此涌现出了一大批邑庠生、府庠生、邑增生，还有岁贡、恩贡乃至举人等等。

郑嘉禹生活在清代康乾年间，是霞山郑文质公的二十七世孙。是霞山郑氏宗族发展史上一位重要的人物。宗谱中其甥孙婿所撰的"嘉禹公传"中，说他"为文勃勃有韩潮苏海之气"，"少时读书过目不忘，长涉经史诗文淹雅"，"十七岁游庠，越年食廪"，"每遇试辄压卷②，督学彭公奇其才拔置第一"。然而郑嘉禹竟然"九试棘闱，终不一售"。直至雍正甲寅年（1734年）他将近50岁时才被选拔为岁进士③，乾隆庚午年（1750年），年已六旬的他被特授为嘉兴府平湖县学教授。也算是封建时代对他屡试不中，仍然"风雨篝灯，摩揣不辍，未尝以蹭蹬馁志"的一种嘉奖吧。当然他在县学教授任上，制定了一系列教学制度，勉励学子在学习讲论之外，注意处理好人己、义利的关系，树立正确的道德观，为平湖县教育事业的发展作出了贡献，在他年过70就要退休的时候，"阖邑绅衿，佩服不忘"，为其立匾"儒林楷模"，给了他极大的优荣。乾隆二十三年（1758年），郑嘉禹在霞山村里建起了一所宅院，宅院大门的匾额即镌刻了"岁进士"三个大字。尽管"岁进士"只是岁贡的别称，并非正式殿试进士，但是毕竟也是正当途径的贡生。正是由于郑嘉禹的表率作用，霞峰郑氏"一时人文蔚起"。

郑敬稷，谱名立埼，人称启周先生。其家世渊源，祖父谟较公因为家政旁午，一生以未能考取功名为憾，但是熟读诗书，直至"易箦"④ 时仍谆谆嘱咐后代要"攻举子业"。父广洵公一生未能取得功名，然而其"操行多卓见，耕读课嗣，声名日益著"。晚年被县学龚教谕和梁县令详宪咨部举为乡饮宾。对于郑敬稷的教育，其父郑广洵"不惜重资，令负笈从师，以图精进"，"甫冠即补弟子员，每艺出，士林争相传诵"。后来由于"奉严命理家政，致困骥足"，但是他有经济之才，并且热心宗族和公益事业。咸丰庚申年（1860年），太平天国的军队"袭扰休宁，势将逾开"，郑启周率万余名乡亲，"伸锄为兵，揭竿为旗"，越过马金岭，出奇兵大败太平军，遏制了太平军袭扰开化霞山的趋势。咸丰辛酉年（1861年），左宗棠奉命围剿太平军，驻扎在忻川，曾亲自登门拜访，请他委办军粮，并将其"聚众御匪，乡邻颂德，办粮济饷"等事迹呈报上宪，特授为儒学教谕。可惜的是这份委任书尚未到达霞山的时候，郑启周先生"已赴仙班"。

霞山经过咸、同年间太平军之役，家园毁坏，田园荒芜，一片潦倒的景象，但是琅琅的读书声不久就重新在村中响起。太平天国起义被镇压后的第四年，郑氏族人郑萼魁参加

---

① 源出《三国志》裴松之注。《三国志·魏志·王肃传》裴注引《魏略》云：董遇善治经传，人从学，他强调多读，多读则其义自见，从学者云："苦渴无日。"遇言"当以三余"。或问三余之意，遇言"冬者岁之余，夜者日之余，阴雨者时之余也"。

② 所谓压卷，即是诗文书画中压倒其他作品的最佳之作。

③ 岁进士就是岁贡生，俗称岁进士，每年进贡的士子而已。贡生是在科举时代，挑选府、州、县生员（秀才）中成绩或资格优异者，升入京师的国子监读书的士子。

④ 易箦，即病危将死。

同治丁卯（1867年）科并补行壬戌恩科的浙江乡试中举，成为霞山郑氏有清一代最后一位由科考的正途取得举人功名的人物。郑尊魁是郑启周先生的次子，"少有其才，学业精进。"在左宗棠慕名拜访其父郑启周先生的时候，据说郑尊魁虽然年少，但是进退唯仪，左宗棠一见称奇，目为神器，便欲将其带到军前效力。但是由于郑母认为其太过年少，没能成行。中举之后的郑尊魁依然孜孜不倦，勤奋学习，可惜的是"三试春官，一不获售"，此后便绝意仕途，设馆授徒。

正是在这些榜样的激励之下，有清一代，霞山郑氏有举人1名，贡生（包括岁贡、庠贡、恩贡）6名，登佐侍郎4名，将佐侍郎2名，迪功郎2名，登仕郎3名，修职郎1名，国学生37名，还有邑庠生、府庠生等等多名。从取得功名的层次上看似乎不高，但是在整个开化县有清一代不过只有举人54名，贡士372名。因此在霞山这个偏僻的浙西山村，能有这么多取得功名的读书人也实在不易。

第二节　农商并重

一、勤于农耕

耕读传家是基于农本社会以学致仕、兴家旺族的思想提出的。这种务农与读书相结合的生活方式，一方面是千百年来封建社会"重农抑商"的一贯政策，自给自足的自然经济使得"男耕女织"成为养家糊口之必须，"耕而食，织而衣"；另一方面，科举制度打破了士庶的界限，一旦科举中试，即可进身仕界，平步青云。耕可致富，读可荣身的理念为人们所认可，由此形成了崇尚读书、耕读传家的文化风尚和生活环境。

耕读传家的思想也是儒家伦理思想的重要组成部分，是相当一部分儒家学者或受儒家思想影响的人们基于家庭建设目的而提出的一种以劝人勤于耕种和善于学习为主要内容的家庭美德思想，它反映了儒家在士农工商诸业选择中基本的价值追求和人文关怀，寄托着儒家学者对家庭建设和社会风气建设的理想，具有深刻的伦理文化意蕴。但是究其实际，耕读传家实际上是治学与治生的一种平衡，乃是为了保持家庭与家族的长期发展，以农为本，在保持温饱的前提下，鼓励教育，其内涵就是以耕养家，以读兴家，耕读传家。郑氏家族以仕宦起家，受儒家思想尤其是程朱理学的深刻影响，在家族发展的前期，一直恪守"耕读传家"的古训，尤其是受封建社会"重本抑末"思想的影响和家族生存所需，在霞山一带广置良田，霞山村落周围的大部分土地都成为郑氏之基业。如霞山放生潭，清时归汪氏所有，而光绪二十四年（1898年）《开化县志》载，"宋时为郑姓祖基"。在大力发展农耕，保证家族生存的同时考虑家族的发展兴旺，让有读书潜力的子弟攻读诗书，进一步深造，以取得功名。① 在明代家族从事木材生意发家之后，家族中依旧保持着传统的农耕思想观念，霞山的郑氏宗谱中较少看到族人从事商业的详细记述，但是对于从事农耕生产的族人则给予了充分的重视，记录了不少有关"耕田"的人物事迹。纵览郑氏宗谱，不难看出，从事农业生产的霞山郑氏族人，大体上可以分为几类：

一类是读过书的较富裕的人家。他们经济条件好，有读书受教育的机会，又参加农业劳动。如，明代弘治年间的郑德恭，少时读书，因父母双亡，不得已辍学经商，家道日渐丰裕，但是一直以未能读取功名为憾，当儿子长大成人能够接替他从事商业活动之后，便回归田园，闲时以诗书自娱，且以耕读为荣，认为"耕田读书，天下之要道，民生之至乐"，耕读结合是高尚的事情。郑德恭还在村中建起名为"耕读轩"的书屋，请内堂侄吴宪②题写"耕读轩记"，使"耕者咸知稼穑，读者尽明礼义。知稼穑则岁月不匮，明礼义则衣冠不黩"。激励子孙后代以耕读为本，勤俭持家，把半耕半读作为世代相传的家风。

一类是隐士，有文化而不愿做官，或因为几试不第，未能做官。郑氏家族中有不少文人雅士避风尘，脱民俗，以情寄山水，退隐山林。为此便躬耕畎亩阡陌之间，过着逍遥自在、与世无争的生活，种几亩薄田，养花植草，畅游山水，吟诗题赋，抒发性情。其实，这些人大都家道富裕，这样的"耕"也只能是象征性的，只不过是寄情山水，在青山秀水间吟诗题赋，修身养性罢了。如明隆庆四年（1570年）浙江按察副使屠羲英③为郑沐撰八旬序曰"以恕治家，白贲丘园，不求仕进，阳坡躬耕，寒潭独钓，漱清泉，盘素石"；郑云台"博通经史，性耽山水"，晚年"躬耕垄亩，莳花弄草"；岁贡郑光启，"晚年惟与花棚竹径为侣"。

另外一类便是由于生活所迫，以农业为谋生手段。这类人物当中也有不少都是读书人，只不过是由于家道中落或者其他原因，不得不辍学，同时又无资本和能力进行商业活动，于是便一心一意从事农业生产。郑氏宗谱上记载的很多从事农业生产的族人都属这一类。

明时郑氏前房的郑国峰，少年时代刻苦读书，但是由于家贫，且父母年老，不得不弃学主持家政。郑国峰为人忠厚，勤于耕作，"治田甲于一方"，友人与他谈论种田之道，他说："耕田尤在存心，存得方寸，胜于良田万顷，子孙耕之不尽。"这话的确可以传为不朽之言了。其子郑士泮，遵守父亲教诲，"戒游惰，敦勤俭。不作无益害有益，不挟私情坏公义"。虽然是一介农夫，寄业农桑，但是其德行操守高尚，为人称道，"实耕耦福地心田人也"。

郑期才终其一生绝迹城市，存心农耕。他整日在田地里辛勤劳作，常年收获颇丰。正

---

① 田富强：《耕读分工试析》，载《农业考古》，2009（01）。
② 吴宪，新安人，明代天启年间以商籍在杭州参加乡试，成化年间中进士，官至五品衔文林郎奉议大夫。其堂姑为郑德恭公妻。
③ 屠羲英，字淳卿，号枰石，江西宁国人，明嘉靖二十八年（1549年）喜中举人，嘉靖三十五年（1556年）又进士及第。屠羲英初任户部主事，历祠祭郎中，浙江提学副使。后升为南京光禄卿，改太常寺，转祭酒。万历四十四年（1616年）初病逝。朝中赐以厚葬，赠刑部侍郎。

如邑庠生汪云鹏所言："耘田与读书，勤惰皆相似，勤农获丰年，惰农悬未耜。"

郑鸿珠勤俭为本，生活中一概以俭朴为宜，屏绝一切奢靡，"服田力穑，受人称道"。

郑鸿玳一生寄业农桑，除耕种力田之外，"绝无妄作义利之途"，并且对于儿孙管教也相当严格，"本分之外，不加毫末"。

郑光表性格谨厚，每日"除耕作外，概不与他事"。由于从事农业生产，家中并不富裕，但是绝不贪图任何不义之财。曾经有一次出门在外，在路亭中坐着休息，发现了别人遗失在此的包裹，捡起来一看，内有"白金数斤"。郑光表守在那里，等了半天时间，直到失主返回，问明情况将包裹送还失主，确是"拾金不昧之人"。

清末民初，国学生郑鼎芳种田冠于一乡，且"以孝事父母，以义训子孙，以智服闾里"。"辨色而起，响晦而息"，并能够谨身节用，因而家道日益富裕。

二、精于商贸

入仕固然是所有读书人的终极理想，然而经历十几年乃至几十年的寒窗苦读，能够实现"朝为田舍郎，暮登天子堂"的还是少数。经商带来巨大收益的诱惑使得多数人在几次考试不中的情况下转而从事贸易。尽管霞山郑氏家族遵循"耕读传家"的古训，亦耕亦读的生活一直是家族中人的信条。但在实际生活中，并不提倡死读书，所以郑氏家训中一方面提出"士为万民之首而为万民之望"，另一方面也提出"王政首重农桑，而百工商贾亦各有常业"，并指出"为商贾者，必勤慎和平以裕其利"，并不认为从事商贾有何不妥。故而家训中说"凡属子姓虽士俗不一，苟术业有常，不同于游惰，自不至玷厥祖先矣"。但是，翻阅家谱，除了近代的郑松如作为董事成立浙东木业公所，极个别人的名下载有"市木"二字之外，早期的族人是靠什么经营致富，如何经营致富，并无明确记载，可能那时还多多少少有些耻于言商吧，因而如今只能根据推测和族人的传说来还原那些曾经的富商。

以诗礼之家传世的郑氏家族之所以从事商业贸易主要是受自然条件和社会条件的影响所致。霞山乃至整个开化地处山区之中，田少人众，农耕并不足以糊口。明天启年间开化县令王家彦在《水灾请蠲赈申文》①中说，开化"从来近婺源者仰谷婺源，近德兴者仰谷德兴"，崇祯年间《开化县志》载"田不及山地之十五"。因此人均耕地偏少，仅靠农耕不能满足人口和家族生存繁衍之需，这也可以从霞山郑氏初期的发展看出，郑氏第一世至第四世四代单传，直到第五世才有二子，但次子郑康成人之后即迁居桑园，长子郑宁生有五子，最后只有一子郑许继续留在霞山，其余四子均外迁，这种不断的迁徙，只能从霞山有限的土地资源条件作出合理的解释。在郑氏家族富裕之后，才有能力使得霞山终成"完

---

① 王家彦（？—1644年），字开美，福建莆田人。天启二年（1622年）进士。授开化知县，后调兰溪。擢刑科给事中。再迁户科都给事中、吏科都给事中。崇祯十五年（1642年）迁太仆卿，擢户部右侍郎、尚书。李自成攻陷北京，家彦从城上跳楼，不死，又自缢于民舍，尸身被贼焚毁，残其一臂，家仆收埋其尸。赠太子太保、兵部尚书，谥忠端。清朝时赐谥忠毅。《水灾请蠲赈申文》见乾隆《开化县志》卷十一《艺文》。

锦",郑氏得以占有了霞山整个村落,并将田地扩张到附近的高韩、杨和等村落①,家族人口也开始迅速增长。

霞山郑氏从事木材交易最初就是为了以木易粟,换取邻近地区的粮食来满足本土的需要,因而最初的木材就是取自霞山本地,内产外销。后来随着徽商在开化拼买山木的商业行为日益增多以及他们所取得的利益引起了徽商贩木放排必经之路上的郑氏族人的注意,或者也许郑氏族人早年就在这种木材交易的环节当中存在,因为霞山也是木材的产地之一。开化当地居民从事的是最原始的生产过程——种树、养护,成材后出拼给徽商,另一项工作就是为来自徽州的木材商放排,在此过程中积累资金,与交易的上下环节建立起各种联系,等到有了一定的基础和条件,便与族人合作开始采买木材。最初的郑氏族人可能为了降低风险,只要放排到华埠即行卖出,以后为了获取更大的利润,再放排到常山港、樟潭镇,直至杭州。伐木在每年的冬季,放排则需要在次年春夏之际即五六月间梅雨季节马金溪水泛涨的时期,经营的资本需求大,资金流转的周期较长,而且如果遇上大水则可能木排被冲散,血本无归。

郑氏后房支祠爱敬堂的创建者郑旦公,"早年失怙,倚叔祖鼎五公摄家政,出入概不问,孝事叔祖和孀母,外惟读书,交接名士,如严之文毅公②皆密友也","后叔祖倦勤,主理家政,竟能大起规模",从而"田连阡陌,赀甲一方"。对于郑氏家族发展史上的这位重要人物,谱中并没有交代郑旦公如何"能大起规模"。根据族人的传说以及宗谱所载的"赀甲一方",则必是经商无疑。至于其家庭的富裕程度,由其子郑永贞在明代景泰癸酉年(1453年)响应朝廷诏天下义民出粟助边的情况可见一斑。商辂在《长江万里图引》(见附录)中说,郑永贞"慨然载粟八百斛,不惮远涉,自衢而抵京师,输于公廪,可谓能笃于义者也"。郑旦公让儿子从霞山向北京运粟八百斛③,加上运输费用,总计耗费委实不少,因此可见其富有的程度。谱中记载的商贾还有:郑国止,字岁新,号南征,二岁时母亲亡故,家中贫穷,无奈只得起早贪黑,辛勤劳作,以谋生计,成年后从事贸易,终使家庭致富;郑棠,字允怀,号望云,早年父亲去世,成为孤儿,及长努力经营家政,以贸迁起家致富;郑可教,字自明,很早就开始参与家族经商,其人"立身勤俭,家益饶裕"。

经商也需要有胆有识,郑氏家族中广为流传着郑旦公经商发迹的故事。据说郑旦公家中本不富裕,年幼时祖父、父亲相继死去,依靠叔祖抚养,以读书为业,后来叔祖上了年纪,他便开始管理家事,并从事木材经营。一次突降大雨,溪水暴涨,眼看自己的木排就要被冲散,情急之下他跳上自己的木排,在马金溪中顺水漂流,最后不仅保住了自己的木排,上游冲散的许多木排也集聚在自己的木排之下,一直漂流到杭州,郑旦公由此暴富。当然,经商和事儒一样,"木商以其资寄一线于洪涛巨浪中",是一种担风险的买卖,有成

---

① 根据2007年9月在霞山村与郑渭登、郑寿海等访谈记录。
② 即商辂,商辂为严州府淳安县里商村人,明宣德十年(1435年)乡试解元,正统十年(1445年)连中礼部会试会元,殿试状元,人称"三元及第"。后由谨身殿大学士致仕。
③ 古制,1斛为10斗,后改为5斗。

功就有失败，如族人郑家修就曾集资经商，亏损后只得变卖自己的家产代为偿还。

值得说明的是，在传统文化异常稳固的中国社会，"固本抑末"一直是历代统治者奉行的政策，因此依靠商业积累的财富如何取得相应的社会地位，是富裕起来的郑氏族人必须面对的现实问题。郑氏家族本为诗礼之家，长期受理学教育和封建礼教的熏陶，业儒仕宦，从而荣宗耀祖，才是郑氏家族的儒商们的终极关怀。经商贩木是现实条件逼出来的，尽管业贾能够发家致富，但财富的发展也必须得到一定的保障，如果不能与相应的权力和声望结合必然会受到损害。因此发财发家的同时亦需发身，把儒家文化和商业财富很好地结合起来才能贾儒并行。郑氏族人在经商致富之后，更加注重子弟的学习，富裕之家往往延请名师坐馆，或令子弟赴外地负笈求学，殷切期望后代子孙能够取得功名。或者经商者本人通过捐纳得到顶戴荣身，或者成为国子监生员，乃至捐输得到出仕的资格。

三、各营生理

"耕读课子，必因材质。戒其荒惰，爱而能劳，方免禽犊之讥。"这是郑氏前房二世祖郑宜生公对家族中子弟的教育和发展提出的希望。核心的意思就是要因材施教，不必拘泥于一途，要根据个人的素质确定个人发展的方向。有天资聪颖，可堪造就者，就去争功名，才智不足以读书事儒，不妨从事其他的职业，只要勤勉做事即会有所收获。郑氏家族发展到明代后期时，人口繁衍众多，家族已经分化成多个房派，且贫富分化严重。许多家庭的子弟由于经营不善，家道中落，或者世代务农的人家自然经济条件较差，或者早年攻举子业，已经是秀才、举人等功名在身，且"几试不中"，既不善农耕，又无资经营，在"不为良相，即为良医"的思想支配下，弃儒从医，大多以"仁风济世"，谦恭仁厚；也有凭借自己的学识，从事地理、风水一途者，依靠自己的技艺来谋生。

郑氏家族中从医者，载入光绪《开化县志》的就有两位：一位是清乾隆年间的廪贡生郑梦麒，其母及弟都因病而亡，在几次参加会试不中后便弃儒从医，"活人无算，不索酬金"；另一位是郑浩然，"因父病，遂精习岐黄，人有疾，必赴其急"。载入家谱的就更多了，如明代万历年间，郑氏族人郑日纪精通医术，颇有盛名，他曾在广东各地游历，为当地民众服务。其时，著名画家董其昌为湖广提学副使，郑日纪也曾为其诊治，药到病除。出于感激之情，董其昌为其撰六旬序云："其人景纯卢扁之术，无不精进。幼自博士业不售，弃去。负一艺游于方之内。来海阳（今广东海阳）不仅余兄弟籍德其艺，海阳籍德其艺者十二三矣。"郑日纪之从兄弟郑日虚也谙习医术，"以岐黄寿世，不责报。且好义乐施，多为里中义举"。族人郑邦珍"尤精医理，活人无算而不责其报"。郑广泙"医凭儒理，活术精通，多植桔杏，步苏董风"。举人郑尊魁三次参加会试不中，此后因科举废除，便一心从医，"学精岐黄，韩康采药"，以自己高超的医术寿世，颇得乡党百姓的称赞。

对于拥有治痈秘籍的郑广材，郑氏宗谱还记载了一段较为神秘的故事。郑广材年少时，其叔赘居外家。一次在探望其叔时，上山砍柴，因天气炎热，在崖畔下乘凉。"适有老人庞眉皓发，盘坐其下，问从何来，其以实告。老人曰，'以孺子语言行之，饶有仁厚意。'"老人先教给他麻衣相法，但是他年龄小听不懂，而后便教给他延年益寿的方法："承露烧丹古有专术，余未之见也。窃以孝悌为得寿之源，和平为保寿之根，好生为增寿之本。汝惟躬行孝悌，立志和平，更能戒杀物命，则寿增数纪不可知也。"老人又教给他治痈的符咒之后便没有了踪影。从此之后，郑广材"立心茹素，持行益正，求仁益笃焉。……新旧一视，贫富一情，里有患痈者见请即行，不计其谢，惟以速愈为安。"

郑氏家族的祖先就颇为重视风水环境的问题，如郑慧公迁居霞山即是受到懂得风水的祖父郑公叔的指点，以后村落的建设与发展也是受风水理论的影响和指导；同时霞山地处徽州近邻，徽人重视风水的观念自然也影响到了霞山一带。郑氏族人中便有不少人凭着自己的儒业水平，改习或者兼习青乌之术。霞山人称风水先生为"地理"，也说明了风水理论的核心便是地理条件，尽管古人的地理与今人的地理概念存在一定差异。郑氏前房宜生公后裔马四公就谙习风水，曾对霞山周围的古村落进行了深入细致的考察："本里眠犬形，石柱蛛丝马迹形……皆公清鉴所及。"郑应霞"精于青乌星学，有酬弗受，亲族德之。"郑广洋"精于青乌"，在对霞山村落进行了一番考察之后，曾说："古人建钟楼正所以兜水口，而制村右白虎山峰也。若置不论，村何以居？"他于嘉庆二十四年（1819年）首倡重建钟楼。工程浩大，费用浩繁。"公挺身独任，昔无畏葸，究能省费落成规模，勒石迄今，巍峨在望。"

第三节　家庭生活

一、忠孝仁义

郑氏家族秉承孔孟之道，遵循程朱理学，朱熹所主张的"道者，古今共有之理，如父之慈，子之孝，君仁臣忠"①，"去仁欲，存天理"等，朱熹所制定的"家典"、"族规"，作为程朱理学的核心内容，为郑氏族人所遵循。郑氏家训中列有"敦孝行"一条，认为"孝为百行之首，不此是务，他何足言。盖孝根于天性，本于人心，尽之则为圣贤，违之则入禽兽"，故曰"百行之首也"。同时也指出"孝之大者，先意承颜，立身扬名，以显父母"，次则为"服劳奉养，定省温情，以事其亲。"

开化县志和郑氏族谱中记载了不少郑氏族人"孝友"的事迹。郑永贞，郑旦公长子，"奉父命应诏输边，恩赐义官。文毅公商辂屡劝就职，卒以终养固辞。文毅公赠诗以赞性至孝。父年九十有余，公年七十，莱衣戏彩，色养终老不衰。"郑璨公，"早预家政，未卒儒业。性孝友，闾里素重之。分产让肥，接人以礼。"郑棠，早年父亲去世，他天性至孝，

---

① 见《朱子语类》之十三《类行》。

成年后专门为纪念父亲建楼一座，供奉父亲神主于内，朝夕谒荐，题匾额"思亲"。郑志翚在父亲离世之后，"庐墓三年，邑侯旌其孝行，洵才德兼优之士。"郑国华父亲去世，情急之下头上痛发，几乎死孝，"既葬庐墓，岁时祭享，必诚必敬，数十年如一日"，也被载入乾隆《开化县志·孝友》。郑瑞新"父卒于姑苏，家贫乏资，只身赴苏，肩荷父骸，千里归葬，非至孝不能也。"郑可教"兄客卒会稽，远涉扶梓归葬。"当然其中还有今天看来"愚孝"的"割股疗亲"之类，郑廷恺"天性纯孝，母疾久不愈，割股煮粥，疗亲，母旋愈"，载入光绪《开化县志·孝子》；郑氏家谱另记载，郑士沧"赋质英敏，孝友性成，弱冠列名黉序，士林重之。母病，医药不效。刲股疗亲，其行谊有非人可及也。"

与大多数的徽商一样，郑氏家族之所以能够在开化成为望族，还在于家族"富而好义"的传统。从元末明初家族富裕之后，家族中世世代代都乐善好施，以种种"义举"、"义行"为民解难，并能自奉节俭，在各种突发的灾害面前，义无反顾地慷慨解囊，通过修桥、修堤、竭诚赒赈、兴学育人、怜恤孤寡等公益事业，将财富奉献社会，从而赢得了当地百姓的尊重。元末明初，刚刚富裕起来的郑氏前房后裔郑伯宗即热心公益，"凡里中善政靡不修举"。明代万历年间精通医术的郑日纪，为龙村畈田常被冲毁垮一事，自己出资并倡议修筑大堤，周围百姓受益良多，"有司表其间曰筑堤有功"。从事木材贸易的郑光廷，一次到杭州贩卖木材，在街道上看到有人为还债被迫卖妻，那夫妻二人相对而泣的情景使得郑光廷动了恻隐之心，毅然将卖木所得数金赠与夫妇二人。贸易起家的郑国止日常生活尤为俭朴，"质性纯朴而刚介"，但是"积而能散，有古君子风"，明末藏县令为题匾旌之曰"邦之司善"，迨至清初，朱县令再为其题匾"齿德并尊"。据乾隆六十年（1795年）编修的《开化县志·义行》记载，清代顺康年间，郑璨"岁歉，出所余以周族党，焚负券，远近沐德"，被县令崔华和乔恭己①两次举荐为乡饮耆宾的事迹。道光戊子年（1828年），霞山大水，田庐毁坏，国学生郑宏炳"倡首修堤，不惜重费，保护各处田宅"。建于乾隆十三年（1748年），如今依然镶嵌在村边建筑墙壁上的《重建丹山桥碑记》尽管个别字迹已经模糊不清，但它真实记录了霞山郑氏族人热心公益事业的善举：霞山村口"丹山桥固旧有铁锁，自甲寅寇毁以来，每遇（水）漂流，虽居民岁时修造，而力亦劳甚……己巳冬有族叔周重与族兄天定者，慨然酌资重构铁锁，予遂力为赞襄。诸首事踊跃乐输，于庚午正月购铁置炉，凡三月铁锁开矣"。郑尊魁中举之后，三次参加会试不中，此后科举废除，从此"萧然物外，……始治产，以财自娱。恤孤寡，赈穷乏，九族以亲，乡党以欢"，还将两个女儿分别嫁给两位聪明好学，但出身寒门的才子汪式金和胡溶，并不时周济他们的生活，使其得以安心学业。

富裕起来的郑氏族人还能够为国分忧，急赴国难，以"忠君报国"为先，不惜为国捐躯，在他们的身上体现了一种爱国精神。明代景泰年间，边境不宁，政府为解决北方驻军

---

① 崔华，字莲生，直隶平山县人，顺治十六年（1659年）进士。康熙六年至十九年（1667—1680年）任开化县令，后升任扬州知府，康熙二十三年（1684年），擢属两淮盐运使。清史有传；乔恭己，直隶大兴县人，康熙二十七年至三十三年（1688—1694年）任开化知县，后曾任福建永春县知县，余不详。

的粮草问题，号召商人们输粟助边，郑永贞"慨然载粟八百斛，不惮远涉，自衢而抵京师，输于公廪"，景泰皇帝恩赐五品义官，其事迹载入崇祯《开化县志·义行》。载入乾隆《开化县志》，并留名《清史》的郑大来是府庠生，其"勇力绝伦，习骑射，善击剑"。清初耿精忠之乱波及霞山，县令崔华"退守十六都。移檄各乡"。郑大来"首倡义旗。获贼间谍数人，立杀之，军声大振，贼弃城夜遁"。后"贼招常玉诸寇，拥众万余。谋夜袭城"。当天夜里"黑雾四塞，大来从雾影中望见贼帜，遽大呼曰，贼至矣。"并命令麾下数人驰报城中。郑大来挺矛直前，连毙贼数十人，后为鸟枪所刺身亡。这次战斗，郑大来鼓勇争先，虽然战败而亡，身膏草野，但是开化城中得以有所防范，所全不少。与郑大来同时战殁者还有郑氏族人郑卓麟、郑振祥、郑有忻、郑毛、郑大卿、郑童以及其他乡人。

清代咸丰庚申年（1860年），太平天国起义军从徽州进攻开化，人称"启周先生"的族人郑敬稷为了保护乡邻，"伸锄为兵，揭竿为旗"，越过马金岭，在皖南休宁县汊口出奇兵大败太平军，遏制了太平军侵扰霞山的趋势，后又为左宗棠在开化一带的驻军筹粮筹款。后来，太平天国起义军到达霞山境内，邑庠生郑式金"率乡壮捍御。被虏，贼以降劝。金曰：刀锯鼎镬，甘之如饴，何降？贼怒，决其首，裂其腹焉"。乡饮宾郑广清在战斗过程中被俘，临刑前，叹曰，"一死何惜，恨不得食汝肉，寝汝皮耳！"郑模兰，字秀如，"乡族重其品行，亦举乡饮。与广清同日殉难"。当然这里我们不必讨论其对于农民起义的态度，只是以此说明他们出于忠义，维护家乡安全的勇敢行为。

二、节烈闺范

程朱理学的封建伦理道德本有其合理的一面，但是随着时代的发展，尤其是到了清代，随着理学发展的片面化和绝对化，已完全成为禁锢人们的枷锁。其中，尤以妇女受害最深，而且尤以世族大家的妇女为甚。霞山郑氏作为开邑望族，尊崇程朱理学，恪守封建伦理道德，《郑氏家训》对妇女的言行进行了严格的约束，族之妇女自然会深受其害。郑氏家训中的一条"严闺范"规定了妇女无故不能出户，不能到寺院上香，不能出村看戏。即使回娘家省亲或者奔丧，都要看看娘家的家规如何，否则不允许。为了树立榜样，所谓"砥砺风俗，表扬幽真"，郑氏宗谱特编纂节烈考一卷，记载了族中的所谓节烈妇女，郑氏一门中仅载在县志的节烈妇女就有11人次之多，在为家族增光的花环背后是这些妇女所遭受的深深的痛苦。

最为著名并载入《浙江通志》的是郑起煜之妻余爱娥，她16岁嫁给郑家，生一子，不育。不久丈夫郑起煜病故，婆婆看她年纪尚轻，劝她改嫁，余氏竟然以死自誓。康熙年间耿精忠之乱波及霞山，"贼朱敬欲强娶"，并声称如果不应，将灭郑氏一门。婆婆婉转地告诉余氏"以一身活郑门数口"，"氏熟思佯许，约日成礼。及期，氏绐同卧婶氏早起晨炊。婶出，遂阖户投缳而死。"时年仅20岁，其事迹详载省志及县志。乾隆《开化县志》更载："贼大怒，不许收尸，其露尸二十余日，颜色不变如平时。"郑氏族人为之传并有多人为之撰诗。其中郑余氏的堂侄邑廪生郑正昇有诗曰："漫言烈易节为难，余婶贞心无两般。不遽殉亡安白发，旋因抗暴陨青年。本怀陈妇共姜志，更作曹娥江女肝。省载余光辉族谱，如生面貌至今看。"

郑鼎三公配余氏，"夫亡氏年二十有三，矢志抚孤，俾成立克家。里邻咸称贤懿，享年七十以寿考终"。郑子坚妻汪氏名芝兰，16岁"归郑，二载夫卒，遗孤甫一龄。家贫守志孝事翁姑，针纫自给。为子婚娶。至三十有八，而子又卒。卜葬其夫并姑及子，自营生圹，立祀勒石。享年七十，无疾而终"。郑云宏妻汪氏26岁时丈夫病逝，孩子刚刚一岁，家中"陉（灶边）少隔宿之薪，厨有生尘之甑，先世清白，旧遗并无寸毡"，就是在这样的贫穷之家，这位汪节妇养育儿子和自己娘家的孤侄（两岁），并使成家立业，姚承祖[①]先生为之立传并被载诸邑志。

郑光景妻程氏，丈夫以及公公在耿精忠之乱时被害，留下五个年幼的孩子和年迈的婆婆，程氏时年未满30，家中一贫如洗。即使如此，程氏仍事婆母以孝，抚养五子成名，县令赵文彬[②]旌表其门"冰清玉洁"。郑鸿翰妻张氏、妾汪氏二人在丈夫去世时分别是25岁、21岁，留下一子未满两岁，妾汪氏则身怀六甲。夫死之后，二人同心协力，历尽千辛万苦，抚养两个儿子成人，人称"郑氏二节"。郑嘉言"公配汪氏，夫故氏年二十五，遗孤三龄，外家怜其早寡，力劝他适，氏厉声曰'予非难于一死，但言有舅姑下遗孤弱，一死未足塞责，故隐忍待之，何以伤化污上，妄相迫耶！'言毕呼天一恸几绝，迄今十余年，守妇道抚孤幼，志如金石历久弥坚，氏之节固无待于盖棺论定"。更有郑广清妻张氏"咸丰年庚申，夫遇害，抚尸哀号，旋投水而死"。此外还有郑瑞应妻余氏、郑凤台妻余氏等等。

据汪氏宗谱和开化县志记载，霞田汪氏一门的节烈也不在少数。如汪秉信妻张氏，闺名张双梅，为八都界首张福元公之女，16岁时嫁与汪秉信为其继室，乾隆甲辰（1784年）秋，汪秉信抱病不起，张氏时年19岁，并无子嗣。但她孝事公婆30年如一日，道光七年（1827年）陈邑侯旌表"节孝可风"。道光十七年（1837年）上谕着地方官采访节烈妇女，事迹载在光绪《开化县志》。

汪宏亮妻汪刘氏，汪宏亮早年在秣陵做生意，"秣陵刘氏器重之，以女妻焉"。遭甲寅之变，长子身亡，第二年，三子、四子身亡，不几年丈夫汪宏亮亦身亡。刘氏延师课子，"旦暮课诵，不令少休，教子训孙之勤，远近咸取法焉"。

汪郑孺人，年少时父亲亡故，成为孤儿，弱龄时归于霞山汪绍麟。汪绍麟亡故之后，其几个弟弟尚年幼，郑氏为诸叔授室置产。"中馈女红，园蔬菜果。"直到晚年，子侄都劝其不要太过操劳，郑氏对曰："凡人无职业则荒，荒则有不胜其害者矣，有职业则勤，勤则有不胜其利者矣。吾为此而忧可以相忘，吾为此而喜可以相对。吾自昔以为常，岂至今而或倦则焉得而不为，则焉得而不乐？"其实如今看来，汪郑氏也只有不断地劳作才能暂时忘却自己的痛苦。

---

① 姚承祖，字我署，开化马金人，岁贡生，清初书法家，武康训导。任训导时，以清廉自守，死于任上。殓资由诸生筹集，武康县令史公捐俸购置棺木归葬。事见范玉衡主纂乾隆六十年（1795年）《开化县志》卷七《文苑》。

② 赵文彬，江苏吴县人，康熙三十五年至三十八年（1696—1699年）任开化知县。

第四节　汪氏人物

汪氏自汪崧公肇基霞山，汪陶行卜居霞田，在与郑氏家族的比拼中，耕读传家，重文重教蔚然成风，由汪氏的文会楼、梅里书院以及对于同宗所创包山书院的发展所付出的努力充分反映了这一点。当然在霞山囿于田少人众，仅仅依靠农耕难以糊口，故而汪氏宗族之中，攻读儒业者有之，不乐仕进，超然物外者有之，勤于农耕者有之，从事工艺、商贾者亦有之，正所谓士农工商各得其所。纵览汪氏宗谱，虽然汪氏家族并无太多的显宦名臣，但是无论富贵贫贱，汪氏宗人普遍有义气，热心公举，积极参与宗族事物者居多，对于汪氏家族乃至整个霞山的发展起到了非常积极的作用。

以下为汪氏宗谱中收录的部分族中名人：

汪逢英，字子雄，号柯叟。"年未弱冠时风神娟美，汎沣相之崇兰，濯灵和之春柳，朗朗如玉，山瑶林秀，在人外不可递接。少时即慕萧曹勋业，以吏员考授少尹，不屑，效儒生咕哗章句，浮沉户牖间。未几，更置田园构宏宇，家业亦骎骎日隆。""精于手谈（棋艺），不假指授，有自然心得之妙。"

汪廷左，字良辅，号念山。"为人朴老，居乡之正直。同时尊亲睦族，释纷救困。"为间人所尊重。自幼刻苦攻读，年少时即补邑庠生，文章如其人，篇章虽朴实，但字字珠玑，常常被老师列为第一。常说的一句话就是"文人有学而无行如草木之华而不实"。屡试不第，遂绝意仕途，开馆授徒。其父汪文呈，老学宿儒，饱读诗书。其幼弟鳌公为府庠生。

汪云鹤，"文雅正清真，可为士林模楷，品端方严肃，可为乡党法程，恪守父义，孝养双亲"。弱冠即入庠序，一直坚持攻读儒业，晚年中乡试的副榜贡生，乡党称"宿学耆儒"。其子汪之任，号兰竹友人，邑庠生，父子二人曾一起参与纂修汪氏宗谱。其孙汪廷辅，不获举子业，改习丹青。

汪益美，字立堂，国子监生。其曾祖汪延英曾习举子业，虽然没有取得功名，他"捐田给饼，以亲九族；修桥筑路，以便行人"，在族内以扶幼济困，享有盛名，乾隆年间为乡饮耆宾，祖父汪廷达，为邑增生，父汪抡元为国学生，一家三代位列庠序。汪益美14岁就补太学生，但是由于家中就这么一个儿子，父母不舍得其远离身边，因此并没有在国子监完成学业。但他对于宗族事物尤其热心，宗谱中说他"三十四十助修祠堂，五十修谱牒"。

汪心广，字天佑。"年十三被虏入闽，幼怀大志，克绳祖武，因弃毛锥而习韬略，从大元戎都督丁公效力疆场①，盖有年矣。""迨都督丁公秉钺吾瀛，悬冰鉴于群贤豪中，遂

---

① 汪天佑被虏入闽是在耿精忠之乱当中，然所谓都督丁公，似不可考。

委广翁内标千司。"后又被总戎丁公荐为北直河间协镇领旗千总,随调河南等处协守,年三十六切于思亲,倦于宦游,弃职归家。他处事平和,为人正直,积极参与村中修谱造祠等地方公务,仗义疏财、扶危济困,推重于乡党。生一子之涵,吏部考授迪功郎。

汪文杰,习贸易,能"席先世之业,克拓张大,田庐朦朦翼翼,揽据溪山之胜。"其幼年时曾习举子业,天资聪颖,然不乐仕进。每日"杖履林间泉上,悠然自适,人望之以为神仙焉。"有人劝他参加科举考试,他回答说:"钟鼎不能易吾之乐,何以舍此取彼?"他富而好义,"赈恤穷匮,不为德色,性好宾客,壶觞终日不少倦。""宗戚重之,乡党信之,缙绅士夫爱而慕之,识者以为古隐君子之风。"

汪仲荣,"性明敏,读书晓大义,虽困乏恬淡寡营,惟以力食,时托于艺,时托于耕。怡情山水,每以薄暮,徐步南溪,清流见底,观锦鳞游泳以乐鱼之乐,仰望霞峰彤云时起,缥缈隐见,恍置身赤诚间。浩乎有得,辄斗酒自娱,酕醄径醉,超然世味之外"。

汪家陞,字殿臣,"善琴棋能巧,常游名公巨卿之门,侍长以悌,睦族以仁。慷慨仗义,轻财好友,士君子乐而为之交。"

汪永松,字益信。祖汪长发,父汪增西。"家世业农,服务田畴,代有隐德。匪患之余(咸丰光绪年间),田园荒芜,庐舍为墟,百业萧条,疮痍满目。毅然尽力乡邦,其于邻里戚党之穷乏而无告者,尤比尽其力之所至而趋赴之,虽家境未丰,饔餐有时不济,常晏如也。"清代光绪年间,汪永松被钦赐顶戴荣身。其孙汪传禄,浙江省立第八师范学校毕业,在县国民党党部从事党教事宜;孙汪云锦,旧制高小毕业,曾任振新乡乡长。

汪康寿,在康熙年间倡首会编宗谱,修造祠堂,"里中美举无不踊跃争先",其一生唯以农业为业,课读训子。闲暇之余,则修桥补路便于行人,"躬沐皇恩钦赐顶戴荣身"。

汪长源,业农,热心于族中公举。乾隆辛丑年(1741年)汪氏纂修宗谱时,初稿已定,但是由于族内纷争,未能完成。其中有参与编纂宗谱的董事将宗谱底稿藏起。嘉庆庚辰年(1820年),汪长源考虑到本房派衍丁繁,生殁卒葬久远不记,定会遗忘,不惜己资馈送前代刊谱董事之子汪德楷找到宗谱底稿,和本房堂弟汪焕章日夜抄写,修成本房支谱,以备再次修谱之用。

汪士明,精通嵌螺钿漆艺,并传习族中子弟,载入《开化县志·百工》。汪士明早年从事木材交易,往来杭州与开化,后赴广陵贸易。在广陵街市上看到一位嵌螺钿的工匠,"每晨趾错于户,率皆绅衿文士"。他觉着此人的手艺的确不凡,因此前往拜访,并以厚礼馈赠,悉心学艺。艺成回霞田,将所学传给族中一些聪明的子弟,当时的霞田"家传户习,岁入不下千金"。难能可贵的是汪士明在自己掌握了嵌螺钿的工艺之后,并非秘不示人,而是在村落内广为传习,使族人皆受其益。所以寿序中说:"从古怀才抱德之彦,当其遭逢不偶,必托一技以周身,而于济世利物之情,则每饭不忘随处发露,虽利泽所加,不出于方隅,而立志可嘉,早为士君子之所深许矣。"可惜不知何时此技就在霞山失传了,今天霞山的汪氏族人根本就不知此事,自然也就无从传袭其技艺了。

第五章 山水佳处

马金溪在霞山以上河段坡陡流急,形成河流峡谷的险峻地貌,溪流到了船安山拐了个大弯向东进入了马金盆地,这里地势相对开阔,溪流宽度从上游的几十米不等突然展宽到近百米,流速减缓,上游溪流冲积而下的泥沙堆积形成了马金河谷平原。霞山古村即坐落于马金溪北岸的坡地上,北部的五马山一如村落的屏障,东西两侧则有青云岭和船安山对峙,村落南侧,马金溪环绕

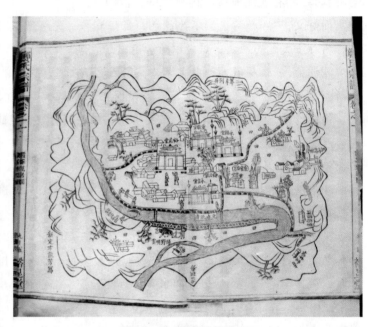

图 5-1 霞山里居图

流过,隔溪面对着开阔的马金河谷平原。在似一轮大弯月的河谷盆地中,依山而建的霞山古村被分为上(上田)下(下田或称霞田)两部分,而村东南似屏风一样壁立的青云岭使得马金溪由西向东的流向转了 90 度的弯,向南奔流,村庄建于凸岸,而河流拐了两个大弯,它们的位置关系恰好形成古人"腰带水"的"吉利"形态(图 5-1)。正所谓"千峰耸翠,一水环流",乃山水之佳处。如果说当年郑氏先祖郑公叔在追击黄巢时不一定有时间仔细观察,那么来到丹山下居住的郑慧公和其每日"屏绝外事,悠游山林"的父亲郑文质,肯定早就发现了这块风水宝地。郑慧公的儿子郑远公每日里"惟吟风弄月以见志。论者称为山林逸叟。衡泌硕人,抱朴归真。酷肖乃祖迎川(郑文质)公风味"。肯定也早就注意到霞山周围环境的情况,因此令其子郑律与当时居住在此的黄家结为姻亲。郑律因见"村北里许,山环水绕,中衍平畴,时有紫气氤氲,经日不散。而且基局面河负山,冈峦耸翠,元水清流,占山川之盛,钟河岳之灵。"认为"淑气钟祥,定产达人,洵开阳之吉壤也",故而构别墅于上田五垅庄(即今霞山坟亭一带),后遇元丰癸亥年的大水,这才"不得已"迁往如今的霞山。

第一节 堪舆选址

郑律自丹山下迁至霞山现址，确实是有过一番详细的考察的。乾隆年间的《郑氏会修宗谱·霞山里居图记》一文写到郑律公"见丹山北之岸每旦紫气腾挪，彩霞氤氲，绚烂如锦，经午不散。遂胥宇徙筑，营立桑梓，爰名之曰霞山"。所谓"胥宇"就是请风水师来察看可筑房屋的地基和方向，即"相宅"也。正是经过了风水先生的指点，所以才辨得"彩霞氤氲"，"经午不散"，因而在此"营立桑梓"。霞山郑氏后裔郑式金在其撰述的《龙村山头里居图记》中也写道："里居也，何取于图？图者，度也，度地以居民也；又象也，广谷巨川异制，民生其间者异俗，令人可一览而知也。""则里居也，何可不图哉？爰综其山川景物而绘为之图，俾后之披是编者，得按图而指目之曰，某丘某水某祖之所披茅剪棘以开基也；某里某居某祖之所卜地而迁也。"也就是说绘制里居图是为了让后代子孙了解前人卜居择地，披荆斩棘，奠定基局之艰辛，从而更思统宗合族，尊宗敬祖之意。之所以这样说，那是因为但凡家族的先祖们迁居一地总要度地相水，查看当地景观，判断是否具备适宜居住的条件，方便子孙后代的发展。

在古代社会，人类的生产力低下，不得不把自己的命运归因于自然的力量，堪舆风水便是对自然崇拜的产物。古人认为山水环境是影响家族兴衰的重要原因，当然现代环境科学的理论也认为人与其所处的环境具有相互作用，人居环境影响人的生存。因此古人对于居住地的选择非常慎重，村落选址的时候往往请"地理（风水）师"来相水度地，因为这直接关系到村落的农业生产、日常生活和家族繁衍。所谓堪舆主要涉及对基地山、水、田、地等自然要素的选择分析，基本原则是趋利避害。按照陈志华先生的分析可知，中国传统村落选址不外考虑以下几个问题[①]：首先保证有足够的可耕地，因为在传统农业社会里土地多寡不仅影响人们的贫富，更直接关乎整个宗族的兴衰；其次考虑水的问题，包括避水之害和用水之利两方面；第三考虑安全问题，在生产力低下的传统社会，宗族之间极易发生资源抢夺战争，同时也易受到土匪等其他因素的威胁，故村落选址时将地理环境能否提供安全依托作为重要考虑因素；第四考虑山水环境的优美，因为良好的山水环境不仅有利于生产与日常生活，同时也可满足家族中文人雅士寄情山水的需要。这些因素综合考虑，其中的主要内涵即是风水的问题，村落选址依附风水之说，可以营造一个在物质与心理上都能获得满足的生活空间。

一般来讲，村落选址是上述各要素综合考虑的结果，然而，由于中国传统村落地域及

[①] 陈志华：《楠溪江中游古村落》，北京，生活·读书·新知三联书店，1999。

宗族等因素的差异性，个体村落在具体选址时会对上述诸要素有不同的侧重，如山水环境是楠溪江流域古村落选址主要考虑因素，防御安全则是浙南山区许多村落选址的首要问题。与之不同，风水是徽州地区古村落选址主要考虑的问题，霞山作为泛徽州文化圈内的成员，其村落选址也呈现明显的风水考虑。在徽州人心目中"阳宅需教择地形，背山面水称人心，山有来龙昂秀发，水须围抱做环形，明堂宽大斯为福，水口收藏积万金，关煞二方无障碍，光明正大旺门庭"是符合风水要求的理想村址模式，而徽州古村落也大多满足这种"枕山、环水、面屏"的空间模式。不仅如此，在追逐理想村落模式的过程中，徽州古村落形成依山傍水、背山面水、枕山环水等水光山色相互交融的人间美景。霞山古村落，三面环山，一面傍水，其选址符合风水要求，形成典型的背山面水格局。东、西、北三山环绕，崇山峻岭连绵不断，形成天然屏障，村落就位于山峦交会处较为平缓的坡地上；村落南侧是相对开敞平坦的龙村畈。马金溪在村南潺潺流去，形成村落南部边界，溪水蜿蜒环绕，宛如玉带，按风水说"河水之弯曲，乃龙气之聚会也"。霞山背依来龙山，面临马金溪，正是所谓龙脉所在，而明清时期的马金溪作为当时浙西木材交易主要运输通道的确曾给溪旁的霞山带来长久的繁荣，不知这是否真因风水所得？与霞山隔溪相望，前有丹山石壁挺拔为案，远有包山耸立为朝，将马金溪带来的生气牢牢锁住，构成"藏风"的形局，达到聚气目的。

霞山周边山水使古村选址符合"藏风聚气"的风水格局要求，早在元末明初当霞山终于归为郑氏"一统"的时候，前房马四公熟谙风水，称霞山古村落的风水格局当为"眠犬形"。如今的霞山周围新建建筑增多，村落环境已经发生了较大变化，所谓的"眠犬形"已经无法分辨，更况风水的"喝形"也是因人而异，村落中现在的风水先生也无法说明。倒是郑氏族人口中流传的所谓"龙形村"还能让人有所认同，所谓"龙形村"是以整个村落为龙头，横跨马金溪的丹山、八风两桥为龙须，东西村口的两棵老樟树为龙角，原有的两个水碓为龙目，村北渐起的来龙山及逐渐延伸到远处的五马山为龙身。更为明显的证据就是丹山、八风两桥就是为了附和风水龙形之说而修筑的，因为横跨金溪两岸在不到200米的范围内似乎不需要修筑两道桥梁，更何况古代的霞山在村落东西两面还有涌莲桥（霞田汪氏所建）和济惠桥，以及八风渡口存在。但是可惜的是，如今的龙目已经不存，龙角仅剩一只，而龙须也成为一大一小两座桥梁，其中之一即为国道上的桥梁。尤其"要命"的是新中国成立前修筑的遂开公路在村落北部将所谓"龙身"一分为两段，"破坏"了霞山村落的风水，霞山人讲，自那时起霞山村落的命运就已经注定要衰落了。实际的情况是，遂开公路以及其他公路的开通，陆上运输的便捷，使得霞山水路转运木材的优势不再，自然也就失去了钱江上游商埠的价值，从这个意义上讲，或许风水之说真的得到了一些验证。

第二节 霞山八景

堪舆选址在为霞山古村落确定好的风水形势的同时也为古村带来了旖旎风光，如石撞岭"层岩峻岭，云雾所栖，晨夕之间，瀹郁万态"，石壁山"灿烂而为屏，峭削而为笔"。霞山郑氏后裔或儒或贾，或读或耕，且广交文人名士，文化氛围一以贯之。闲暇的日子里，霞山的青云岭上、紫雾崖前常常是文人骚客云集，吟诗作赋，觞咏娱乐，悠游于山水之间，因此少不得在里居景致方面进行深入的调查研究，去发现村落周围的自然景观，将其拟之为景，绘制成图。应该说发现八景，为八景题名配诗乃是挖掘村落环境自然之美的一个过程，也可以说是点石成金的过程。在郑氏宗谱中我们可以看到这位点石成金者，乃是来自四川天府之国的一位"做过御史"。此人姓甚名谁，家谱没有交代，只是称其号为"天随生"①。崇祯元年汪渐磐②为霞山撰写的八景序中，说他"逸游是间，因见山川之胜拟为八景，更撰诗辞以彰其概"。也就是说，霞山八景的命名始于天随生其人。天随生于南宋嘉泰四年（1204年）前后来到霞山，据他在书赠郑崇的《丹邱仙③十八学士登瀛洲赋》中说因"壮闻大江之南，吴越之间，赤城散彩，丹鼎流丸，神光相射，凝为霞山"，所以慕名而来，"往纵观焉，尔乃根盘百里，秀甲千峰，岩崖翠耸，林峦黛浓，金川旁走，石壁对崇。负六鳌而不动，牧万牛兮不童。扶桑浴虹，疑烛龙之驻驭，玉垒散魄，恍丹凤之翔空。"天随生特别钟情于霞山的山山水水，与霞山郑氏十世祖郑崇结为知己，此后便"寓居严堂庵"。然而在郑氏宗谱中，除了上述这篇赋之外，并没有看到天随生有关霞山八景的其他文字，谱中最早的八景诗序和咏八景的题诗为明代嘉靖年间吏部考功郎信安（即今衢州）人徐一槚。

霞山八景以霞山村及其周围的山水形胜为主要内容，分别为：青云岭峻、紫雾崖深、蓝峰插笔、翠嶂列屏、丹山拱秀、元水流清、碧潭钓月、绿野耕云。在现存的郑氏家谱中载有从明代嘉靖至清代道光年间八个人撰写的有关八景的诗词，这八人中有进士、举人、秀才，均为郑氏族人的朋友和郑氏后裔所写。以下撷取部分题咏八景的诗词，通过这些诗词，一方面可以领略到"八景"的具体内容，同时也可以看到"八景"所蕴涵的人文意义。

---

① 古代文人称号，如唐代诗人陆龟蒙即号天随生。
② 汪渐磐，字石臣，休宁上溪口人。万历四十六年（1618年）戊午科举人，万历四十七年（1619年）己未庄际昌榜进士，崇祯年间任工部营缮清吏司主事，著作有《尚书宗印》。
③ 霞山郑氏十世祖郑崇，号丹邱仙。

一、青云岭峻

青云岭位于霞山古村落之东南方向约1里光景,沿着从村旁穿过的徽开古道一路走去,只见山岭高耸,凸立于悬崖峭壁之上,岭上万木葱翠,远望如云;岭旁有瀑布高达千寻,宛如一条白练从空而下。沿着古道的213级石梯蜿蜒而上,直达山顶,犹入云端,似隔人境(图5-2)。在千年古樟撑出的华盖之下,回首俯瞰岭下的马金溪,溪水清澈见底,溪岸林木浓密,倒映溪水苍翠欲滴,溪水由西向东缓缓而来,从此回环向西南而去。青云岭上的景色,惹得骚人墨客留下了许多佳句名篇。徐一槚①为此题诗云:"青云路上石嶙峋,步步增高峻可登;莫道迂回劳首脚,几番回首隔尘氛。"如果说徐一槚仅仅是描绘了青云岭的景色及其高高在上的特点,那么清代嘉庆四年(1799年)进士汪桂题诗:"峻岭崔巍势接天,千寻树杪漱流泉。殷勤寄语青云客,努力同登紫翠巅。"则体现出作为一位读书人对于郑氏后裔的激励之意。

图5-2 青云岭石梯

青云岭及其古道石梯、瀑布,乃是霞山八景之极致,居住在此的霞山上田郑氏和下田汪氏均视为村落的特殊景观,汪氏更是整理出"霞山十景",以青云岭的景色"石岭云梯、岩山瀑布"作为其中的二景,并有《石岭云梯》诗赞:"石岭层层势若奚,人行恍似步云梯。仰观咫尺天光近,俯看苍茫地位低。风景无端看品藻,蟾宫有路任攀跻。为言济济青年子,好上高岭快取携。"《岩山瀑布》:"岩山高出众山岭,上有飞流一水悬。恍似岫云垂巨壑,偏疑银汉落长川。谪仙佳句谁堪读,庄子风高世罕传。几度倚栏遥望处,飘飘清兴入吟边。"

二、紫雾崖深

距青云岭畔大约百步光景,有一天然洞穴,此洞深未可知,洞内雾气弥漫,并且不分昼夜从洞口溢出,雾气在自然光下呈现出紫色,正所谓"紫气氤氲"。清代霞山郑氏举人郑萼魁感叹:"此洞传闻天造设,不知年与月?"目前在开化地方志中能够见到的最早的记载即是乾隆六十年(1759年)的《开化县志》,民国《开化县志》(稿)二十四卷《古迹》中也有记载:"紫雾崖,县北五十里霞山,崖下洞阔一亩许,上有石蟾蜍,蟾口滴水,

---

① 徐一槚,信安(今衢县)人,明代隆庆年进士,曾任南直隶宁国县知县,后为吏部考功郎、吏部主事。

四时不竭。"据此判断,大抵正是因为有了石蟾蜍口中不断地滴水,才有了所谓氤氲的紫气,霞山一带人们骄傲地称之为"小蓬莱"。明代钱塘人吴之鲸①曾为之写下了"幽岩霏霏小蓬莱,赤羽藏身覆紫苔。埜雾濛濛何处是,洞门青锁为谁开?"之佳句。只可惜今天的紫雾崖胜景不再。洞口砌筑的一小段围墙,遮住了洞口,探身望去,洞内的规模似乎也并非"一亩许",尤其是那曾令郑氏族人魂牵梦绕,经午不散的紫气似也依稀难辨了(图5-3)。

图5-3 如今的紫雾崖下山洞

三、蓝峰插笔

紫雾崖上有三峰峙立,形成所谓"三峰耸秀,石窦花飞,锦绣堆砌,高掇岚光,锋连晓旭"的美丽景观。游览霞山胜景的文人骚客以中峰为笔,拟之为"蓝峰插笔"一景。此处地处霞山村东,三峰凸立,中锋高耸,每当旭日东升,朝霞掩映在山巅之上,天幕就像五色纸一样绚丽多彩,如椽巨笔在五彩天幕挥洒泼墨,不愧为霞山古村落的一大奇观。徐一樽为之题诗曰:"一枝突兀欲书天,峭倚层峦霄汉间;五色彩云纷烂漫,醉眸浑作笔花看。"郑氏家族中清末最后一位举人郑尊魁也曾为之撰写了《蓝峰插笔·右调鹧鸪天》:"峻峭蓝峰耸里东,宛如文笔插长空。挥毫只借云为纸,墨汁淋漓雨露中。池水碧,雾绡红,雁字书成夺化工。灵钟秀毓山呈瑞,科甲应同地脉隆。"词中提到的"池水"即为蓝峰下的"放生潭",所谓"雾绡红"即指"紫雾崖下的紫雾",将蓝峰及其附近的景色尽收词中,是咏"蓝峰插笔"的诗词中最为突出的一首,同时也阐明了"蓝峰"之于郑氏家族科甲鼎盛的重要意义。蓝峰之三峰并峙,中间一峰略高,一如笔架,霞田汪氏族人称为笔架山;地处霞山西南,远隔马金溪的山头村郑氏族人也以此为文峰,以主家族文运。自宋元至明清,霞山一带人文济美,人们都认为是这座山峰独擅山灵之胜云云。

四、翠阜列屏

霞山村东西北三面环山,总为白际山南端支脉,蜿蜒起伏。自村落北部起,向北渐次升高,海拔高度由180米升高到360多米的箬帽尖,离村约2里许,从西南向东北山脉在此形成平直的一列山峰,即为五马山,高薄云霄,立于万峰之上,一横如屏,形成整个村

---

① 吴之鲸,字伯霖,钱塘人。万历三十一年己酉(1603年)举人,屡试春官不第,后官浮梁县知县,甫六月卒。著有《武林梵志》。

落北部的屏障,称为翠阜列屏或翠嶂列屏(图 5-4),正所谓"千峰势落衍平奇,积翠横拖别有姿"。在冬季五马山阻隔了寒冷的西北风,为古老的霞山迎来暖暖的冬日,形成了优越的气候条件。霞山郑氏后裔郑式金赋五言诗:"拥翠拖蓝处,巍然列锦屏。庭环春草绿,户绕夏云清。"正是对此景的真实写照。徐一橉则题诗阐明五马山对于霞山村落的人文意义:"锦屏高卓拥山村,翠霭氤氲旦夕生;一自负依千载后,精英今又寄何人。"

图 5-4 翠阜列屏

五、丹山拱秀

霞山村南面正对的一山名曰丹山,亦称石壁山,乃霞山村落的案山(图 5-5)。丹山北侧几为一悬崖峭壁,马金溪即从崖下流过。当年郑氏先祖郑慧从孤峦迁来,即在石壁下居住,后因元丰癸亥(1083 年)大水使马金溪改道,冲毁旧居,才迁居金溪北岸,今霞山位置。想必当时的石壁山形并非如此,因为郑慧公是绝不会选在悬崖之下度地构屋的,或者郑氏家族的祖居地并不在石壁之下。在马金溪水不断地冲刷之下,如今的丹山势如天马,壁立深潭,村人也称为白马岩。据汪渐磐所撰之《霞山八景诗序》中谈到,曾有江氏烈女母女二人为匪寇所执。烈女受匪寇所逼,谅不能拒,便佯作应允,要匪寇将母亲释放。母亲逃脱之后,江烈女随即跳崖而死。一时间乡间文人骚客赠以诗词,事迹载于县志。事实上今存的开化县志并未见载所谓江烈女事迹,在咏八景的诗词中也未见相关说法。郑氏宗谱上倒是有耿精忠之乱时,郑氏一族人被俘,路经山顶时纵身跃下逃脱的记载。在文人骚客为之所题诗词之中,多以

图 5-5 丹山拱秀

"高岗引凤"隐喻霞山郑氏的文风鼎盛。徐一榥诗曰："丹岩长对画楼开,节彼千寻亦壮哉;宜雨宜晴山自好,翩翩点缀凤毛来。"汪桂则更为明确："何年仙子炼丹成,却令兹山擅美名。夕翠朝岚添秀气,高岗快听凤凰鸣。"

六、元水清流

马金溪又名金溪,源于浙、皖、赣三省交界的开化县齐溪镇,海拔1144米的莲花尖。流至西坑口,与安徽省休宁县龙田乡流入境内的龙溪汇聚成河。自北向南,逶迤而下。从霞山村西北而来,在村西被南侧船安山阻挡折向东行,在霞山村前流过,直达村东之紫雾崖前,受此山阻挡转而向西南而行。明汪浙磬在八景序中称马金溪"一源出海阳,一源出星源,至丹山下,计百里之会"。海阳即今休宁海阳镇,星源即婺源古时别称。海阳是新安江的源头之一,系钱塘江北部源头,婺源有池淮溪在开化华埠镇北汇入常山港,两者不可能在丹山下相会。不过,在霞山附近的马金忻岸有一级支流何田溪汇入马金溪,何田溪发源于开化何田乡海拔1155米之高楼尖,流经田畈、何家、马金镇之横岭底、高韩,并纳瑶溪水至忻岸注入马金溪。无论如何,霞山古村,山环水绕,村前马金溪水体形势正符合"风水"中所谓"玉带水"之形态,所以称"一水环带,去如之元,为元水流清"。其中徐一榥的诗:"一湾潋绿抱村居,四壁寒山映碧漪;萍藻乍翻鱼鲤跃,烟波略破鸂鸥飞。"既有对霞山村落周围绿山青水等静物的摹写,又结合"鱼跃"、"鸥飞"动的描述,生动地反映了霞山村落优美的自然环境,同时也隐含着对于郑氏家族科甲繁荣的赞誉和期冀。

七、碧潭钓月

霞山村落的西侧,马金溪在被船安山阻挡之后,折向东行,在船安山的北侧形成深潭。溪中沙洲近邻深潭,时近傍晚,月已升空,潭水平静如镜,蔚蓝的天空、皎洁的明月和四面青翠的山体倒映于潭中,直落潭底。此时邀一二好友或坐小舟荡于潭中,或坐沙洲之上临溪垂钓,正所谓"碧潭钓月"。清嘉庆五年(1800年),翰林院庶吉士汪桂途经霞山,写下了:"皓月当空印万川,澄潭掩映足观瞻。临流争美垂纶者,不钓金鳞钓玉蟾。"这首诗反映出这位新科进士蟾宫折桂之后意气风发的心态。与之相比,霞山举人郑尊魁的词《碧潭钓月·右调临江仙》对于此景的描述更为贴切:"红蓼花疏秋水碧,蟾蜍倒耀寒潭。谁家艇子近层堪?桨摇歌互答,酒醉兴方酣。百尺丝纶乘细浪,涟沧影静光含。锦鳞未把饵香贪,转将波里月,钓出满花篮。"

八、绿野耕云

开化县河谷平原面积不多,大约仅占全县土地总面积的1/10。纵贯开化的马金溪两岸或一岸,分布着河谷冲积平原,绝大部分村庄、农田分布在这一区域。龙村畈在霞山村落正南,自马金溪南岸直抵徐塘,是马金溪河谷平原中较大的田畈之一(图5-6)。这里与村落临溪隔岸,绿野云烟,有腴田数百亩,名为大辛田、小辛田。古时的霞山上田、下田的郑、汪两个家族农耕皆赖于此田。每当麦收季节，每年的四五月份，人们摩肩接踵而来，镰刀四野翻飞，将成熟的粮食挑回自家的院落。不久又在阴雨绵绵的熟梅天里，"连畦秧堆色，隔水人争喧"，"驾犁荷蓑笠，挥手扬长鞭，泥翻田水沃，犁去声涓涓。"此所谓"绿野耕云"，也是汪氏族谱霞山八景中称为"犁雨辛田"者。郑凤韶为之题诗："行过长堤又短堤，听来布谷柳荫啼。因知绿野春耕足，处处云翻雨一犁。"自宋以来郑、汪两大家族秉持耕读传家的理念，在此辛勤劳作，即使读书之人在农忙时也要参加劳动，所谓"晴耕雨读，昼耕夜读"，真实体会耕稼之辛苦，此处之所以称为辛田者，取耕耘辛苦之意，霞田汪氏家族的邑庠生汪云鹏在五言古风中有"耘田与读书，勤惰皆相似"之语。

图 5-6 龙村畈绿野

第三节 村落布局

在徽州传统社会中，由于战乱较少，历史积淀与宗族文化传统相对深厚，加之对朱子理学的尊崇，这些反映在村落空间组织层面，形成以宗祠为核心的聚落结构特征。这种结构特征突出地体现在宗祠建筑在村落布局中的中心地位和在村落建筑群体中的核心地位，成为宗族礼制思想在村落规划中主体地位的确证。这些聚族而居的村落，宗祠往往形成村内节点状公共活动空间，既是村民日常活动中心，同时又是村民心目中政治、经济和精神中心，更是村落文化的焦点和醒目标志。整个聚落平面往往以大宗祠为生长点向外蔓延，其他支祠随血缘组团分布，形成各自的次中心。这些组团之间有巷道相连，有分有合，在整体上协调一致。

霞山（上田）村落平面呈不规则形，东西长约664米，南北长约473米，村界鲜明，南侧由马金溪界定，北侧、西侧则由乡村道路界定，村东有稻田与霞田分界，相对于一般传统单姓血缘聚落而言，霞山古村外放气质明显，而内敛特性不足。村落由北而南呈现不同的结构特征，反映出宗族文化与商业文化两种因素对古村布局的重要影响。村落北部呈现典型古徽州聚落结构特质，即以宗祠为核心进行聚落空间组织。霞山北部目前存留有三

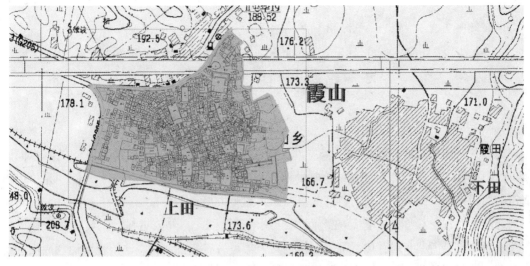

图 5-7 霞山村落平面图

座祠堂遗迹，规模最大的为裕昆堂，也是整个霞山郑氏宗族的总祠，位于整个村落北部居中位置，四周环绕普通民宅，从后者的相对位置与朝向不难看出普通民居对总祠的拱卫与围绕，而裕昆堂背后的环形道路则强化了这种关系。裕昆堂东部是两座支祠，距其较近的是爱敬堂，另一座永锡堂基本位于村落的东部边界，紧靠村外水田。与裕昆堂相似，这两座祠堂也为普通民宅包绕，形成村落的两个小核心。三座祠堂前都留有较大空场，这在人多地少的霞山实在难得，而这恰成为一个说明宗族文化对霞山社会生活的强势作用的佐证。

与村北相比，村南结构布局则明显呈现出商业因素的影响：以马金溪和商业街为基准，村落基本呈近似放射性布局，主要道路皆保持由北而南与马金溪近似垂直的走向，偶有蜿蜒，但基本保证方向的一致与畅通。霞山的商业老街系依托穿越村旁的徽开古道形成的，成为村落南侧的主要街道，也是霞山古村落中唯一一条呈东西走向的主要街道。由这条商业街与南北向通向村内的道路决定了村南的基本形态与肌理，南北向道路（上屋弄、中屋弄、桥头弄等）将村落主要区域划分为线性区块，由于相邻街宽不过数十米，每一区块宽度亦以此为基准，故普通民宅被限于狭小地块中，人稠地狭，建筑极度拥挤，其密度远大于村落北部，区块间往往自发形成多条用于宅间交通的东西小巷，曲折迂回，十分拥堵。从村落平面图上可以看出，村南似乎也拥有一些类似村北祠堂那样特殊性质的空间，它们占据较大地块，凸显于周围拥挤的普通民宅，建筑规模夸张，然而，这些建筑却并非满足人们日常活动与精神要求的公共活动空间，而是霞山富裕人家的宅邸，如郑松如故居、中将宅、郑宝槐宅等，沿商业街两侧的建筑多为前店后宅式的住居形式。旧时开化木材资源丰富，马金溪作为当时开化木材水上运输的主要河流，尤其是霞山作为一个水路转运木材的集散地，方便了霞山村民从事木材贩运生意，他们依靠木材生意发家，成为霞山上层人士，因而有大笔资金修建自己的居屋之所，其宅邸修筑在村落南侧恰恰反映其家族兴衰与马金溪的密切关系。

第四节 迷宫交通

街巷是最能体现聚落特质的一类空间，霞山街巷也赋予这座村落与众不同的可意向因素。霞山素有"迷宫"之称，这一称呼的得来完全赖于街道的无序与混杂——除少量可以辨清走向的街道外，霞山大部分街巷都曲折迂回，远望去街巷尽头有墙遮挡，以为无路，只有走到近前才发现有极窄小的路径在旁可以继续前行。因此，外人进村，东转西跫，如入迷宫，不易走出。街巷布局看似混乱，但行走其中却是另有一番情趣，这依赖于街巷界面的特质及其空间开阖的节奏感。霞山街巷界面连续，由于房屋密集，且外墙形式尺度相似，连续高低错落的建筑所形成的界面使街巷空间得以完整的界定，具有较强的图形特征，与街坊中的建筑形成图底关系。界面曲折是霞山街巷另一特点，通常街巷不是一条直线，而是斜线或折线，伴随着村落的水系以及建筑组合的界面不断地呈现出细微的收缩、放大或转折，只有在走完整条巷道时，才形成直线的整体意象。空间尺度逼仄是霞山街巷的又一特点，芦原义信认为当街道的宽度与两侧建筑的高度比值 $D/H=1.5\sim2$ 时是比较合理的比例关系，而考量霞山古村，其街巷空间 D/H 比值大部分小于1，行走其中，伸展双臂即可触摸两侧高墙，头顶是一线天空，有着室内走廊的感觉（图5-8）。村落土地有限应该是导致街巷空间逼仄的主要原因，虽然尺度难以亲切宜人，但丰富的空间层次以及界面传统建筑符号如门罩、花窗、檐口反复地、不经意地出现加强了行走的趣味，削弱了空间的不适感。除各祠堂前的空场和马金溪的河岸外，霞山再无更多的公共活动空间，对于人口众多的古村来说，人们日常小范围的社会交往活动多是在街巷中的节点空间完成的。传统的生活方式所自然形成的街巷空间有着丰富的节点，如桥头、井边、码头、空场等构成了街坊空间中进行公共活动的积极空间，它们也是街巷、宅第进行空间转换的重要标志，从而形成丰富的空间组织。霞山这类节点众多，如唐石、千斤缸宅前等，人们在这些节点中可休憩、交往，进行信息的传递，生活的事件就在这些空间中发生，同时这些事件也丰富了这些节点空间的文化内涵。

图5-8 街巷连续界面

村内街巷丰富了村落的空间层次，完善了村民的日常生活，然而，作为以交通便利兴盛的古道聚落，霞山对外交通也有着重要意义。霞山古村落原为徽开古道的交通枢纽，西向徽州，北向遂安（今淳安），东南向马金、开化县城方向，连通浙江境内的常山、江山以及闽赣，四通八达。水路则由南侧的马金溪可以直抵开化，并沿江去往衢州、杭州等处，成为旧时村落与外界沟通的主要交通媒介。马金溪和徽开古道之于霞山的意义前面已经说明，徽开古道自丹山石撞岭拾阶而下，共213级台阶，其间有叮当洞、猪母洞、放生池、仙人眼、石壁潭、泗洲庙、小瀑布、青云庙等，凝聚了霞山山水景观的精华。但是今日的古道早已没有了往日的繁忙，杂草丛生，逐渐落寞消失。而古道穿过霞山，直到祝家渡，全长共10华里，中间青石板铺面，两边鹅卵石衬底，穿越霞山的一段在村内形成一条繁华的商业街，从村头到村尾的涌莲桥整条街全长约300米，旧时，南北商人在老街歇脚、停靠、交易，与相邻的马金溪一起成为霞山郑氏家族从事贸易的重要场所（图5-9）。

霞山郑氏家族的大片农田位于马金溪南岸的龙村畈，同时南侧也还有许多的山林资源和广阔的市场，因而，连接溪水两岸的交通就显得极为重要。马金溪上联系两岸的交通方式有桥有渡。桥共有四座，即八风桥、丹山桥、济惠桥与涌莲桥，皆为木桥。现存的八风桥（图5-10）和涌莲桥全长皆约120多米，由8根4米长的12厘米厚原木并排组成，形成约1米宽的桥面。木桥年毁年修，但串接木板的铁链与码头石却经历了近千年风雨，仍静立在岸边。涌莲桥位于村尾，传说古时更夫打更到此桥时"鼍夜鸣与更鼓相应，四更而涌莲"，故取名涌莲桥，八风桥则因直通八风坑而得名。这些桥梁的始建年代都已经不可考证，唯有镶嵌在村内某建筑墙壁上的《重建丹山桥碑记》记述了乾隆十五年（1750年）郑氏族人重修丹山桥的经过。

图5-9　霞山老街
（图片来源：开化县马金镇政府）

图5-10　八风桥

第五节 村落水系

水系整理是古村营建过程中的重要一环,村落选址之后,兴修水利就成了营建村落的起点。水是农业生产的命脉,饮用洗涤、农产品加工及灭火救灾等都要用到水。此外,水还可以改善小气候,美化环境。由于自然的水流不会恰好适合人们的全部需要,所以大部分村落在选址之后都必须要有一个人工规划、疏通水系的过程,以形成良好的水系满足整个村落的用水。水系整理在讲究风水的古徽州聚落中尤为重要,《管子·水地》说:"水者,何也?万物之本原也,诸生之宗室也,美恶、贤不肖、愚俊之所产也。"基于吉地不可无水的风水认识,徽州古村都把水系整理当成重要的营建内容,如著名的宏村,其聚落特点就主要集中在水的处理上,在充分满足日常生活需求的同时,巧妙地把水做成一个富于变化的水街景观,水的空间灵活多变,天然无饰,使整个村落因水而充满生机。

虽然有马金溪流过村落的南侧,但是霞山村落北高南低,当时的技术条件还不便将溪水引入村落内部。郑氏家族的先人们为此在村内建设水圳,利用了村落北侧的来龙山上的一股山泉作为村落的日常洗涤用水,使整个水系保持由北侧高山穿村而过汇入南侧较低的马金溪的流动态势,这条水圳成为村落的主要水源之一。水圳建于何时已不可考,想必是在明代初年霞山完全成为郑氏之居后的事情,在水圳穿村而过之中,霞山先人们利用了原有的低洼地如八风坑等开设水塘,尽最大可能使水在村内汇聚停留,与村落的每个部分都亲密接触,在满足日常生活需求的同时实现村内小环境风水的追求(图5-11)。据称,霞山村落内原来的许多民居,基本都是临水而居,有的甚至引水入院。如明时霞山郑时善(号近泉)"雅志林泉,构建新居,引水环舍,朝夕吟咏,并绘制成图",并有友人赋诗为证。黄维城[①]为郑时善所作的《题近泉图》:"万顷澄波映彩霞,水西头是葛洪家。客来对拂鱼矶坐,萝月移天更煮茶。"徐一槚也为其赋诗曰:"山下清泉出渐奇,隔花时做雨声飞。临流欲写清

图5-11 村落水系

---

① 黄维城,乌邑人,明代进士。

平调，笑把瑶琴傍石矶。"民国时期，郑酉山和郑松如两位豪绅的花园中也引入了水渠，形成了小桥流水的园林景观。

　　街巷与水系相配合，以街巷为骨架，以水系为血脉，主街随水渠延伸，利于洗涤、防火、净化空间，街巷短长，因势而筑，交叉纵横，街宽巷窄，远看似死胡同，走进却豁然开朗，迷宫势的街巷设计利于防盗，而霞山"古迷宫"的称谓就来自于此。遗憾的是，由于历史上霞山始终面对人多地少的压力，因而在村落发展过程中，为获地建房，原有水塘大部分被填埋不见踪影，目前只能从村落平面图上依稀可辨它们的大体方位。今日，村落中还保留一些随街巷在村中蜿蜒的水渠，规模已不能与最初同日而语。因村民每户皆安装自来水，这些水渠如今主要用于村落排水。

第六节　村落"井"观

　　霞山郑氏族人的饮用水主要是井水。村落内至今还保留着9眼古井，这些"井文化"的遗迹为霞山古村落增添了一道靓丽的"井"观①（图5-12）。

　　根据村民的传说，这些井当中年代最为久远的是桥头弄的一口古井，据称是霞山郑氏始祖迁居这里时开掘的第一眼井，距今已有1300多年。事实上，霞山郑氏是宋代才迁居来此，至今不过千年，如果说这口井有1300年的历史，肯定非郑氏所凿。不论此井建于何年何月，从如今井口被风霜侵蚀得斑驳陆离的状况来看，的确称得上是一口"古井"，更为重要的是虽然年代久远，但是井中那清澈见底的一泓泉水，仍展示出无限的生机。最富有传奇色彩的要数位于霞山一村郑桂良家门口的"聪明井"了，此井井口系由岩石凿成的四方古井，井口尺寸为0.7见方，深八九米，旱时不见水浅，雨时不见水溢，井水甘甜可口，井壁上两个方孔，古时用于封锁井盖。郑氏家族的姻亲明代正德年间进士方豪

图5-12　村落"井"观

---

① 留如藩，霞山井观，《衢州日报》，2004.1.3。

曾为其题"慧泉"二字，显示了它不凡的身世。据郑贵桃老人介绍，方豪所题"慧泉"曾被郑氏族人镌刻在石碑上立在井旁，现已无存。自古以来，村里饮用这口井水成长的子孙后代，都特别聪明，古代有文进士、武举人、贡生、廪生、秀才以及众多的文人名士，现代也有吃这口井水长大的将军、教授、博士，所以村里人，皆称它为"聪明井"。另外在上屋弄，还有一圆形井口的大的水井，井圈由整块青石凿成，直径1米左右，吊桶绳索已把青石磨出条条深痕，村人的传说更神，说这井直通东海，当钱塘江涨潮时井水上溢，潮退了，井水会浅下去。神话般的传说，为这眼古井增添了几分神秘。

其实这些水井之所以附会了许多的传说主要是关乎到家族的生活品质和风水，霞山的水井多是以房头为单位修凿的，由于各房头大都聚族而居，随着人口的日益增多，必然要考虑饮用水的问题，因此共同修凿水井对于整个房族至关重要。开挖水井也并非任意而为，开挖之前也要请地理先生来查看风水，看看何处适宜开挖，同时还要品尝水的味道，正所谓"度地相水"。正因为关乎风水问题，当然更重要的是关乎饮水的安全和卫生问题，为了提醒族人爱惜和保护水井，才有了较多的传说和附会，以增加其神秘色彩，使族人不敢亵渎。

随着历史的变迁，经济的发展，如今的霞山村内已经通上了自来水，村落中除上述富有特色的几眼古井外，其他的古井都处于被遗忘的角落，有的缺乏修缮，破烂不堪，远远看去像乱石堆，现在只起到路标作用；有的井内污水浑浊，漂浮着枯枝烂叶；有的甚至已被建造房屋、平整场地填埋。其实在具有丰厚的古文化底蕴的霞山古村落中，古井也是具有文化积淀的历史遗存，是古村落中的一道特色"井观"。

第六章 村落古建

在漫长的历史岁月中,历代霞山村民与能工巧匠建造出众多的村落建筑艺术精品。迄今,霞山上下两村仍保存有古建筑约 300 多幢,总建筑面积达到 29000 多平方米,较为完整地保存了明、清及民国初年浙西山地聚落的历史原貌(图6-1)。沧桑巨变中,霞山古村仿佛一颗江南村落文化的明珠镶嵌在风光旖旎的钱江源头,漫步于这穿越时间风尘的古老村落中,辗转于幽幽的老街古巷之中,穿行在宁静的古道之上,使人恍惚产生一种回归历史的感觉。

图 6-1 霞山鸟瞰

(图片来源:开化县马金镇政府)

那些纵横交错却井然有序的老街古巷,那些规模庞大装饰精美的深宅大院,那些高墙围护威严不改的宗族祠堂,那些雕刻华丽厚重坚实的旗杆柱石,无不在述说这座村庄古老的历史,而数量众多、遍布村中的古民居更为霞山营造出一种浓郁的历史氛围。建筑是社会生活的物质载体,经济、文化、宗教、地域等因素最终都反映在建筑层面,并在历史的积淀中造就了建筑与别处不同的个性特征,促成其与千万中国乡土村落不同的文化特质。

第一节 建筑成因

霞山的传统建筑包括了民宅、祠堂、庙宇、商铺、书舍,还有桥、亭、楼等单体形式,几乎涵盖了自给自足的经济社会所有的建筑类型。作为一种极具特色的地域建筑文化,融古雅、朴实、简洁于一体,其特色主要体现在建筑的布局、造型、结构、功能以及装饰上,集中地反映了霞山的地域特点、宗族文化、古道聚落文化以及徽州文化的巨大影响。

1. 地域特征

开化霞山属山地丘陵地带。霞山虽属马金小盆地，但是由于地处边缘，周边环境的地理特点是山高水驶、奇峰峭拔、丘陵绵延、山青水明，白际山余脉交错纵横，马金溪在峡谷盆地间蜿蜒流淌，有着得天独厚、自然天成的山水环境，到处可见所谓"风水宝地"——中国传统的理想人居模式，由此决定了霞山建筑的山地建筑特色。气候湿润，森林茂密，林木资源丰富，充裕价廉的木材，决定了霞山建筑的木结构特点，同时濒临马金溪，水底河滩满是大大小小的卵石，被大量应用于建筑墙体、院落铺地、道路等等。

2. 宗族血缘聚落文化

这是中国最为普遍的传统乡村聚落建筑文化模式，霞山建筑毫无例外受到这种根深蒂固文化的影响。从社会学角度而言，霞山因郑、汪两大家族聚居而形成相对封闭的社会单元，因此，对中国乡土社会影响至深的宗族文化在霞山古村的历史发展中发挥着重要作用，以保证宗族社会的恒常运作，其中最具代表性的就是耕读文化的传承。"学而优则仕"的思想透过《郑氏家训》绵延传递，蔚为习俗，据记载，霞山"百万巨产者众，俱资助学"，由是"举人、贡生年可几人，廪生、秀才不计其数"。作为宗族昌盛的重要指引，耕读文化为霞山族人广泛接受并将其作为行为准则在村落营建中留下诸多印记，如建筑类型、民居名称、匾额楹联、雕刻装饰等无不体现着霞山郑、汪两家宗族思想对这座古村空间的深刻影响。

3. 古道聚落文化

霞山也是较为典型的古道聚落，其建筑发生机制及变迁过程存在驿道聚落的一般特质。唐宋以降，穿越霞山境内的徽开古道就是沟通浙闽赣皖四省的主要通道。南宋建都临安后，皖南及本地的木材和其他土特产经霞山古埠，沿钱塘江水道通往杭州。作为徽开古道的重要节点，霞山因此而日渐繁华，形成一个以古埠、古道为依托的大村落。基于这种古道聚落文化的影响，霞山建筑具有以下特质：其一，建筑发展随商业贸易的繁荣衰落而起伏跌宕；其二，村落空间结构以及某些建筑类型与商业贸易需求相适应；其三，建筑文化受到外来文化影响，是多文化融合的结果。

4. 古徽州文化

霞山建筑可被视为徽州建筑文化的一个分支。霞山地缘上与古徽州接近，社会文化的各方面受徽州文化影响较大，其建筑风格与皖南一带的建筑有着一定的渊源关系；作为徽开古道上安徽与浙江交界处的商埠，霞山曾是徽商停靠聚居经商的场所，与徽州的人员交往频繁，甚至郑氏家族内部就有迁往徽州的后代，经商旅行人的无意传递，徽州建筑的特征不可避免地反映在霞山建筑之上。根据《郑氏宗谱》记载与民间口口相传，可知历史上曾有徽州工匠直接参与霞山建筑的营建。无论直接作用还是间接影响，霞山建筑都逃不开徽州建筑文化的浸透，村落中留存于今的古民居多呈现徽派建筑特点：粉墙耸立，黛瓦鳞鳞，马头翘角，错落有致。

近千年来，上述各种文化在这里相互交融作用，促使霞山发展成中国传统乡土建筑文化的典型个案，彰显着独特的魅力。具体表现为：①"聚族而居、不杂他姓"，即使同一村落，各族宗祠、民居亦界域分明；②无论宗族人丁多寡，象征宗法势力的祠堂，展现宗族荣耀的水口等"基础设施"一应俱全；③讲究群体布局，宗族建筑以祠堂为中心，民居的地势、规模均不得超过祠堂，且不能遮挡与其遥相辉映的山峰河流，影响风水，妨碍宗族的繁荣昌盛；④民居内部遵循"男女有别，长幼有序"的原则；⑤上述聚落建筑特征受到商业文化的渗透与影响，与单纯以血缘关系为纽带的宗族社会相比发生某种程度的变异。

第二节 住宅建筑

"住宅建筑是历史上最早出现的，也是最基本和数量最多的建筑类型，它最为紧密地结合人民日常生活的需要，因此，因地制宜、因材致用的特点最为突出"①，由是，要想准确把握霞山建筑的特质，首先需从大量的居住建筑入手。

一、建筑形制

目前，霞山现存明清建筑中70%以上都是住宅，它们的存在决定了这座古村建筑景观的基调。霞山古村居住建筑多以单体为主，少量富户宅邸由数幢单体连成规模较大的建筑群，无论普通民居还是富裕大宅，建筑的空间构成、立面风格、色调装饰等均体现着徽州文化的深刻影响，然而，在日常的生活中，霞山村民又结合本地的土地情况、地理条件、商业因素等对徽州建筑原型有所调整，最终形成了"类徽州"的建筑风格。

首先，从空间构成来看，"天井+三开间围合"的三合院模式是徽州民居平面的基本空间单元。天井是合院空间的组织核心，是住宅群体的生长点，具有排除屋面雨水、采光、通风的实用功能，同时形成"四水归堂"的排水方式与徽商"聚财气"、"肥水不流外地"的思想相扣合；住宅面阔一般三间，明间厅堂、次间卧室往往左右对称布局，空间模式既体现了封建制度的制约，也反映了宗法伦理位序的空间观念；由于古徽州地区人稠山多地窄，为获得较多居住面积，建筑以楼房居多，上下联系通过明间太师壁后的直跑梯完成。徽州民居多是通过串联、对接、反接等手法将上述基本单元进行纵横向扩展而获得所需的规模。霞山民居仍以三合院模式为空间构成基本单元，但却有了较大的调整，其中一种主要手段就是增加次生空间——小弄，其作用主要是沟通室内外及建筑主辅部分的交通联系，它们平行或垂直于合院中轴线，相当于在合院明间与次间，或上房与两厢之间增加了过渡空间，结合上房间数的不同，相应形成了"五间拔弄、三间拔弄、一栋两堂、五间朝对"等平面形式。除了一些小弄，还有许多灰空间，它们与天井相向而对，对称布置

---

① 参见李秋香、陈志华：《流村：中国古村落》，石家庄，河北教育出版社，2003。

于中轴两端，形成"五间四舍、三间两丁、三间四舍"等平面形式。此外，在霞山民居中还有"大五间、小五间、硬三间、三进两厅"等多种平面形式，其划分标准复杂，或按建筑规模，或按天井数量与位置，或按交通空间形式，现象复杂多变。霞山居住建筑主入口大部分不在中轴线上，而是垂直于轴线进入或转折进入，交通体系复杂，不似徽州民居清晰规整，且因开口较多，少了徽州民居的内敛与安静。据目前我们的研究，人多地少应是霞山平面形式异化的一个重要原因，在有限的土地上满足了居住需要，再无更多余地考虑交通的合理布置，也许中轴所对的建筑之外就是他人的住宅，因此主入口只能见缝插针加以安排，宅内交通随之发生变化。由于基地极为有限，除富裕宅邸天井尺寸较为宜人外，许多住宅天井象征意义多于实用意义，房间潮湿昏暗难以使用，许多灰空间的产生应该与此有关。同时，由于人地矛盾的问题，徽州民居设置庭院的典型特征也极少在霞山民居中出现。

霞山居住建筑的外观形式基本保持了徽州民居的风格，如马头墙、砖雕门楼、青瓦、白墙等徽州民居典型外观特征一应俱全。马头墙俗称"封火墙"，其产生本出于实用的需要，然而在徽州由于运用之广，组合形象之丰富，形成独特的风格，是居住建筑外观的重点装饰部位。霞山亦然，民居两侧山墙做阶梯形的马头墙，高低起伏，错落有致，黑白辉映，增加了空间的层次与韵律。除此之外，居住建筑的大门一般也加以重点装饰，大门外框一般采用大青石做成，外墙上有精工细雕的砖雕门罩，上覆挑檐，体现着主人的地位和财富，即便普通人家没有精致的砖雕门罩也会在门楣上绘制黑白图画加以装饰。徽州民居外墙高大，很少装饰，外墙上很少开窗，形成封闭性很强的宅院空间，具有很好的防火、防盗的实用价值，同时体现了徽州商贾、仕人强烈的内聚、封闭的生活意识。霞山与之相同，高墙围合，但在天井一侧的外墙上有时开漏窗，同时在附属建筑中如厨房等处会在外墙上开设窗洞通风，实际上只能称为窗孔，高约25厘米，宽度不足10厘米，且窗内大外小，断面呈喇叭形，既能够保证较多的采光，又有较好的安全性。

徽州高墙所用材料多为砖，薄砖砌筑成空斗，砖墙外抹灰。霞山建筑外墙基本保留了徽州地区的传统做法，同时结合本地资源条件采用不同的建筑墙体材料——卵石，发展了新的墙体砌筑方式，即用河滩沙土掺入白灰形成三合土砌筑卵石，卵石和沙土均来自于马金溪。大块卵石横向排列，彼此通过挤压获得稳定性，卵石间的三合土起到了粘结作用。此外，为增强墙体的整体性和稳定性，沿高度方向每隔两层或多层卵石，用砖平砌或斜砌形成一条砖带，起到取平砌筑面的作用，类似如今砌体结构中的圈梁，而墙体

图6-2 卵石与旧砖结合的墙面

四大角和较长墙体中部的砖柱类似构造柱，共同加强了墙体，此种墙体砌筑高度可达6～7米。霞山田少人稠，寸土寸金，自然不可能利用太多的黏土来烧砖，而采用卵石砌筑墙体（图6-2）则可以很好地利用当地丰富的卵石资源，而且卵石也是一种可再生利用的资源，旧房拆除之后，卵石可以继续利用。当然墙体所用的材料可能还与房屋主人的经济条件有关，霞山也有个别建筑完全采用砖墙的。

二、启瑞堂（郑松如旧居）

郑松如是清末民初霞山一带乃至开化县的最大木材商，浙东木行大股东，曾在杭州担任浙东木业公所董事（长）多年。据说从霞山沿马金溪、芹江、常山港、衢江、富春江到杭州钱塘江一线有13家木材店，累资百万。郑松如和同族族孙郑酉山曾为霞山清末的社会发展作出过一定的贡献，是当地豪绅，但是在解放初期错误地支持当地土匪发动的叛乱被镇压。郑松如次子郑琴隐学医出身，抗战胜利后在担任松阳、东阳两县县长时还曾为普通百姓诊病送药，新中国成立后在杭州定居行医，医术高明，现已故去。新中国成立后，这里曾经作为霞山乡政府的办公场所，后改为乡文化站，因而大部分建筑得以保留，并基本保持了原来的形制，使我们得以从空间形制与宅内装饰洞察郑松如家族曾经的辉煌。

郑松如旧居位于村落中部靠南地段，原为村内规模最大的一处私宅，2000年被确立为省级文保单位。旧居建筑坐北朝南，中轴略偏向东南，符合当地建筑避免正对南向的一贯做法。中轴自南而北依次布置轿厅、前厅、正厅、廊院、后厅、偏厅等建筑空间，基本保持当初的形制（图6-3）。前厅采用合院形制（图6-4），南侧高墙立起，隔绝了与外部的联系，天井作为前厅的核心部分，长约3米，宽约6米，青石铺地，四边留明沟排水，屋顶雨水经檐口的水枧汇集到天井南侧墙体与厢房檐口相交处，通过隐藏于墙体内的陶管排到地面。正对天井的厅堂开敞，

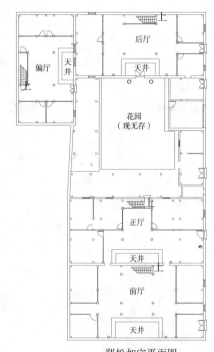

郑松如宅平面图

郑松如宅剖面图

图6-3 郑松如旧居平面图、剖面图

图 6-4 郑松如旧居前厅
（图片来源：开化县马金镇政府）

图 6-5 郑松如旧居细部

面阔五间，为典型的"五间拔弄"形制。厅堂太师壁后有直跑梯通达前厅二楼，太师壁两侧有门通达正厅。穿过花厅到达正厅，依然是面阔五间的合院模式，与前厅最大不同在于这里空间较为封闭，除正堂面向天井开敞外，两侧厢房均以木板壁和隔扇窗加以隔断。穿越正厅来到廊院，院落较大，原为花园所在，据说往昔院内水池、假山、拱桥一应具备，然而今日已杳无踪影。园林也是徽州聚落中一典型空间，临水而居的人家多在自家庭院修葺一方小水塘，塘中放养观赏鲤鱼，并结合庭院中的树木花卉、叠石假山，使房舍掩映于树影水波之间，形成徽派私家庭院的独特景观。私家花园这一徽州民居典型空间类型在霞山数量极少，应该是人地矛盾造成的结果，而郑宅能够保留这样形制足以说明郑氏当初的富足与权势。院落西南两侧围有廊庑，抬梁形式，建造工艺较差，柱子用料不讲究，为后期乡政府使用时加建。庭院后部是后厅和偏厅，后厅正门两边各有一石鼓，鼓耳雕花名"椒图"，是龙生九子其中之一。后厅依然是典型的合院模式，厅内栋梁、牛腿、门窗雕刻精细，木雕灯座仍在，只是装饰远不如前厅与正厅精美，与之毗邻的偏厅据称是郑松如的书房，厅朝东向，与后厅的轴向垂直（图6-5）。

从建筑外观来看，郑松如旧居被完全包围在街巷建筑群体之间，外立面成为街巷连续界面，处理手法与其他民居并无不同。

三、暗八仙（郑宝槐宅）

郑宝槐，民国初年毕业于军官干训班，曾是振新（霞山）乡保卫团的骨干，是保卫团总郑松如的得力干将，解放初期参与土匪叛乱被镇压。郑宝槐宅位于霞山老街中部偏东的位置，也是霞山村内规模较大的一座合院民居，虽然规模没有郑松如故居那样庞大，但也比较完整地反映了霞山民居建筑的特质。

院落坐北朝南，共两层，只南立面暴露在外，被统一组织在老街的连续界面中，因年湮日久，经历了多年的风雨，外立面抹灰痕迹斑驳，外观较为破败。南立面左右对称，院落大门设在一层南立面中间，青石门框，砖雕等奢华装饰已不见踪迹，两侧各开两个侧窗，从窗洞大小和高低位置可以看出从前应该也是用于经营的售货窗。郑宝槐家族的兴盛是在郑宝槐的父辈开始，后来担任乡保卫团骨干的郑宝槐主持了建筑的修建，时间约在1915年左右，这时新的建筑材料如水泥已经开始使用，但是在霞山这样的偏僻乡村使用还是比较少的，因此水泥窗框一方面说明了建筑的年代，另一方面也说明了郑宝槐家庭的富裕程度。夹南立面两侧的山墙是典型的三叠式封火山墙，保存完整，显得错落有致。在静止、呆板的南立面墙体映衬下，显出一种动态的美感。

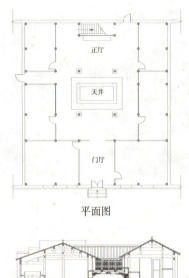

图6-6 暗八仙平面、剖面图

建筑平面采用四合院形制（图6-6），面阔五间，中轴对称，从位于南侧中轴线上的主入口进入建筑的门厅。门厅两层，底层为通道与天井相连通，通道顶部设有天花，中间部分通高，贯通两层，二层部分设栏杆扶手形成走马廊的形式，屋顶部分有明瓦覆盖，微弱的光自顶部泄下来，为门厅营造了不一样的视觉效果，仍能看出当初主人的奢华。当心间两侧，由木板壁分隔为房间，从立面开窗来看应该是作为店铺之用。穿过门厅进入天井院落，门厅与天井相交接处的地面上用卵石布置着暗八仙的图案，是这座民居名称的由来。据资料可知，徽州人非常崇尚"八仙"，砖木雕的明八仙、暗八仙图案比比皆是，其用意为读书入仕固然好，但做不了官也可以如八仙过海一样，各显其能，子孙后代从事各行各业都可以有所作为。此处暗八仙的图案也反映了霞山这样一个单姓血缘聚落中商业文化的影响。院落内建筑完全围绕天井布置，天井采用典型的四水归堂形制，房檐四周封闭，以保证下雨时水从四面流向中庭，天井地面大块青石铺就，岁月磨砺，光滑异常。檐下空间为日常生活场所，条凳、桌椅的摆放足可以证明。天井立面是整个建筑装饰最精致的部分（图6-7、图6-8）：立面两层，上层自窗台向外挑出，下有月梁支撑，月梁两侧由下层柱头伸出的牛腿承托，柱下有花岗石柱础，雕刻精致。月梁形状弯曲平滑，与方直的牛腿相呼应，两者都满覆雕刻，内容以鱼、五谷为主，喻示畜牧兴旺、五谷丰登。牛腿与月梁及相关的结构附件像是一层"虚"面，罩在天井朴素的内立面上，形成前后套叠的视觉效果。天井两侧底层房间为卧室，原来各有四扇精雕细琢的木门窗，装有珍贵的彩色玻璃，后被水泥墙、铝合金窗所取代，整体性有所破坏。天井北侧为正堂，完全向天井开敞，由于目前建筑中居住着多户人家，因而正堂只是保留了原来的形式，作为家庭最重要空间的威严感则荡然无存。太师壁后直跑梯通达二楼，楼梯中段正上方有一供奉神灵的木雕佛龛，完

图6-7 暗八仙庭院　　　　　　　　图6-8 暗八仙细部
（图片来源：开化县马金镇政府）　　（图片来源：开化县马金镇政府）

全是徽派内八字木结构建筑的缩影。上层房间开敞，目前用于堆放杂物，屋顶结构采用穿斗抬梁相结合的形式。

第三节　祠堂建筑

祠堂是血缘聚落里最高等级的公共建筑，是宗族的象征，它起着团结宗族，维护封建人伦秩序，教化宗族成员的作用。徽州历史上中原世家大族的迁入，受中原儒学文化的影响，加之徽州大儒朱熹《家礼》的熏陶，依靠徽商兴盛创造的物质基础，因此自宋以来，祠堂建筑作为宗族文化的重要载体遍布徽州古村落中。霞山深受徽州地区影响，祠堂亦是村中重要的建筑景观。

一、宗祠概说

霞山宗族文化积淀深厚，千百年来，为使宗族社会得以恒常运作，郑汪两族都有严格的族规训诫后人。郑氏宗谱开篇即有《凤翔公家训》，教导郑氏子孙"勤以治家，俭以律身，敬以事上，和以处众"，紧随之后的《家训》则要求族人"立宗子、敦孝行、笃友兄、敬尊长、重贤能、端士品、务本业、重冠礼"等等，可以看出从婚丧嫁娶到生老病死内容无所不包。作为先人的教诲，族规家训在宗族生活中发挥着重要作用，但作为抽象的规则，它们的作用力不可避免会随时间流逝而减弱，为避免这一状况的发生，就需将先人的训诫具象化成仪式进行反复演绎，通过可感知的有形信息替代抽象的概念使先祖的威严穿越历史仍能发挥作用。仪式如此必需，建造承载这些仪式的祠堂相应变得格外重要，在霞山郑氏族人眼中，修建祠堂甚至成为一条族训需后人谨记，如郑氏《家训》中特设"理宗祠"一项："祠宇之设，所以妥先灵伸孝思也。族众人稠，既立大宗祠以侍奉始迁之祖，出入必告，朔望必谒，四时必祭，仍各立支祠宇，奉各派祖先，荐时食祭。生忌仪式，一遵家礼，勿容简亵，其祠宇务须四时修理，不得听其风雨飘摇，朽蠹穿漏，以致神灵怨恫。"由此可见，修建祠堂始终是霞山历史上重要的营建内容。

霞山历史上祠堂数量较多，这与《家训》中"族众人稠即立"的原则相吻合。一般来讲，一个宗族通常有一个宗祠，称为"大宗祠"，宗族之下通常分为几个房派，各房派再设祠堂，称为厅或小宗祠，霞山与此同，郑氏一族就有总祠一座、支祠三座以及其他小宗祠。宋末霞山商埠兴起，经济逐渐繁荣，人口迅速增长，在元代初年郑氏族人分为三房。约在明代前期，随着家族经济实力的增强，以及后来明政府祭祀始祖和宗祠制度的政策颁布之后，各建宗祠，总堂名为裕昆堂，支祠则分别为永锡、永言、永敬三堂，分别尊卑，制有贵贱，延续至今。祠堂的作用是多元的：供奉祖先，按时祭祀，因此对宗族或房派有着神圣的意义；举行大会，集体议事，它便被用作宗族的聚会厅、议事厅、礼堂和法庭；对宗族有重大意义的物品，如圣旨、诰命、祖宗像等也保存在祠堂中；与宗族相关的其他事情，如编修族谱也在祠堂中进行；甚至招待地方官吏，农忙时堆放稻谷，村民借住等看似与宗族无关的事情也都在祠堂中发生。霞山郑氏宗谱《家训》之后亦有《郑氏祠规》，对与祠堂相关的各种行为进行了严格限定，以彰显祠堂作为宗族神圣空间的威严所在。徽州各类祠堂几乎是一族举全体之力着意营建的公共建筑，所以许多祠堂建筑规模宏大，用材考究，砖木石雕精美，与规模狭小，外表朴实无华的普通民居形成鲜明对比，体现了徽州建筑的最高水平。徽州祠堂精致奢华的特性在霞山亦有体现，汪氏宗祠槐里堂、郑氏永锡堂等莫不如此，装饰精美，规模宏大，即便只剩遗迹的裕昆堂，其门头上精致的砖雕和高耸的卵石墙体依然呈现出当时惊人的规模。

二、爱敬堂

爱敬堂位于霞山村落北侧，是郑氏后房的祠堂，建于明代正统十年（1445年）。爱敬堂原名永敬堂，其更名颇有一番典故，据传与明朝"三元宰相"商辂有关。商辂，字宏载，号素庵，浙江淳安县（千岛湖）里商人。明宣德十年（1435年）浙江乡试第一（解元）、正统十年（1445年）礼部会试第一（会元）、殿试第一（状元），"连中三元"。明代"土木之变"后，商辂支持于谦积极抗击也先，取得北京保卫战的胜利，官至内阁大学士（首辅），死后追赠太傅，谥文毅，以刚直敢言载入《明史》，有"明朝三百年，科名第一人"、"三元宰相"、"三元太傅"和"内阁首辅"等之称。据说，商辂曾与同庚的郑氏先祖旦公以及一位张姓石匠义结金兰，按照《郑氏宗谱》记载，爱敬堂建于三人交往过程中，"闻风慕义，乐与缔交，一时送往迎来，旗旌导前，骑卒拥后，把臂言欢。愧无其地，故重建其堂"，由此可知爱敬堂于明代重建始因。祠堂修建完成，三人"杯酒怡情，对景赋诗，称觞献酒，即在是处"。而在宴中言谈，郑旦公稍露尊商薄张之意，于是商辂提笔写下"爱亲者不敢恶于人，敬亲者不敢慢于人"的对联，旦公品其意味颇觉汗颜，遂改祠堂永敬为"爱敬"，并沿用至今。现今祠堂正堂所挂"爱敬堂"匾额即为商辂公手书，而商辂亦对霞山感情极深，死后曾在古道旁留下一座衣冠冢。

目前，爱敬堂占地1050平方米，建筑面积约800平方米，坐北朝南，前后两进院落，面阔五间，中轴对称，基本保持了原有规模与形制（图6-9）。爱敬堂在清末民初时规模最盛，乃是因为后房子孙多经商致富，且后裔中郑酉山在县政府担任参议长多年，在开化颇有权势。在他的号召和主持之下，民国二十年（1931年）增建敏事轩、厨房等附属建筑，建筑规模扩大、功能齐备。整个建筑正立面朝南，损毁严重，有高墙直接砌筑至檐下，遮盖了原有立面形式，只有部分木构件外露，旧时中轴线上的祠堂大门已不见踪迹，只能从西侧小门进入，立面檐下悬挂着清康熙年间曾任开化县令后任扬州知府的崔华题写的"奕世崇祀"匾额，提醒着人们这座祠堂的与众不同（图6-10）。进入祠堂，第一进院落呈现在眼前，院落宽敞，南、东、西三边分

爱敬堂横剖面图

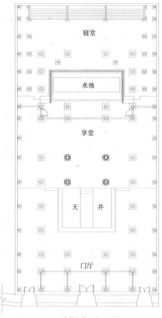
爱敬堂平面图

爱敬堂纵剖面图

图6-9 爱敬堂平面、剖面

别为回廊环绕。庭院东西两侧回廊做法相同，单坡覆盖，下有卷棚，梁柱只稍加修整，简单云纹装饰，反映明代建筑简朴特质。南侧回廊原为祠堂门屋，进深较大，原有墙体分隔内外两进，外进应是入口大门所在，卷棚处理，形同东西两侧回廊。内进原有戏台，梁架较高，两坡屋顶，抬梁穿斗相结合。整个南侧回廊之上再加盖双坡顶，使祠堂既拥有神圣空间的超常尺度，同时内部空间又不致过于高耸，难以亲近。边门两侧各有一块木制画屏，分别为三国东吴末帝孙皓和唐高祖李渊的两道圣旨，彰表郑氏祖先郑平及其后人郑元㺯。庭院为典型的四水归堂形制，中间卵石铺地，石板收边，为强化居中为尊的概念，庭院中轴线处铺地进行了特别的处理，并于四周回廊之间留有水槽用于院落的排水。庭院四周屋檐、柱列环绕，形成连续的界面，造成室外空间室内化的效果，檐下柱上牛腿斜撑简洁粗犷，仅饰以浅雕，梁柱也只稍加修整，非常大气。庭院北侧即为享堂，享堂下部过卵石台基，地平略高

图 6 − 10 − 1　爱敬堂院落

图 6 − 10 − 2　爱敬堂细部
（图片来源：开化县马金镇政府）

于庭院，两者之间通过回廊和中轴上的台阶相连。享堂进深两间，前进较小，应为过渡空间，上做棚轩，后进较大，梁架为抬梁穿斗结合，墙柱分离。整座享堂用材硕大，特别是柱子，全部用圆木，柱下有石质柱础，为简化的仰莲形式，下有线脚叠涩与地面相接，线条简朴流畅，与整个建筑的风格相适应。横梁弯起，为明代典型的"冬瓜梁"形式，滚圆简朴，梁柱之间有简洁的雀替，因梁直接插入柱间，柱直抵檩条，是穿斗的典型做法，因而此处所谓的"横梁"实际是穿枋。横梁上设短柱，柱下有平盘斗，短柱之间有穿枋相连，增强屋架稳定性，穿枋上再设短柱直接承托脊檩。享堂北侧为太师壁，上有商辂题写的"爱敬堂"匾额，下面悬挂着郑氏衢州始祖郑平和开化始祖郑元琇两人的画像。享堂空间宽敞，其超常尺度威严感极强，柱上对联更增加了空间的威仪性，符合村落神圣空间需要的氛围。不仅如此，更为奇特的是享堂地面并不平整，西北侧处地面隆起，据郑氏族人说，祠堂建后不久这种状况就已发生，后曾数次平整但都无济于事，具体原因至今仍未知晓，更平添了祠堂的神秘感。太师壁后两端有侧门通向寝殿，寝殿前有天井，与前进庭院相比，空间十分逼仄。天井四周屋檐环绕，形成灰空间，中间有一方浅浅的水池，池壁卵石砌筑，池沿青石拼装栏板，中有望柱，柱头雕刻成仰覆莲形式，池水清浅，有鱼游弋其中。东西两侧檐下为通道，开间宽度与前进院落通道相同，但却多了一排柱子，将一间变成两间，空间柱列林立，充满了神秘感。通道尽头有三级台阶到达祭祀场所，据传是因为爱敬堂与商辂的关系而仿金銮殿形制加建的，高台上的祭祀场所北侧是陈列祖先牌位的祀台六层，上部装饰有彩绘图案，庄严肃穆。

三、槐里堂（汪氏宗祠）

槐里堂为霞山汪氏宗祠，据谱载始建于元朝至元庚辰年（1280年），为霞山汪氏四世祖汪舜臣所建。其实那时的所谓祠堂不过是汪舜臣为父母守孝的墓庐而已，想必规模不会太大。据说，祠堂四周原为槐树林（现已毁），故名"槐里堂"。其实槐树在传统典籍中经常出现，《周礼·秋官》云："面三槐，三公位焉。"依周朝的古礼，朝廷"三公"上朝所站位置，正好面对三株槐树，后来"三槐"就成了吉祥富贵的象征，祈望子孙能出将入相，且槐树多子，古人多种植以期能人丁兴旺。同时槐树还与科举有关，被视为科第吉兆的象征。槐里堂于明正德癸酉年（1335年）被饶寇损毁，明嘉靖己亥年（1589年）重建，清道光壬午年（1822年）扩建，槐里堂规模初具。咸丰辛酉年（1861年）又毁伤大半，同治壬戌年（1862年）在原基上复修，同宗石柱汪氏送木柱柱础。光绪二十九年（1903年）重修，民国6年（1917年）再修，民国元老于右任题"汪氏宗祠"及"槐里堂"匾额。槐里堂历经700余年，几经损毁，几经修复，是目前浙西地区保存最完整、规模最大的祠堂之一，较完美地体现了徽派建筑文化的特点。汪氏宗祠现已被批准为省级文保单位。

与郑氏祠堂相比，槐里堂规模要宏大得多，占地面积约3000平方米，建筑面积约1000平方米。祠堂西边有照墙，前有一片空阔的广场，主要是庆典活动时用。祠堂门楣正中悬一匾额"汪氏宗祠"。宗祠山墙为徽派典型的马头墙，两边拱梁为双龙朝中，两个牛腿分别雕刻了数十个文武官员，气势极为宏大。祠堂前有一对直径80厘米的旗杆礅，村民传说是为清代汪氏后裔举人汪云鹤所树，但是查阅族谱汪云鹤仅仅是副贡而已。建筑五开间，合院式，分戏台、享堂、寝殿三进，以天井庭院组织。戏台为牌楼式重檐歇山顶木结构，拱梁及飞檐上雕刻了李白醉酒、杜甫吟诗及大小人物百余名，人物形态各异，栩栩如生。正中有一匾名"清溪鼎望"，据传原为南宋端明殿学士汪立信所书，现为后人仿写。戏台左右两侧分别是题写"弄月"的上场门和"吟风"的下场门，前面立柱上则写着"舞台明辨忠奸，琼楼目睹沧桑"的对联。戏台上有天花遮盖，梁架做法不可知。戏台台面为木板，两侧固定，中间可拆装，便于举行祭拜仪式时人们的出入（图6-11）。戏台前庭院宽敞，形制同爱敬堂，但规模要大，这同样反映在正堂部分。正堂共两进，不似爱敬堂前后进尺寸不同，这里两进空间尺度

图6-11　汪氏槐里堂戏台
（图片来源：开化县马金镇政府）

大致相当，柱列排布较规整密集，用材较大，柱础石质，雕刻简单纹理。梁架为抬梁穿斗结合，具体做法与爱敬堂相同，但因时间较近，用料较新，装饰较为细致。正堂檐下有两只高1.5米的大牛腿，雕刻成狮子舞球图案，大狮子抱着小狮子，形态逼真，绣球为中空，工艺极为精美。连接大厅和戏台的回廊立柱上有四只牛腿，分别刻着四大金刚，栩栩如生。正堂后有寝殿，地平略高，但没有爱敬堂那样三级台阶，前有狭窄池塘，寝殿两边分别有"左昭"、"右穆"匾额，为清末汪氏族人汪五臣所书，笔法遒劲。宗祠内利用双天井形成排水系统，非常精密，采光通风也很好，有利于祀祠庆典等大型活动（图6-12）。总体而言，汪氏宗祠因建筑年代较近，故保存相对完好，虽少了一点明代建筑的大气，多了一些清代工艺的繁琐，但霞山木雕之精工可见一斑。

图6-12　槐里堂梁架与柱础
（图片来源：开化县马金镇政府）

如今的槐里堂门口，老人们聚集在此谈天说地，看人看风景，祠堂内有孩子玩耍，祠堂早已没有了往日的威严，成为一处公共的休闲空间（图6-13）。

四、裕昆堂遗址

裕昆堂为霞山郑氏总祠，始建于明代，据《郑氏宗谱》记载，裕昆堂形制恢弘，"嘉靖己卯聿建中堂，万历己卯再营后寝，其前厅则扩自万历癸卯，至天启七年始葺门壁，崇祯三年始建明堂……祠极体制之隆，祠制祀典之言，祠垂祖训之善"。嘉靖四十二年（1563年），开化举人徐九经在为郑氏族人所写的祝词中说："构建祠宇，厥材孔良，厥制孔昌，伟哉栋梁，依日之光，式廓甲一邑！"由此可见一斑。祠堂内门屋、戏台、享堂、寝殿等部分一一具备，有两人合围大柱8根，一人合围大柱36根，牌楼式戏台高亢巍峨，雕梁画栋。由于裕昆堂是霞山郑氏大宗祠，"在列祠首者固宜陆续而修葺之"，因此历史上曾屡次重建扩建，如明代历次扩建，以及清乾隆年间和清光绪年间都有建设行为。每次修建，郑氏族人都倾巢出动，"爰集三房首事六十八人，商议缔造祠宇，酌量派下家资捐助男工女膳择吉启土，庀材为良，纠匠为

图6-13　汪氏槐里堂前成为人们的活动空间
（图片来源：开化县马金镇政府）

能，同心协力，大兴土木"。裕昆堂最后一次重建于民国二十八年（1939年），后于20世纪70年代毁于大火，目前祠堂仅剩四周围墙环绕，框定出当初大致的范围。祠堂坐北朝南，南立面前原有大片空地满足宗族仪式要求，现改为村民杂物的堆场（图6-14）。祠堂正立面局部保留，卵石砌筑，外抹白灰，正门已经填塞不存，仅两侧门仍在，砖雕门头尚存，为典型徽派风格，层层叠涩，檐部起翘，颇为精致，门楣上有"南极星辉"等字样，与祠堂的恢弘大气相吻合。侧边墙高4米有余，同样卵石砌筑，但抹灰已不存，卵石横向侧排，相互挤压，中间填塞泥土粘结，每隔40厘米堆砌一条砖带，增强卵石墙体的稳定性，墙上开拱门通行。墙内柱础、覆盆尚存，虽然现今杂草丛生，但祠堂的平面布局仍可依稀分辨。在祠堂原寝殿位置有郑氏后人新建小屋一座，聊为祭祀，想见"追思慎远"情怀依然在郑氏族人心中保留着。如今，站在空旷的大祠堂基座中央，抬头看看高大雄伟的门坊，仍可领略当时的盛况（图6-15）。

图6-14 裕昆堂遗址现状

图6-15 郑氏宗谱中对裕昆堂的描绘

裕昆堂在历史上曾屡遭火灾，最后一次发生在20世纪70年代，据说大火在夜间烧起，未能及时发现扑救，方圆20里都能看到火光。祠堂失火的原因据说与其选址有关，因其中心轴线正对村南马金溪对案的丹山，丹者，火焰也，火克木，同时丹山为火形山，因而族人相信这是木构的裕昆堂屡遭火灾的重要原因。迄今，祠堂基址仍然空着，虽然村内用地紧张，但没人敢在这片空地上建房，其中原因自是因为这是安妥祖宗魂灵的地方，子孙岂敢僭越。其实，祠堂怕火不独裕昆堂如此，说起扶正祛邪，避火消灾，郑氏宗祠永锡堂是一个典范。永锡堂位于村庄的东侧，其朝向也正对丹山，离马金溪较远，元、明之际也曾数遇回禄，因此在雍正十二年（1734年）便"择原基偏左一丈重建，四角嵌以石敢当，祠右掘太极池以谢祝融"，也就是在祠堂东侧挖太极（水）池，以便消防安全。其实传统建筑多是历经百年之久的木结构建筑，如果使用中稍有不慎，很容易引起火灾。纵观郑氏祠堂屡遭火灾的原因也常常是人为造成的，如裕昆堂曾在清咸丰辛酉岁（1874年）六月三日遭遇大火，其始因在于"发逆扰境，恶匪一炬，可怜焦土"，因此，与丹山关系之说不过属于族人的风水禁忌罢了。

第四节　商业建筑

霞山古村是徽开古道在浙江境内的一个重要节点，钱塘江的上游马金溪在上游崎岖的山谷中奔腾而来，到此河面逐渐开阔，流速变缓，霞山以下的河道，已经可以通行木船和木筏。上游林区砍伐下来的木料散放到霞山，集中编成甲（每甲约木头 26 根）或小排（以甲连成小排）向下游发运。渐渐地，霞山成了一个扎排放排的中转处，这对霞山的发展繁荣起了关键的促进作用，给霞山村落的发展带来了许多商机。上游的山民在此将木材出售给木商，并购买日用品，大的木商要在此洽谈生意，订购木材，往来的行人也需要一个落脚、吃饭歇息的地方。于是在霞山村落徽开古道经过的村旁靠近霞山埠头的地方逐渐形成了一条商业街，街道两侧有了酒店、饭铺、杂货店、肉铺、豆腐店，甚至有了所谓"花楼"①等等。明清之际，商业街弯弯曲曲近 500 米，达到极盛，直至衰落之后的民国时代，据说肉铺尚有八家。如今残存在墙壁上的"南货布疋"、"南货贡面"等字迹则明确地反映了当时商业街的盛况。

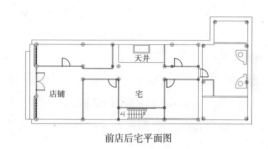

前店后宅平面图

前店后宅剖面图

沿街立面图

图 6-16　前店后宅

霞山商业建筑主要都是与日常生活紧密相关的店铺和作坊。店铺有肉铺、杂货店、酒店、理发店等，作坊主要有豆腐坊和酒坊，作坊一般并不单独存在，往往是与店铺结合，

---

① 有关"花楼"，村落中的说法不一，有人说那仅是一家酒店而已，也有人说当年确实就是小型妓院。

即前店后坊的形式，或者与住居结合形成前店后宅、外店内宅、下店上宅的商住结合形式（图6-16），而外观则呈现典型的徽派民居特征。此类建筑形式在人多地少的霞山非常普遍。霞山村的商业建筑集中在霞山老街的两侧，体量一般不大，开间从单开间到三开间不等，砖木结构，朴实简洁。大多为上下两层，上层多为储藏空间，底层为营业空间。由于经营性质的不同，底层有全开敞式或者半开敞式，如酒店基本为全开敞式，

图6-17 肉铺今貌

而肉铺、杂货店均为半开敞式，利用一个开间的窗台作为售货柜台，这些窗台一般较高，据说是为方便骑马路过的行人在马上交易。店铺的门脸为木板排门，白天木板打开。走在街上，店内商品一目了然（图6-17）。为了吸引客人，店铺大都有招幌，各式各样，有写在墙上的，有用实物作为幌子的，也有悬挂在屋檐下的各类招牌。

如今，老街上肉铺窗前满布刀痕的砧板、米店的售货窗口的栏杆、梁下木雕灯笼、脚下的青石板都历历在目，然而那些进出的货物、来往的人流却早已成为历史的烟云。

第五节 其他建筑

霞山古村落还有其他一些建筑，它们类型较多、规模较小，有些散落在古村的角角落落，有些已然不存，只能从文字记载中洞察一二，不管怎样，它们的存在从侧面反映了霞山历史的久远与复杂。

一、钟楼

钟楼位于霞山古村的东南角，紧邻马金溪，为古村落水口所在，从《郑氏宗谱》上我们可以看到有关钟楼的文字记载与图形描绘，可见这座建筑在古村中的重要意义（图6-18）。清乾隆年间郑氏后裔郑嘉禹撰《钟楼记》载于宗谱："每见通都大邑及村镇，皆有层楼飞阁，以兜水口，镇地脉，凝秀气，均非无故而设也。予族之有钟楼，则创于明季万历辛巳，癸厥先人创建之意，得毋类是。然余穷以为不止是也，霞峰之里，一水拖蓝，千峰拥翠，窅然以深，亦复旷然以辟。固所称一别洞天而非人境者矣。宁水口有不佳，地脉有不秀，而必待重楼复阁以兜之、镇之、凝之耶。虽然里居胜矣，顾使一望平畴，烟村辽阔，而绝无一楼台亭榭以点缀景色，则川原岑寂，花鸟亦觉笑。人而谓斯楼之建其容已哉，是以前人不惮经营，拮据以扩之，言其体制虽无碧瓦丹甍，亦备极雕甍刻桷。楼高百

尺，阁叠三层，窗含东岭之烟霞，户抱西山之爽气，向阳近水，风月来宾，卷雨飞云，江山如画，以故时而春也，黄鹂唼树，登斯楼者则有斗酒双酣之想；时而夏也，绿秧刺绣，登斯楼者，则有南陌省耕之思；以言乎秋，则菊老风残，学士登临不无悲秋之赋；以言乎冬，则瑶装玉砌，文人凭眺不少白雪之吟。噫喜，壮哉斯楼也，洵所谓无美不收，无奇不贡，可与庚楼竞

图 6-18 远观钟楼

（图片来源：马金镇政府）

爽，八咏齐名，而为吾里之巨观也。已抑吾尤有异焉者，彼城邑谯楼之设则建钟以司晨昏，今吾楼亦高列笋虞，佐以贲鼓，夫岂无意乎？盖以钟之为用甚大，于论鼓钟诗咏之矣，故用之学宫作为雅乐，则足以化育人材，而在习戎者用之足以警众，司历者用之足以考晨暮，钟之为用盖昭昭也，然则楼以钟名意者，铿以立号，地吼鲸鲵，惊梦初回，发人深省。则清宵一击，不啻当头棒喝而为振聋发聩，振衰起懦之一大用也哉。夫乃益叹前人建立之意，虽用于增一方之胜，而实隐寓震动恪恭之象，以提撕警觉。夫人必不徒等齐云落星，井干丽谯，仅夸壮观已也。当落成之日必有先予而记者，特以岁月浸远，散佚无传，兹值纂修家乘，因谩记之，以彰前人之功业于不朽云。"根据这段文字记载，钟楼始建于明万历辛巳年（1581年），是古村落中建设年代较早的公共建筑之一。霞山钟楼修建的原始目的是出于水口建设的需要，所谓"以兜水口，镇地脉"。霞山古村在与霞田分离之后，村落东侧的"青龙"成为霞田的倚靠，所谓"青龙位虚"。为了弥补自然环境不合风水家所设想的理想模式，人们往往用人工造景加以调整，使环境趋于和谐，以满足心理的需求，即"宁水口有不佳，地脉有不秀，而必待重楼复阁以兜之、镇之、凝之耶"，因此，水口不仅具有村落入口的标示功用，更重要的是一村居民命运、前程的象征，它既是村落的物质界限，也是村民重要的心理安全防线。如果水口建设是霞山钟楼始建的根本原因，那么按照宗谱记载，其地景作用则成为它后来逐渐衍化并得到加强的重要意义，所谓"一望平畴，烟村辽阔，而绝无一楼台亭榭以点缀景色，则川原岑寂，花鸟亦觉笑"。由于霞山位于山谷环绕的空地上，村中建筑大部分为两层，整体景观看上去较为平淡不惊，而作为公共建筑的钟楼高大挺拔，位置凸显，与村落其他建筑形成垂直与水平、点与面的对比关系，丰富了村落的景观，成为村落的标志。

钟楼目前位于霞山乡中学校园内。钟楼建筑面积约108平方米，从外观看，建筑共三层，自下而上逐层收进，由于收进尺度较大，建筑形体基本呈锥台形，底层砌筑厚实砖墙维护，外刷白灰，层高较高，上面两层木结构露明，层高小于一层。钟楼主要入口位于建

筑的西侧，门的尺度较小，两侧对称布置小窗，明显可以看出后人修缮的痕迹。进入室内，一层为三开间大厅，当心间面宽大于两侧开间，四根粗壮的木柱支撑着上面的结构，四周墙壁上镶嵌着石刻，多是宗谱中记载的与钟楼有关的内容。一层东侧有单跑梯直通二楼，二楼无墙围合，四周开敞，结构露明。与一楼平面相比，二楼平面每边向内缩进1.5米左右，缩进部分并未封实，为我们观察钟楼的结构提供了方便：缩进部分楼板上立三根短柱，由内而外高度逐渐缩减，从而形成高低不等的三行柱列，檩条直接架在柱列上，上部铺椽子，然后盖瓦，角部沿45度方向有角梁伸出，上部椽子呈放射状排布，从而形成高高的屋角起翘的形式特征。除西侧一层通底楼的直跑梯外，二层南侧亦有一部直跑梯直通三层。与二层相比，三层再向内缩进1.5米左右，缩进部分结构处理同二层。顶部结构形式较为复杂，为典型的歇山顶做法，但与一般歇山顶相比，钟楼屋顶坡度较大。屋顶上有正脊，两侧有吻兽。二层、三层楼面正中均设八边形空洞，使建筑三层上下贯通，三层中梁悬挂一口明弘治铭文大钟，当钟声一响，极易形成共鸣（图6-19、图6-20）。

旧时，钟楼旁曾有紫霞庵，据传与钟楼同时建造，古诗《集书生》云："钟声包书声，女莫伴歌声"，现在庵堂的位置已改成乡中学，古诗所描绘的情景仍在。族人说古时秀才中举，乡人以敲钟六响为贺，后以讹传讹，便有了"鸣钟六下，衣锦还乡"的说法。其实，霞山历史上曾有两座古钟楼，除这一座外，另一座在霞田石撞岭底，这一点可以

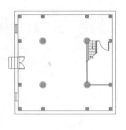

一层平面图

二层平面图

剖面图

图6-19 钟楼平面、剖面图

图6-20 钟楼内部

从《郑氏宗谱》《汪氏宗谱》的记载中得到印证。两座钟楼旁都有古樟一株，枝繁叶茂，自然与人为相映成趣，不幸的是，霞田钟楼后在"文革"中被毁，使这一独特的人文景观消失不存，目前楼内的古钟还放在汪氏宗祠里。据族人说，钟楼建设符合霞山风水要求，因此，建成之后霞山日益兴旺发达，聚财进宝，人才辈出，成为开化北乡的望族，故霞山人以"钟楼底人"自居。

二、宗教建筑

宗教建筑是人们祭祀神灵，进行宗教仪式的场所，当现实生活中的种种困难无法通过人力进行解决的时候，人们便把希望寄托在神灵身上，希望通过超自然的力量来满足自己的心愿。在靠天吃饭的农耕年代，尤其是在田野乡间，这种依靠超自然力量解决现实问题的愿望更为迫切与普遍，神灵崇拜就更为广泛，而宗教建筑的设置就更为普及与多样。这些宗教建筑绝少富丽堂皇、形制恢弘，大多是小屋一间，甚至仅神灵牌位一个，只要心诚就好，淳朴的村民没有意识更没有能力去建造可以称之为庙宇的建筑。乡间神灵崇拜的现实使我们今天对这些建筑的考察极为困难，只能从其位置、香火旺盛程度来解读它在整个村落信仰体系中的地位，建筑的艺术性是无法进行评价的。霞山历史上曾经有众多宗教建筑，至今民间仍有"三里一庙，五里一亭"的说法，据族人说旧时仅从石撞岭到祝家渡的这段十华里古驿道两侧便分布着十余座大小不一的寺庙，计有泗洲庙、紫霞庵、观音庙、碧云庵、青云庙、梓桐庙等等。

北魏时世祖禁止佛教，大拆寺院，虔诚的佛教徒将目光投向衢州这个三省交界的地方，霞山作为偏僻山村更具备了这种地理优势，一时间这座古村"红墙眩目，木鱼震耳"。经过千年发展演变，霞山宗教建筑风格逐渐向徽派靠近，而格局则为江南特有的外亭内庙的"庙亭"形式，里间是僧人做功课的庙堂，外间是过往行人避雨歇脚的凉厅，周围小片土地无偿给寺庙耕种，而僧人则烧些茶水给路人解渴，这样的空间布局无疑是最为合理的安排。目前霞山尚存的宗教建筑有青云庙、石柱亭等，这些建筑都位于古道边，规模较小，掩映于郁郁匆匆的密林中，有时极难发现。

虽然规模不大，但这些建筑在村民的心中却有着重要的地位，有时竟成为神力的化身，如石撞岭上的青云庙，这座庙宇有两百多年历史，20世纪50年代起已无人居住打扫，但建筑竟不显腐朽，不被虫蛀，既无尘埃也无蜘蛛蚊蝇，被当地人传为神话。与青云庙相比，石柱亭规模更小，仅为一四角凉亭，紧靠在一根十余丈高的石柱上，将其划归为宗教建筑是因为其背后的石柱上凿有一个佛龛，用以供奉掌管水路的泗洲佛像。传说九百余年前，节逢双龙，洪水肆虐，"母龙自岭里出，至大乌潭盘驻以待；公龙自横潭出，因无可敝身，为泗洲佛所斩，成九段。母龙怒，腾身摆尾，翻天覆地，以致河流改道"。后双龙化作两根石柱，公龙柱因已气绝故寸草不生，而母龙柱上则草木繁盛，四季常青。神话传说增添了石柱亭的神秘色彩，而在这样的位置供奉泗洲佛，无疑与历史上导致郑氏大迁徙的洪水有关，为避免马金溪的泛滥，再有淹没村庄的不幸事件发生，遂在村旁供奉这样一位神灵，心中有佛即可，不必拘泥于场所的正式与简陋。石柱亭同时是古道的一个标志点，古道在石柱亭处拐了个弯，被石柱挡住了视线，过了凉亭便是祝家渡，所谓峰回路转，绝处逢生，故亭前冠以"问津亭"，亭后匾以"知道处"，多了份世俗的情趣。虽然都是些淫祠小庙，但道教与佛教的分野在霞山这个偏僻

青云庙　　　　　　　　泗洲庙今貌

图6-21　霞山宗教建筑遗存

山村中却始终存在，并进行着旷日持久的对话。大部分庙宇位于村西古道边，村东南则有一座形式与庙亭相近的道观，建筑约建于清康熙年间，道观中供奉着老子的神龛，它静静地在牛峰碓下冷眼旁观，将道家"无为"思想表现得淋漓尽致。如今，徽开古道已为荒草掩盖，除了村内耕作的农夫偶尔经过，绝少再有人上岭上来了，能够插一柱香烧一叠纸的善男信女更为少见，于是建在古驿道旁的凉亭、庙宇更显得冷清，它们存在的意义已不再是提供实用的空间，而是成为一个历史的符号，让看到的人感悟着这座乡村的历史与不凡（图6-21）。

第六节　建筑雕刻

霞山建筑外表朴素无华，但内部装饰却极为精美，令人惊叹，从大木构架、小木装修、门楼立面到院落铺地图案，都很细致。其中主要的装饰手段集中在建筑雕刻上，即霞山三雕：木雕、石雕与砖雕。"三雕"艺术在全国许多地方都有，但大多是单一的，或木雕，或砖雕，或石雕，往往只在某一个部分具有代表性，而徽州则是集大成者，其品种之多，形式之美，在全国独一无二，霞山建筑明显受到徽州建筑文化的影响，除建筑外观形式、平面布局、街巷结构等方面与徽州建筑保有相似之处外，建筑雕刻亦明显呈现与徽州地区相似的特征。

一、兴盛原因

一个地方建筑形式的形成与当地的自然、社会文化等因素分不开，霞山古建筑三雕艺术兴盛有着如下独特的社会历史背景：首先，与独特的自然地理环境分不开。霞山地属衢州开化县，而衢州位于浙江西部，历来都是浙皖闽赣四省交界之地，地理位置的独特、交通的发达造成人员往来的多元化，清时即有"其列廛而市者，则间有豫章、皖南之人"的

记载。根据其他资料可知，在往来浙西的商人中尤以徽州地区居多，再加上衢州地貌以山地丘陵为主，地缘上又与皖南徽州接近，在徽州人的无意传播下，霞山建筑不可避免受到徽州建筑影响，建筑雕刻就是一种具体的表现。其次，商业资本的繁荣使然。商品经济的发展，流通日趋频繁，为建筑装饰提供了强有力的经济条件。商人在外经商，积累了大量资金，纷纷回故里建房造屋，用特殊的手段光宗耀祖，可以说这是徽州地区建筑崇尚雕刻的一个主要原因。霞山与此相似，马金溪的独特水运价值吸引了这一单姓血缘聚落在明清时期商业资本的注入，虽然只是区域经济链条中最低端的一环，但其仍不可避免受到商业因素的影响，使从前封闭的农业宗法社会产生了一个独特的群体，即围绕木材经营的商业群体，包括了商人和为这一经营项目服务的所有各阶层，他们在资本往来中更容易积聚财富，并把这些财富最终外显于自己的住宅装饰上。第三，区域奢华之风的影响。建筑雕刻之所以兴盛还受到明清衢州整个地区风尚的影响。明朝中叶以后，浙西社会经济有了长足发展，社会风气也逐渐转为奢侈。衢州府"近自隆万以来习为奢侈，高巾刷云，长袖扫地。袜不毡而绒，履不素而朱，衣不布苎而锦绮，食不鸡黍而炊金馔玉"，在这种风气影响下，即使在偏僻的乡野也出现了"屋庐往称朴素，今日则尚雕斫"的现象。开化向来以淳朴著称，但是到了隆庆、万历后，"邑稍饶，民渐习而奢侈"，在整个社会追求奢华的风气下，霞山自不甘人后，雕刻装饰开始繁荣起来，并逐渐成为当地建筑营造的一种特征。

二、雕刻艺术

如前述，霞山建筑雕刻艺术包括了木雕、石雕、砖雕三种，但因具体的环境差异，三雕艺术在霞山发展并不平衡，总体来说，木雕最盛，石雕、砖雕次之。

1. 木雕技艺

霞山盛产木材，自古便是木材集散地，因这便利条件，霞山木雕工艺自然在三雕中占居首位，大到屋柱梁架，小到撑栱窗棂，其精细程度令人叫绝。总的来说，霞山木雕具有如下特征：应用范围广泛，图案形式多样，构件尺度较大。通过田野调查，不难发现，霞山村内祠堂、庙宇与年代较久的民居都可以看到木雕的存在，只是随建筑规模等级不同，木雕精细程度和规模亦有明显差别（图6-22）。

徽州民居大多拥有精致优美的雕刻装饰，这一特征也毫无疑问地在霞山民居上加以呈现。步入堂内，天井上方的回廊栏板、额枋及下方撑栱、雀替、窗扇等构件上都满施雕刻，霞山与此相同，民居木雕装饰部位多集中在露明的木结构上，如梁架、牛腿、回廊栏板、隔扇等构件无不雕工精美，与徽商民居中木雕的描金彩画装饰不同，霞山的木雕完全不施油彩。因为一般宅第多用原柏、梓、楠、榧、上等杉木等建造，为炫耀木材品质的高贵，并避免影响雕刻的细部，同时可以显出木材柔和的本色及木纹的自然之美，形成一种简洁朴实的风格。除建筑构件之外，霞山木雕工艺还体现在室内家具上。霞山现存木家具以清代居多，榫卯斗拼精细，线脚曲折严谨，一切出于实用，略加艺术趣味，极少做作之处。从木雕形式上看，家具与建筑相同，与室内各种门罩等配置甚佳，如同一个整体，不

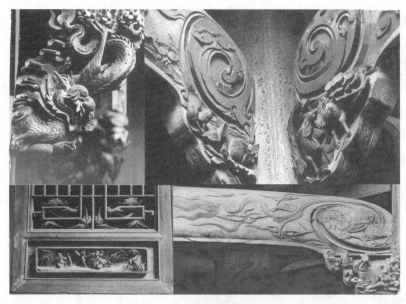

图 6-22 霞山木雕艺术

(图片来源：马金镇政府)

分彼此。匾联也是霞山木雕艺术的一个组成部分，霞山匾联一般为黑底金字或黑底绿字，有蕉叶联、此君联、文额、手卷额、册页匾、秋叶匾等，商辂、方豪、马一浮、于右任等都为霞山留下了美文墨宝。

霞山木雕形式多样，这表现在图案和雕刻手法两方面（图 6-23）。就图案内容来讲，造型和题材非常广泛，大多以人物故事、神话传说、戏曲图谱、民间习俗等为主。既有常规的"吉祥（象）如意"、"三羊开泰"、"马到成功"、"年年有鱼"等传统图案，也有鳌鱼等明显反映等级禁忌的图案，此外还有仕女形象的牛腿木雕，这在妇女社会地位低下的时代是极为少见的。至于以动物、花卉、树木、回纹、云饰、吉祥八宝等为内容的木雕更是数不胜数，而这些内容在横梁、拱板、额枋上表现尤多，如月梁上的"双狮抢球"、"二龙戏珠"、"龙凤呈祥"、"麒麟送子"等题材，多以完整的横梁作镂空雕或半圆雕手法来描绘。有些讲究的民居还以某一类木雕装饰整栋房屋，形成自己独特的木雕风格，如民居"东吴水战"全部采用了三国时人物造型与相关故事情节，而"梨园聚"则采用了传统的戏曲人物与戏曲场面，"百鸟朝凤"则完全以鸟为造型主

图 6-23 木雕细部

题，姿态各异，颇为震撼。除精美的图案外，霞山木雕艺术雕刻手法也极为多样，以天井四周梁架为例：天井四周落地柱上有牛腿，尺寸不大，但雕刻图案形式多样，使用圆雕较多，天井北面正厅的额枋一般有能代表宗族精神或房屋主人思想的主题木雕，在回廊板的衬托下格外引人注目。回廊板和栏杆在这里起了上下层的过渡作用，栏杆由外倾45度的弯木组成，用干木皮封里，檐柱下有木制垂莲或木雕花篮。二楼多为闺房，栏杆多雕刻成美人靠形式，木雕形式自然精致细腻。天井两边为东西厢房，窗棂拼斗格心，上有花鸟草虫，下为裙板，中间一块十余厘米宽的涤环板上刻有八景诗图或文房四宝图。格门向内开，遇婚丧嫁娶出入人多的时候，可以将格心摘下，使室内外连通成为整体空间。门窗木雕形式极为多样，除最常见的格门外，还有一种不用裙板的叫落地明罩，玲珑剔透，非常美观。与此相近的还有各类木制隔断，花样繁多又不失雅致。门窗与木隔断从木雕工艺上来说很难区分，仅是功用不同而已。大多数民居的二楼都有木制佛龛，造型往往为小型屋宇，外厅高堂、拱梁立挂、牛腿雀替、柱础覆盆等细节雕刻一应俱全，完全是一个古民居建筑的模型。就室内家具来说，床榻常在室内一端，床外安碧纱罩。郑松如宅院中北面的厢房里至今还陈列着主人过去用过的红木床榻，床上棕绷已撤，但床沿木档、花板饰件完好无损，尤其是花板用镂雕、浅雕、线刻等手法制作而成，并以蝙蝠、鲤鱼、三羊、灵芝、兰花、梅花、铜钱等吉祥物装饰。厅堂太师壁下一般摆上一张条桌，衬以八仙桌和太师椅，皆雕刻细致。太师壁左右两侧开小门，所谓出将入相之处。壁上时常用窗棂斗拼，或是木制雕刻团龙凤，额以书有堂名的牌匾。牌匾一般在拱梁与栏杆之间嵌有牌匾托，雕刻成鸟兽鱼虫，形式多样。沿河一幢民宅至今还保存着六对形态种类都不同的鱼形牌匾托，据说是对照河里的游鱼雕刻的，栩栩如生、十分可爱。

毋庸置疑，霞山祠堂建筑中木雕装饰往往尺度宏大，且更为精细和繁华，尤其前进的戏台与享堂部分的木雕装饰可以称为霞山木雕艺术的最高水平。这是因为祠堂是村落建筑中级别最高的建筑，全宗族的精神居所，为了彰显对于祖宗的崇拜，祠堂建筑的豪华自是追求的目标。以享堂前檐牛腿为例，霞山祠堂牛腿较为庞大，一般高达1.2~1.5米左右，如此巨大的结构构件如果只是进行简单的雕饰，就会使祠堂显得太过简陋而削弱其神圣感，所以霞山祠堂享堂牛腿构件很多都采用圆雕手法，一米有余的构件完全被雕刻成为完整的图案，显得磅礴大气。汪氏"槐里堂"享堂有一对硕大的牛腿，据当地村民说每只牛腿重达数百斤。牛腿分三层，镂空雕花，底座为威武神俊的张嘴狮子，脚踩镂空绣球，狮爪劲厉，雄风霸气，上层是花卉图案及戏曲人物。可惜的是目前这对牛腿被盗，牛腿的缺失，无形之间将建筑物的大气与伟岸逊色许多。在霞山所有祠堂里，汪氏槐里堂的木雕规模最大，保存最为完整。槐里堂为清末民初的建筑，当时的汪氏为了与郑氏一争高下，建筑雕刻极尽繁华。"槐里堂"整个大门的雕刻以人物为主，牛腿以镂空雕、深雕、高浮雕等手法，左右共有文官武将9名，武将在前，手执刀剑，勇猛威武，文官在后，手执笏板，儒雅贤德。各个形态逼真，表情自然，建筑雕刻华丽、细致。正门背后的古戏台是槐里堂雕刻的精华所在，戏台用材考究，装饰华丽，雕刻极其精美。戏台左右挂落根据结构特点，雕刻有诗仙李白和诗圣杜甫的饮酒作诗图。刻画细腻，个性鲜明，作者将李白的洒脱豪放和杜甫的老成持重形象地展现在眼前。一群白鹤从他们的头顶掠过，更增添了诗人的"仙风道骨"。中间大梁上雕刻着戏剧人物，生、旦、净、丑、外、末、贴等南戏角色齐全，唱、做、念、打等戏剧表演艺术雕刻传神，旦角裙衣的摆动和净丑须髯的飘逸都表现得淋漓尽致，使整个雕刻的画面鲜活生动，妙不可言。整座戏台的结构木作层层叠叠，所雕饰的图案美不胜收。整个槐里堂的建筑雕刻计有李白醉酒、杜

图6-24　槐里堂木雕细部

（图片来源：开化县马金镇政府）

甫吟诗、九世同堂、福寿康宁等一百余个木雕人物；30多个牛腿雀替雕刻了飞龙舞凤、四大金刚、狮子麒麟、和合二仙以及历代戏剧故事，内容丰富、工艺精湛、形象逼真。槐里堂堪称是一座木雕的博物馆（图6-24）。

2. 石雕技艺

石雕艺术曾经在霞山历史上非常出名，据光绪二十四年（1898年）《开化县志》记载："城北四十五里崇化乡九都（今霞山）包山北麓古为采石场，民以采石为生，多出能工巧匠……常年铿锵声不断，远近多用其石……"石雕因其材质牢固，可保存长久，因此霞山迄今还留存了自唐至民国各时期的石雕艺术品（图6-25）。这些艺术品按最初功能有崇祀、装饰、实用和玩赏等类型之分：泗洲庙内的泗洲佛像，青云岭青云公像，商辂衣冠冢石棺浮雕和神道两侧石象生、石阙等都是崇祀之用；而民居门口的石狮、浅雕着青龙白虎的门墩、祠堂内的石阙栏杆等则多为装饰之用；覆盆柱础、旗杆墩、练功石锁、钱币

图6-25　霞山石雕艺术

（图片来源：马金镇政府）

形排水孔等则出于实用；莲花瓣花盆、石刻如意、鼻烟壶等则是玩赏对象。与徽州石雕相比，霞山石雕显得较为粗犷，缺乏木雕的精细，图案也没有徽州地区多样，而多以博古纹样装饰，也缺少黟县西递村的胡文光牌坊、歙县许国石坊、棠樾牌坊群那样的石雕尺度与规模，但不可否认，石雕艺术却有着对于这座古老村庄的独有价值，看似普通、简单的一个石雕，往往蕴藏着鲜为人知的生存信息，如郑松如故居中的雕花石缸体积庞大，刻工精细，造型端庄，满覆的莲花和枝叶屈伸缠绕，画面秀美匀满，当属精品，反映了一个因商崛起的家庭在霞山社会中的重要地位。而马金溪沿岸古埠上硕大的鱼状避水石与杂乱的石栓则一同默默注视着这座古老村庄千余年的岁月变迁。石雕艺术之于霞山建筑的重要性注定了石匠群体在霞山社会中的重要影响，据民国《开化县志》（稿）记载，明正统年间，霞山石匠张卯生曾为商辂府第制作石雕，并与其义结金兰。"后文毅（商辂谥号文毅）已贵，假归来访，欲携同往，力辞。问以所欲。时我开有军徭之役，民甚苦之。卯生以为言，文毅遂代请而免其役。"这虽是石匠故事的一个个案，但却从侧面反映了霞山石雕及其匠人的重要影响。

3. 砖雕技艺

霞山砖雕应用范围并不广，主要集中在民宅的外窗、门罩、门楼和祠堂的八字墙部位，其中尤以门楼、门罩居多。从造型与题材来说，不及徽州地区广泛，缺少人物故事、神话传说、戏曲图谱、民间习俗等图案，而以花鸟动物题材，如从鳌鱼翘角、狮子滚球、双狮对舞等为主。另外，琴棋书画、花草虫鱼也是常见装饰题材，除此之外许多人家的门楣上还有名诗佳句作为题材，更体现了霞山郑氏诗书世家的风格与传统。霞田汪氏的一幢民居门楼上有鸳鸯戏荷、喜鹊串梅、杜鹃啼血、画眉吟春以及狮子戏球、麒麟舞带等大小砖雕28个，老辈人说这是苍龙白虎朱雀玄武四象二十八宿。从艺术风格来说，霞山砖雕更接近明代砖雕风格，比较古拙朴素，用刀刚劲利落，注重整体效果，而缺少清代砖雕的细腻繁缛，注重情节构图。霞山砖雕形式多样，有浅雕、浮雕、半圆雕和镂空雕等，浅的似行云流水，深的则掬手可握。有的镂空雕竟外倾20余厘米，镂空处射进的光影应时而变，其妙无穷。霞山砖雕种类可分为普通图案饰纹砖与手工细刻砖，前者可批量制作，后者则需单独制作，事实上，霞山当地培泥并不多，不可能大量制作砖雕，据说普通的砖雕是用当地的木材到衢州龙游交换得来的，如今，残破的废墟上还可找到刻有"龙游"字样的培砖。而手工细刻砖应该产自霞山本地，据民国三

图6-26 霞山砖雕艺术之门楼

（图片来源：马金镇政府）

十八年（1949年）《开化县志》（稿）记载，"九都垄上童氏作坊，以泥烧制花鸟人物，其形甚工，开邑殷实之户求之以饰门楣"，可见，那些形态不一、雕刻精湛、运行不便的手工刻砖应出自当地工匠之手。然而，总体来说，砖雕装饰价值重于实用价值，始终是少数富裕之家的专属，对于大多数平常百姓而言，砖雕门楼不过是奢侈品，即便门户有所需要，很多人家也只是白粉涂刷，再绘制墨色花鸟图案而已，加之年

图6-27 霞山砖雕艺术之门楼局部
（图片来源：马金镇政府）

月较久，霞山留存下来的砖雕并不多见（图6-26、图6-27）。霞山砖雕的精品当是裕昆堂遗址的门楼，据村民讲当年建造裕昆堂砖雕时所用的砖块，当地窑厂整整烧了三年。时至今日，看裕昆堂门楣之砖雕遗存，狮马形象灵动，做工考究，八仙人物汉钟离、曹国舅等形象逼真，刀法细腻。艺人们在尺余见方、厚不及寸的青砖上雕出情节复杂、多层镂空的画面，令人产生精妙无比的美感。

  雕刻是文化中的重要因素。有人认为，徽州文化离开了雕刻技艺，不可能形成今天这般博大精深、辉煌灿烂的局面①，同样霞山的建筑雕刻反映了徽州文化对于霞山村落的文化和建筑的影响。霞山的建筑更多地具有徽派建筑的特点，其工艺特征和造型风格主要体现在民居、祠庙等建筑实物的布局、外形特点等方面，霞山建筑的砖雕、石雕、木雕也集中体现了徽派建筑艺术的风格与特点。当然霞山的建筑也有其独特的特点，如本地建筑材料的选用、因地制宜的院落布局和朴素适用的雕刻艺术，特别是霞山木雕技艺，其历史之悠久、手法之纯熟、工艺之精湛、内容之丰富，为浙西民居文化的研究提供了翔实的素材。

---

① 汪良发主编：《徽州文化十二讲》，合肥，合肥工业大学出版社，2008。

第七章 老街商埠

霞山古村范围内的霞田、霞一、霞二三个村，2006年年底共有住户1130户，人口3898人，全部耕地面积2160亩，人均耕地面积0.55亩，山林面积12000多亩，人均纯收入以霞山一村最低仅2650元，霞田村最高为3296元，总体上属于经济欠发达地区。人多地少、经济落后使得古村落中39%的农村劳动力常年在外务工经商，平常古村里难得遇见几个青壮年，老年人、妇女和少年儿童成了村里的主角，担负着守望故土、生产学习的重任。一方面顽皮村童的稚气活泼，引发对充满希望未来的憧憬，另一方面，年久失修的老宅深院，肮脏杂乱的村容村貌也展现出缺乏活力、发展落后的一面。历经沧桑，洗尽铅华，霞山古村已还原成一个普通的山区小村，那么究竟是什么原因，使霞山这个远离中心城市的偏僻山村呈现木商崛起、商埠繁荣的盛况？霞山的崛起、发展、衰落的过程是不是值得我们进行深层次的思考？郑汪两大家族留下的霞山古村历史文化遗产究竟在未来经济社会发展中起到什么样的作用？这些问题的解答途径之一就是通过霞山历史文化遗产的深入挖掘，透过现象看本质，寻找其发展演变的轨迹和规律。霞山古村的未来正是沿着历史和现实的轨迹螺旋式向前发展，文脉、商脉、民风的传承或许可以成为任何人也不能小视的发展动力之一。

第一节 因木而生

霞山古村及钱塘江源头地区山地丘陵的地形地貌、地质构造和土壤结构使得钱塘江上游的广大区域耕地稀少，没有发展大规模农业的水土条件，却能盛产林木，这就为林木商品交易提供了充足的资源保证，木材采伐业的发展有着十分有利的外部环境（图7-1）。

一、山地之利

开化是个"九山半水半分田"的偏远山区县，耕地少而山林面积大，全县耕地大多

图7-1 开化山林

是散布在山地丘陵的梯田、冷水田，农业水土条件对水稻等粮食作物的种植并不是最适宜的，投入大而产量低，1949年全县粮食平均亩产量仅307斤①。由于"田少地瘠，不足一邑之食，惟栽杉为生"，明中叶时，贩卖杉木的利润最高时每年可达近十万两，"以致户鲜逋课，莅开者颇称易治"②。山区的水土条件十分适合于木材生长，所产木材条干挺拔、匀称，较省内遂昌、建德、桐庐、昌化等主要林区木材质量更好。一"两"③ 开木可售银元20～60元，而其他地方所产木材仅售20元上下，最多也不过30元。很多人为养家糊口，出卖劳力，从事栽林采伐或放运木排以维持生计；也有不少人背井离乡，走上了外出经商之路。

开化民间一直有靠山吃山、种山养山的习俗，霞山及周围山区村落一般村民的生活就主要依赖丰富的林木土特产。林木资源是木商产生的土壤，也是商人们趋之若鹜的主要动力。明清以后，整个衢州府所产粮食已不能满足本地的需求，但民富于山，"本县四乡凡土质较佳之山均宜种杉。杉干直而耐霉，为材木之佳者，大山则数万株成林，小则数千……"④在徽商迅速崛起的明代，木业位居徽商"四大行业"之列，在徽州本地林木不能满足日益扩大的市场需求时，徽州木商便将经商的触角伸向与徽州接壤的浙江、江西等邻近省份，徽州木商的进入推动钱塘江源头地区木材采伐业的兴起和发展，成为徽州木商最为活跃的地区之一。崇祯《开化县志》中说："开（化）地田少，民间惟栽杉木为生……杉利盛时岁不下数十万……然仰给于徽人之拼本盈。"

由于市场需求急剧增长，自然生长的林木已难以满足需求，山区农民大量栽植杉木以补充天然林资源。而传统的杉木栽培从苗木到成材一般需历时三四十年，总是赶不上林木砍伐的速度，乱砍滥伐和未能随伐随栽的后果，使可以利用的木材规格越来越小，过度采伐又造成较严重的水土流失，反过来又影响杉木的生长。到了清朝末期，采伐杉木已"本大利微，出息不如前富"⑤。

二、木材之需

霞山及钱塘江源头地区木材采伐业从南宋就已经开始发展。南宋王室立都杭州，大量北方宦官和民众纷纷南下，随迁杭州，使城市人口迅速达到百万之巨，成为当时全国规模最大的城市之一。人口剧增对居住建筑和生活用燃料的需求使得城南江干一带木、柴市兴旺繁忙，杭州西部钱塘江、运河（苕溪）流域山区丘陵成为木、柴市场的主要供应地。在以后的历史时期，虽历经战乱和朝代更迭，杭州及整个长江三角洲地区经济发展仍属全国领先，对木材的需求有增无减。特别是明代嘉靖中后期，江南地区早期工业化发展和海防

---

① 徐规、陈桥驿、潘一平等编：《浙江分县简志》（下），671页，杭州，浙江人民出版社，1984。
② 朱朝藩主修：《开化县志》刻本，卷三，崇祯四年（1631年）。
③ "两"是当地商品木材计量单位，俗称"龙泉码"，从清代到1953年沿用此单位，是将体积和价值相结合的一种计量方法，一两（大分码）约等于1.28立方米。
④ 龚壮甫：《开化县志》（稿），民国三十八年（1949年）。
⑤ 光绪《开化县志》卷二《物产》。

建设对木材的需求迅速增长，推动了钱江上游浙西地区大规模木业采伐的兴起，并一直延续到清及民国年间。

江南地区早期工业化发展和海防建设对木材的消费巨大。

1. 造船业

明代江南造船业发展很快，嘉靖时长江三角洲一带已有近海沙船千艘以上，到明代末期，仅长江三角洲地区每年就要建造1000石的漕船360艘，修理漕船1080艘，建造海船30艘，修理海船970艘。清中期，建造漕船300艘，海船100艘。建造漕船的木料以杉木为主，且实行"五年一修，十年一造"，每年大量的船舶修建和更新促成了船舶修造业的发展。江南水网内河运石、运货、农家代步的船只则为数更多，《天工开物》九卷《舟车》记载有："凡浙西、平江①纵横七百里内，尽是深沟，小水弯环，浪舡以万亿计。"民间的各类船只（农船、渔船、内河客货船等）数量也不在少数，其中的大规格渔船相当于大中型海船，有的载重量达到2000石。此外，明朝浙江沿海深受倭寇侵扰，江南一带为了抗击倭寇，保卫疆土，建造了大量兵船、海船，兵船、海船的建造需要大规格的木料。明洪武五年（1372年），浙江、福建濒海九卫造船舟660艘，以御倭寇。到清康熙二十三年（1684年），随着海禁解除，沿海内外贸易迎来了大发展的良好机遇，商品交易推动着水运业的发展，刺激船舶需求快速增长，从而进一步拉动木材消费需求的快速增长。

船只的建造与维修所耗费木材数量是惊人的。明初规定造一艘"一千料"的中型海船，需杉木302根，杂木149根，株木20根，榆木柁杆2根，栗木2根，橹杯38枝，共523根。造船不仅耗费木材，而且对木材的尺寸、种类要求都有讲究。如造漕船，"梡用端直杉木，梁与枋墙用楠木、槠木、樟木、槐木，浅板不拘何木，舵杆用榆木、椰木、槠木，关门棒用稠木、槐木，橹用杉木、桧木"。造船业的主要用料是杉、桧、楠木等，明初所造大船，木材即来自川、黔、湖广等长江中上游省区和福建山区。同时木船淘汰的速度很快，木材消耗量也十分巨大，明代中期后，造船用木材已捉襟见肘，到清顺治末年，"经屡次造船之后，（江浙）老材巨干搜伐无遗"，本地再也难以寻觅到造船，特别是建造大船的木料，因而对外地木材的需求就更为急迫了。浙江本地林木蓄积量的自然增加毕竟跟不上林木资源消耗，到了清朝年间，浙江温、处、衢等山区的造船木料已经难得一见。如开化"每年本县出口大宗货物当以山木为最，出口数旺年约百万株，次之或六七十万株……，以现时全县所有苗木及人口，估计充其出产过百万株也"②。实际上，当时开化的木材资源，尤其是大规格的木材资源已接近枯竭。

2. 建筑业

市镇发展和人口增加，导致了建筑业的兴盛，从而进一步增加了江南地区对建筑木材的需求。明代以后，长江三角洲地区不仅是财赋重地，也是农工商各业发达的地区，涌现

---

① 指浙江西道，唐后期所建方镇，号镇海军，治所先后为昇州（今南京）、苏州、宣州（今安徽宣城）、润州（今镇江）、杭州；领长江以南，至新安江以北地。古称浙西七郡为平江。

② 龚壮甫主编：《开化县志》（稿），民国三十八年（1949年）。

出了苏州、杭州、松江、无锡、常州、嘉兴、湖州等府城和一批市镇，如松江府所属市镇数量从16世纪中叶的59座增加到20世纪中叶的352座①。而城镇数量和人口的迅速增加导致了住宅建设量的剧增，除了清代后期，部分市镇中开始出现少量的使用钢筋、水泥等现代建筑材料的洋楼外，按照当时的技术条件和经济水平，一般民居建筑皆为竹木结构或泥木结构，如杭州民居以"板壁居多，砖垣特少"，自然要耗费大量木材。但是，长江三角洲地区地处平原水网地区，建筑木材全部依赖外地输入，输入距离也因消费量的增加由近及远，开化所产的杉木被大量用于民用建筑，因其质量好且运输方便，一直深受江南地区广大用户的欢迎。

第二节　因水而兴

　　消费需求刺激着钱塘江源头地区木材采伐和流通贸易的发展。清初徽州木商程某"常在衢、处等府采判木植，商贩浙东、南直地方，因此常处开化"②。"拼山"、"判（青）山、判木"是霞山、开化一带木客从山林所有者手中获取木材采伐权的一种主要形式，价格面议，立约为据，限期伐树还山。木商一般先伐较大规格树木和柏树、枫树、樟树等质地优良的树木，再伐杉木等规格较小的其他树木。

　　木材笨重，砍运费时，而从砍伐到外销，均受当时河道水情的限制，每年最多周转两次。如逢水源干涸，劳力不足时，每年不足一次，投资大，周期长，资力短少者难能经营。当地一般山民无资力从事大规模木材贩运，通常只能以稻谷换原木，再就近转卖给资本雄厚的木商，或将少量木材从山上近距离地运至霞山、马金卖与木商，从中赚得少量差价，以维持生计。木材一般在冬天砍伐，经过自然晾干后，在来年的五、六月份雨季时扎排下运。一般年份有三个月时间可以放排，分为"春水"、"秋水"。浙江农村在立夏前后开始夏收夏种，在此之前应把已砍伐晾干的木材运出，称"春水"，如未能及时外运则须等秋收后始能放运，又称"秋水"。木材的整个经营活动需经过生产、流通、消费三个环节。在产区主要有拼山、采伐、加工、运输等主要环节。木商们在深入产区"采判木植"的基础上，在冬季雇佣木客上山砍伐，蹲山棚、做"白杉"③或锯松板。尔后，将"白杉"或松板驮运下山，堆放在谷地。再就是量尺、打印、编排等等，要整整忙碌一冬。候至次年五、六月，梅水泛涨，再编成浮排置入小川小河之中，运到水路交通干线之岸的河埠，由排工编成大排，继续顺流而下（图7-2）。到达杭州等木材市场后，再经过木材保

---

① 樊树志：《江南市镇：传统的变革》，150页，上海，复旦大学出版社，2005。
② 滕井宏：《新安商人的研究》，见《徽商研究论文集》，合肥，安徽人民出版社，1985。
③ 徽人称刮去皮的杉木为"白杉"。

管、交易、运输等环节才能最后到消费者手中。

霞山山林面积不多，但在自然经济年代，偏远的霞山因木材采伐业而迅速兴起，富甲一方，其发展过程与路径显然与其所处的地理位置、区域水路运输网络和长江三角洲地区经济崛起有着千丝万缕的联系。

图7-2 昔日马金溪上木排

（图片来源：开化县政府门户网，http://www.kaihua.gov.cn）

霞山沿马金溪而下即可与杭州及衢州、龙游、兰溪、严州（今梅城）、桐庐等沿江市镇相通，通过杭州市内东河的水路转运又可以进入京杭大运河，直达浙北、苏南和上海等主要市镇，这样霞山和杭州及整个长江三角洲地区构成了以水网为基础的市场网络。通过这个市场网络，霞山木商能够以低廉的成本向长江三角洲地区输出木材，输入生活必需品，形成产品生产的地域分工。开化的许多商埠和偏远山区村镇就这样和山外数百公里之遥的工商业大都市紧密联系在一起，而这正是明清以来江南地区工业化发展所特有的优势。

工业化发展早期，生产活动场所的选择主要取决于生产成本的大小，而运输是其中影响空间布局的重要因子，运输费用低廉使得特定产品在某地生产比别的地方更加廉价成为可能，而资源分布的不均衡性及开采成本大小，直接影响到原料成本在生产总成本中所占的比重。一般从自然界直接获取的初级原料生产或加工，在便于集散流通的地理位置上发展起来，显示出这类原料指向型生产的区位重要性。木材是一种用途广泛的基本原料，其使用价值对古代经济社会的活动区位有着重要影响。明清时期，长江三角洲经济的发展使木材需求剧增，邻近地区木材产区便成为其首选原料供应地，并形成四大木材输入口岸：杭州、乍浦、镇江和江宁。霞山及钱江源头地区以其丰富的林木资源，与木材消费地适中的距离和便捷直达的水路优势被纳入到整个区域市场体系中，形成与长江三角洲经济相对发达地区的劳动分工和产品交换的经济格局。

木材从生产地到消费地需要跨越很长的空间距离，水路运输具有运费省、运量大、技术要求不高的优点，在其他交通手段十分缺乏的古代货物运输中占有绝对的优势。如果河流的上下游地区能够形成劳动分工和产品互补，则运输成本低廉的优势将更加显著，对两地的经济竞争非常有利。钱塘江源头林木资源丰富，位于下游的杭州则是长江三角洲重要的木材集散中心，有着江河联运，辐射四方的优越地理位置。据相关资料记载，清乾隆年间，在杭州的徽州木商和浙东木商拥有堆场沙地3000亩左右，产自安徽皖南山区的木材每年抵岸约3万余两，省内衢州等地每年抵岸约8万余两。但总体上来说，由于浙西、皖南林区森林资源的严重消耗，在康熙后期，从富春江水路运往江南的大规格木材已经不多了。

明时，江南地区商品市场逐步形成。清初，杭州江干一带已有徽商、处州商人开设的木行10余家。到民国元年（1912年）有木行38家；1931年时，江干一带的木行迅速发展到了95家，木材销往嘉、湖、沪、苏、锡、常等地；而到1936年，大小木行发展到了226家，并由沿钱塘江北岸向中河、东河沿岸延伸，还开设配套的锯木厂14家，年运销木材11万立方米，除杭州本地自用3万多立方米以外，大部转销江苏、上海甚至山东等地，而木材主要消费地的客商则派"水客"常驻杭州采购木材。到1949年时仍有149家木行和2家木板行。

明代中叶以来，中国社会政治形势稳定，逐渐开始了早期工业化的发展。施坚雅指出，一个19世纪的中国经济区应当具有以下主要特征[①]：①一个经济区应当是该地区高层中心地的最大经济腹地；②该经济区的核心是连接该区内各高等级城市的主要贸易路线的集中之地，这些路线所构成的网络的密度由核心向边缘递减；③核心是主要经济资源（特别是人口）的集中之地；④河流的流域是决定一个经济区的关键因素，特别是因为该河流的水系所提供的运输网络是该地区经济整合的基础。明清时期，苏州、杭州、南京、松江（明）、上海（清）已经是具有高级中心地功能的大中商业城市，其基本经济腹地就是当时的"八府一州"（苏州、松江、常州、镇江、江宁、杭州、嘉兴、湖州八府和由苏州析出的太仓州），即通常所称的长江三角洲或太湖流域地区。而在此基本经济腹地之外的其他地区在城市化、人口密度和工商业繁荣程度均逊于上述基本腹地，而且在经济上依附于后者，属于边缘地区。

霞山古村所属的衢州府区域具有当时"核心—腹地—边缘"区域结构中边缘区特征，在经济社会联系上主要依附于核心和腹地。在20世纪三四十年代，杭州有着钱塘江、运河江河联运的优越地理环境，钱塘江向西连接浙西、皖南木材产地；运河向北连接长江三角洲木材消费地，成了远近闻名的木材集散地。一方面大量木排从钱塘江主要支流——新安江、兰江（衢江）顺流而下，源源不断地靠岸杭州江干；另一方面，已经购买成交的木材，又通过运河不断送往长江三角洲地区各个用户手中，形成完整的商品流通网络。以钱塘江为纽带将上游开化林区与下游杭州木材市场紧密地联系在一起，开化、霞山乃至从事与林木相关的家庭和个人都被卷入到了商品经济社会中去，推动着区域经济社会的不断发展和前进。

霞山村坐落在钱江源头第一个河谷盆地——马金盆地北缘，水路距当时经济发达的杭州等大城市有300多公里，木排顺江而下从霞山到杭州往往要走上十天半月，距离遥远。作为杭州直接经济腹地外的霞山是以林木资源采伐流通为其主要经济特征的，流通区位则视资源储量、运量、流向等情况在集疏运较短捷的地点自然生成，合适的港址（河埠）、泊位和对船型、吨位的选择，则是林木集散地形成的重要支撑条件。因此，货物性质及自然条件对河道运输的适应能力和对发展规模的影响是木材集散地形成的重要条件之一。

从钱塘江河势图上我们可以看到，杭州处在钱塘江干流进入海口的位置，由此上溯主

[①] [美]施坚雅（G. William Skinner）主编：《中华帝国晚期的城市》，叶光庭等译，327页，北京，中华书局，2000。

流向西在古严州（今梅城）分成主要的两条支流：北向一支往建德、淳安（遂安）到皖南的歙县、屯溪、休宁，称新安江；南向一支往兰溪、衢州到浙西的常山、江山、开化等地，衢州境内称衢江。古时，沿岸三江交汇处的华埠（马金溪、池淮溪、龙山溪）、衢州（衢江、江山港）、樟潭（衢江、乌溪江）、龙游（衢江、灵山江）、兰溪（金华江、衢江）、梅城（兰江、新安江）、桐庐（富春江、分水江）等村落都先后发展为大大小小的商埠市镇，水路转运优势是形成各大小商埠的必要条件之一。因而，钱塘江流域沿江各个市镇就成了上游地区的木材集散地，木材贸易、运输和配套发展的生活服务业成为这些市镇的主要商业功能。

霞山位于钱塘江两支主要干流分水岭——白际山南侧，在树枝状钱塘江水系的末梢，与徽州婺源、休宁仅一山之隔。马金溪在此拐了个大弯，由南向东流，流速变缓、水深河宽，霞山以下的河道，已经可以通行小木船和木筏。上游林区砍伐下来的木料散放到霞山，集中编成甲（每甲约木头26根）或小排（以甲连成小排）向下游发运。渐渐地，霞山成了钱江源头林区木材交易和水路转运的第一个集散地，是钱江上游和徽州商人进入浙江的第一个商埠，其水路转运木材的功能在很长的历史时间内，对霞山的发展繁荣起着关键性作用。而霞山连同钱塘江沿岸各主要

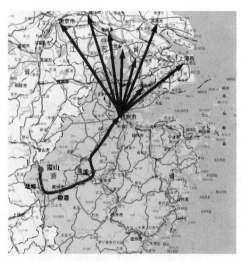

图7-3　霞山木材购销网络示意图

商埠，各自均有明确的分工和相对稳定的经济腹地，共同构成钱塘江水运网络、木材集散地和经济腹地（图7-3）。

第三节　浙西木商

明清以来，木材就一直是开化商人的传统经营项目，由木材采运而发展起来的霞山、马金、华埠等村镇和遍布县内各地的豪华宅院清晰地勾勒出昔日开化木材采运业的繁荣和木商的富裕。木行数量、木商人数是衡量木商势力的主要标志，而同乡和行业公会组织及"会馆"、"公所"等建筑物更是地方商帮形成的标志之一[1]。

---

[1] 范金民：《明代地域商帮的兴起》，载《中国经济史研究》，2006（3），99页。

代表浙西金衢严处四府①木商的"浙东木业公所"和代表徽州木商的"徽商木业公所"是杭州江干木业市场上仅有的"山客"行业组织，人数多，权势大。浙东木业公所"清高宗乾隆时，开化张君庆余等所倡建也。业木商者皆虑旧金衢严处四府人，本唐浙东道节度使所领地，故名以浙东……"②徽州木商以与开化一山之隔的婺源木商为主体，旧时杭州候潮门外的"徽商木业公所"是徽州木商在外埠开设的最出名行业组织之一。据《徽商公所征信录·序》载，该木业公所"乾隆间，创自婺源江扬言先生，其子来喜又于江干购置沙地，上至闸口，下至秋涛宫，共计三千六百九十余亩"，足见其规模宏大，实力雄厚。两处木业公所均于清乾隆年间建立，后毁于太平天国时期，又都在清末民国时重建。浙东木业公所虽代表浙西四府木商，但由开化籍木商创办和主导，其主要领导职务一直由开化籍木商担任。霞山郑氏族人郑松如曾连任浙东木业公所董事20年，是20世纪二三十年代该机构的实际掌控人。可以说乾隆时期浙西木商群体已经初步形成，近代以开化木商为代表的浙西木商更成为杭州木业市场上与徽州木商势力相当的群体。

清代末年及民国时期，在杭州出现了以霞山人郑松如为代表的开化木商群体，为木商提供配套服务的上下游产业如木材砍伐、保管、运输及生活服务的开化籍人数则更多，不仅在县内，霞山人还在周边的县市和江西、湖南、苏南等林区、木材集散地、消费地从事木材采伐运销贸易活动。霞山是个单一姓氏的血缘村落，郑氏家族构成霞山社会的主体，全村各户皆有远近不同的血缘关系，这些走出去的商人通过各种途径将外地的信息传到霞山，使得在霞山的本家人能及时了解到各地木材供需情况，为木材运销经营编织成的信息网络是霞山木材集散地的形成原因之一。

霞山木商从小本经营起步发展，向木材采运的上下游产业延伸，逐渐扩大业务范围。一是在杭州等地木材市场开设木行，从事竞争性的木材贸易，抢占消费批发市场；二是牵头成立代表"山客"的组织"浙东木业公所"，替木商做一些排难解纷的琐细工作，维持市场秩序，为本地木商经营提供保障和服务；三是一些大木商在钱塘江沿岸的主要商埠购置或租赁房屋，利用对杭州木材行情比较了解的优势，在沿江商埠就地收购木材，运往杭州市场赚取差价，同时为运输木排船队提供简易的食宿条件；四是实力雄厚的木商不仅从事收购木材的生意，还携资本到各处林区购山买林，逐步向产林区渗透，最终形成一条从产地的林木资源到流通运输、终端销售与配套服务的木材"产销链"，或者说建立了较完整的木材采运和贸易服务网络，为霞山人大步外出走向更广阔的商品市场提供了便利。

林木从砍伐到流通运输、终端销售、配套服务的"产销链"还包括生活服务业、木材运输业、中介贸易等。

一、生活服务业

在整个木材生产经营活动过程中，衍生出许多服务行业。木材采伐业的兴起和运输业

---

① "金"今金华市；"衢"今衢州市；"严"古严州府，今属杭州市；"处"古处州府，今丽水市。
② 叶渭清：《重建浙东木业公所记》，见郑谟金等主修：《霞山郑氏族谱》（刻本），民国二十年（1931）。

的发展，吸引着许多外地人在霞山从事着与木材采伐购销相关的工作，带动了生活服务业的发展，形成了围绕木材生产、购销和生活服务的相关产业链。霞山上游山区山峦重叠、地狭人稀，霞山作为钱江源头地区一个大村镇，上游山区百姓在将木材等山林特产运至霞山卖与木客的同时，就地购买粮食、盐、糖、肉、布匹、南北杂货等生活日用品，霞山商业街在马金溪畔逐步形成，街上各式商品齐全，服务内容繁多，霞山商品集散地的功能初步显现，形成钱江源头第一商埠。

钱塘江沿岸各主要商埠与霞山有着紧密的联系。当年，霞山大木商郑松如在霞山、杭州两地从事木材贸易和运输生意时，在钱江沿岸的主要商埠购置或租赁房屋就地收购木材，并为放运木排的工人提供简易的食宿生活服务。

二、木材运输业

从霞山上游木材产地到终端市场，漫长的木材流通过程实际上是个专业分工细致的"粗活"，按照运输空间和规模划分大致有四个区段：一是从山里采出的原木顺坡滑至山沟边，待下雨山沟涨水，单株漂至小溪边；二是散放到小溪边的原木根据规格大小，每6～12根用铁骑，串柴横串成单节木排，每节小排约0.3～0.7立方米，待雨后涨水放至大溪；三是将单个木排串联成5～10节大小不等的条排，大的约有10余立方米，放运至华埠等处；四是再将条排叠扎成长方形的大排直接放运到衢州、杭州等地的木材市场。

如果按照各个阶段责任人划分，流通过程大致可分为三个阶段：第一阶段是从霞山到杭州，全部是水上运输作业，全程由运输"包头"负责；第二阶段是到杭州木材市场后如不能立即销售出去或为了防止钱江潮险，运到的木材必须起仓，由"守排人"负责守护，防潮水危害及处理以后的交割事宜；第三阶段是"山客"将木材卖与"水客"后，木材从钱塘江转运至长江三角洲消费用户的过程，由"水客"全权负责，并由内河装排业主负责组织承包运输和计量。华埠以下通往衢州、杭州的江河被称为外河，各乡村通往华埠的河道被称为内河。开化县内主要河道按水深和载重吨位基本分成三个等级：天马镇以上的马金溪可通行2～3吨木船，华埠到天马镇可通行3～5吨木船，华埠以下可通行10～15吨木船。不同水深和通航吨位河道之间往往需要水路中转，从上游来的小船将货物转驳到大船继续向下前进；由下游上行大船将货物转驳到小船或陆路继续深入到山区腹地的市镇和乡村。霞山下游的华埠自唐末设为屯兵戍防以来就显示出特有的生机和活力，马金溪在此汇集池淮溪、龙山溪，水面宽广，各类生活用品、农产品和山林特产等由此通过水陆转运或陆水转运联系江西东部的婺源、德兴等广大区域、浙西及钱塘江中下游地区。木客在霞山收购木材，扎成"小排"沿马金溪下行到华埠，且大部分在此售与木客。在水面宽广的马金溪江面上，木客将收购来的木排积少成多，扎成每条约100多立方米的"大排"后继续下行进入常山港、衢江，直达杭州。华埠因此成为开化大部分山区木材的运输中转要地。1945年时云集木商177人，马金溪、池淮溪、龙山溪三条江河长年木排不断，一片接着一片，常常遮掉半个江面，煞有气势。

新中国成立前，开化木材的外运全部依赖水运。新中国成立后，木材采伐逐步实行计划控制和统购统销，木材采伐量有所控制。1955年开化到遂安的公路，1967年马金到安徽屯溪的公路相继开通，公路运输快捷方便，不受恶劣自然条件影响的优点使得一部分木材运输改走陆路。同时，各主要溪流上筑坝建设公路或水利工程也破坏了木材的水运通道，甚至完全切断航道，使木材水运量一减再减。开化木材的水路外运量从1949年5.23万立方米，1957年的6.72万立方米，1967年的9.24万立方米急剧跌落到1985年的0.83万立方米，水运周转量也从1967年最高峰时的629万吨公里降到了279万吨公里，到20世纪末，县境内水运交通基本消失，所产木材基本依靠陆路外运。

三、中介贸易

霞山上游山区面积有限，林木资源经过多年的开发利用，已逐渐减少，同时木材购销的市场竞争越来越激烈，使依靠木材购销为生的霞山人有了极大的危机感。于是手中有了一些原始积累的霞山人走出大山，凭着长期积累下来的木材砍伐、保管、运输和购销经验与胆识，到省内和全国各地的木材产区从事木材贸易，从砍伐木材、贩运到居间贸易与服务等各个方面全面介入木材购销和服务环节，以积极应对严峻的市场形势和竞争环境，极大地扩展了木材供给范围和空间，将木材购销的产业链加以延伸，在更大的空间范围复制着霞山人发家的传奇，提升财富积累的速度。这种从单一木材采伐延伸到产前产后服务的木材产销经营模式的成功转型，造就了以霞山巨富郑松如为代表的一批成功商人。

杭州是古代江南四大木材集散中心之一，客商云集，语言不通，习惯各异，关系复杂。采购者因需要不同，选择困难；销售者亦不明情况，对象难求。木材的保管、运输、计算、计价、雇工、报税等手续繁杂，远非短期或初来乍到的客商所能应付。为了帮助客商解决这些困难，中介居间商——木行便应运而生，为客户解决木材购销中的具体困难，从中抽取佣金作为报酬。开化籍木商在杭州江干木材市场具有很大的势力和影响。木行云集的杭州江干一带是开化木商主要聚集地。陈瑞芝回忆录记载，民国元年（1912年）开化人在杭州开设有同大、洽记两处木行，年成交量各约7000多"两"。到抗战胜利时（1945年），开化人在杭州共设有12家木行，既有同大、洽记木行，也有在业内名噪一时的浙东、两江等木行。[①]

---

① 陈瑞芝．杭州木材业的内幕．浙江文史集粹．浙江省政协文史资料委员会编．

第四节　经商贩木

霞山木材采运业在区域经济社会发展过程中占据重要地位的主要原因：

一、地缘优势

开化主要出产杉木、茶叶、靛青三类特产，而以木材对经济发展影响最大。作为浙江的主要木材产地，资源蕴藏量大、质地优良，在长江三角洲平原城乡市场，尤其是农村市场很受欢迎，农村建房大多采用开化木材。本地木商具有天时、地利、人和的优势，控制着家乡大部分的木材资源，在外地木材市场上也有着一定的话语权。

明清时期徽州木商曾十分活跃，其活动范围并不局限在本土贩运木材，还远赴其他产地采购木材，转贩求利。与徽州接壤的开化是明代及清代前期徽州木商最为活跃的地方，县内杉木几乎全部依赖徽商"拼木"。明、清前期的徽州木商以其经商传统和经验，雄厚的资金实力，遍布全国的销售网络使本地人很难与之竞争。但清中叶以后，特别是近代以来，随着徽州商帮的整体衰微，徽州木商逐渐淡出开化木业采运业，民国《开化县志》（稿）记载："平时仅皖赣数十商人侨居本县，此外几无侨民可言。"而开化本地亦多有人从事木材贩运生意，且逐渐形成气候，"杉木以本县人经营为多，运至杭州出市，民国以来，且有在杭州设立木行者……"开化县木材贩运已逐步由明清时期徽州木商为主转为清末民国时期由本地木商为主的格局，本地人和本地木商控制了大部分山林资源。

抗战胜利后，杭州江干木业市场从业人员中，开化木商人数在迅速增加，其中经营规模在百"两"以上的开化籍木商约有170多人，年销售杉木约1.5~2万"两"，合银币40万两。开化众多血缘村落往往通过宗族纽带将家家户户联合起来，有钱出钱，有力出力，强大的血缘和地缘优势形成近代以来开化木商在当地和杭州市场逐渐挤压徽州木商的态势。

从事木材采运的商人原本有的是拥有山林的业主，有的是手握资金、信息灵通的小商人，更多的则是家境贫寒、耕樵为生的自耕农。从事木材贩运基本上是从跟随本族木商外出经商做学徒开始，在积累了经商经验、人脉关系和少量资本后，再自立门户另开木行。开化籍大木商郑松如便是从进入杭州"洽记木行"学徒生涯开始，七八年后就拥有13家木行的股份或资产，成为县内可数的大木商之一，是杭州木业市场具有很大影响力的商人之一。老乡带老乡，亲戚帮亲戚，越来越多的霞山人到杭州从事木材购销，形成一支人数众多、力量强大的木商群体，在业内是任何人也不能小视的地方商帮。

二、官商勾结

开化大木商的经营离不开政治势力的庇护，暴富之后的木商开始逐步向军政界渗透，以政治权势保护既有的经济利益，以金钱买通官场寻求保护，形成政商一体相互依存的"利益链"。从1922年起，大木商郑松如的至交、同族郑西山任开化县议事会会长，1945年又曾担任开化县参议会副会长，据传其能左右开化地方文武官员的升迁去留，具有相当大的政治影响力和威慑力。在开化县，郑松如和郑西山人称"松西二老"。因此，开化籍大木商等少数人的发家，实质上是商人资本与官员权力合谋的结果，大商人在商界、政界呼风唤雨的特权来源于财富和权力。郑松如主事的"浙东木业公所"是金、衢、严、处四府木商行业组织，上通地方官僚、军警、司法部门，下连广大木商，甚至与流氓黑势力也有勾结，是当时杭州三大木业公所中最具影响力的组织。郑松如连任"浙东木业公会"董事达20年之久，乃因其与金、衢、严、处四府同乡会的关系极为密切，并能与浙西籍军政警界官员和国民党官僚，如省长、水警厅长、高等法院院长等拉关系作为靠山，如将时任省长、水警厅长等聘为"浙东木业公会"名誉董事，官商勾结，为自己的木材贸易提供政治靠山，亦为霞山乃至浙西木商经商争得了不少利益和好处，起到了"保护伞"的作用。

开化籍商人木行的老板或幕后实际控制人大都有官方背景或与官方关系密切。如"两江木行"经理是曾任国民党於潜县党部书记长的曹平旦，"浙东木行"的股东是开化大木商郑松如、国民党第五区专员姜卿云等，"祥泰木行"老板徐步蛟是陆军讲武堂出身，曾任浙军一师独立营营长和浦江县县长，"华东木行"老板何永德曾任漳浦县县长。国民党军官、特务头目和大小官员挂名木行股东或总经理获取不义之财的更是不胜枚举。

在杭州的省市军政警界首脑有许多浙西衢、严两府的官员，可以作为木材商人的保护伞和政治靠山，在过去，这是外地商人在异地做生意能否取得成功的一个很重要的保证。

三、携亲提友

受中国传统儒家文化影响，"天地君亲师，仁义礼智信"成为百姓日常生活的崇拜和伦理，提亲携友、尊师重教是开化众多村落儒家伦理的突出表现。如霞山村是个以郑姓为单一姓氏的血缘村落，族人外出经商选用人才时，必然先考虑本族本宗，一旦族人经商发达，事业有成也必然不会忘记族人乡亲，携亲提友共营商业成为外出木商普遍的选择，血缘村落又为宗族凝聚力提供了外部环境，在外地经商的霞山人具有相互提携以众帮众的传统。

大木商郑松如在杭州江干开设木行从事木业贸易，大量起用的是本族本宗人。据郑贵桃口述，20世纪40年代，开化人在外地所开设的木行多雇用本房（族）人，并由他们在林区从事采办木材、押运、监控等工作。郑贵桃本人就跟随郑松如从事木业采运三年多时间，一年往返开化、杭州好几趟，学到了不少做生意的本事①。更多的族人跟随本族木商

---

① 根据2007年5月15日在开化县霞山村与郑贵桃先生访谈结果整理。

学习做生意的本领，逐渐成长为大大小小的"山客"。考察华埠、马金、霞山等古时的木材商埠和林区村落，遗留至今的豪宅大院，大多为大小"山客"所建，区别仅在于房屋规模大小、雕刻精美程度、用料规格差异等，从中可以揣测房主生意的规模和财富的多少。仅霞山一个村从事木材贸易和服务的就不下几十人：有的为大木商所雇用；有的是为大木商做运输、生活服务等配套工作；有的自己是小"山客"，收购木材后倒卖给大木商。依靠宗族势力和亲友提携，开化木商走出大山外出闯天下，民国时期杭州江干木业市场上的"开化帮"① 是与"徽帮"②、"四花帮"③、"下港帮"④、"杭帮"⑤、"料板帮"⑥、"松板行"⑦等齐名的大商帮，木行的主要从业人员如司账、"塘店官"⑧ 等由于直接掌握山客和水客的盈亏之权，对木行的经营十分关键，且在木材产地均有深厚的人脉关系和产销渠道，所以多由同乡或本族人士担当。

四、经营灵活

木材采运和贸易是远距离、大规模、多环节的商品生产贸易活动，所需的人力多、资本大，经历砍伐、保管、运输、计价、结算、雇工、报税等诸多环节。抗战胜利后，纸币狂跌，木材交易进入以物易物交换阶段，木材市场多以大米、金、棉布等为计价标准。以开化市场为例，如果按照一条大木排运载约100"两"原木计算，所需价款大约合20000斤大米，一般木商望而生畏（表7-1）。

1930~1940年间杉木价格⑨   表7-1

	1935年	1936年	1938年	1943年	1945年	1948年
每"两"杉木原条价折合大米（市斤）	200	190	50	180	200	240

木材贸易中合股经营、集资借贷等是木商最常见的融资形式。在大型木材交易市场，一般"山客"大多资力不足，多需依靠银行金融的支持，有的也通过木行贷款调剂。由于木材采运资本巨大，利润丰厚，市场稳定，银行业均争投放款，形成"可与盐铁粮棉相比的最大行业之一"。而在木材产地林区更是缺乏现金，"山客"入山砍伐的工钱、粮食等一般由本族联合资助，或合股集资，或资金实物拆借，将分散的资金汇集成较大的资本。

---

① "开化帮"指以开化、常山、江山等县籍木商为主的群体。
② "徽帮"指专营皖南地区木材的木商群体。
③ 衢县、龙游、金华等地所产杉木，头部均切削成三角形，俗称为"四花木"，木商亦被称为"四花帮"。
④ "下港帮"指以建德、淳安、遂安（今属淳安县）等县籍木商为主的群体。
⑤ 指以桐庐、分水（今属桐庐县）、於潜（今属临安县）、昌化（今属临安县）等县籍木商为主的群体。
⑥ 指专营"处州府"（今丽水市）属松阳、遂昌等地所产坊料为主的木商。
⑦ 指转营松板的木商。
⑧ "塘店官"指木行熟悉业务、负责销售的主管，与各帮客商均有联系，精通业内行规，还必须有口若悬河、能说善辩的才能。
⑨ 根据开化林业志编写组：《开化林业志》，223~224，杭州，浙江人民出版社，1988数据整理。

木行或"山客"也有向地主、商人借贷或预支生活用品，并遵照商人指令义务代办糖、盐、棉布等商品运回抵偿，一般不需付现金，每月结算。木材采运过程中的资金占用时间长，成本高，一般"山客"出售木材后，扣除借贷成本、各种捐税、佣金、手续费等，往往不足卖价的八成可以收入。

木材贸易过程和资金运用特征决定经商过程中融资的重要和必要，灵活的资本合作和多样的借贷形式是开化木商发展的助推器。

第五节　老街兴衰

霞山的富裕显然得益于木材的购销贩运，但是，真正的富商是少数掌握木材资源和下游购销渠道的大商人和开设木行或木业公会的老板。我们很难想象，幼时出身贫寒，常受人欺侮的郑松如，少年时外出到杭州当学徒，仅仅用了短短九年时间就光宗耀祖，衣锦还乡，在家乡建造起了占地3000多平方米的豪宅大院。郑松如掌控的浙东木业公所和浙东大木行，利用与政界的特殊关系和金、衢、处、严各地山客的代言人身份的便利，通过诚信的、不诚信的，甚至是流氓黑势力的手段和方式，在进行木材贸易、中介居间服务等一系列贸易和服务中占得先机，迅速暴富的过程之快，令人称奇。正是依靠贩运木材所积累的财富，霞山郑氏族人不停地修房建祠，我们今天有幸看到的弥漫着荣耀富贵的大小宗祠、深宅大院、商业店铺，就是历史上霞山发展鼎盛时期留给我们的物质文化遗产。

霞山人靠山吃山、一夜暴富的传奇故事，可以使我们从一个侧面更清晰地了解木材对于霞山人的重要性。据传在明代初期，霞山马金溪畔木材交易一如往常，老街上人来人往。但一场突如其来的暴雨，顷刻间使马金溪水暴涨，上游的洪水裹挟着七零八落的木料倾泻而下。霞山人郑旦冒着被洪水冲走的危险，赶到马金溪边加固自己的木筏，以防被洪水冲散。此时，上游洪水裹挟的木料越积越多，迅速在郑旦木筏上游一端聚拢，一部分木料被洪水冲击直接嵌入到木筏下部，又通过水的浮力顶托起木筏，最后，木筏不堪负重与岸边锚固桩脱离，站在木筏上的郑旦也随木筏向下游漂去。不过此时郑旦的"小木排"已变身为体积是原来几倍的"巨无霸"，像脱缰的野马在汹涌的洪水中随波逐流。当洪水终于退去时，巨大的木筏已经远离霞山百里之遥，经历生死考验而筋疲力尽的郑旦一鼓作气将木筏直接放运杭州，飞来的横财造就了一日暴富的传奇。

财富的集聚使得富人家庭十分注意安全，如霞山老街上的郑宝槐宅院，在房屋各处构造暗设了机关：进户的大门内设弹簧，开关门时会发出"叮叮"的声响，室内主人立刻就知道有人进出大院；而大院内所有的房间内门在开关时均会发出不同声响，主人足不出户便可知道各个房间的情况和动静，靠着小小一扇门就使整个大院具有防盗和主人控制家庭成员的功能，一般外人很难知道其中的奥秘。

霞山因水成街，聚商成市，商业街沿马金溪畔逐步形成，这就是历史上初具规模的霞山老街。"前街后河"的空间布局兼顾由水路、山路前来交易的商人或消费的百姓，成为木商、排工补充生活用品、山民赶集、闲逛的好去处。依马金溪而建的霞山老街不在历史上形成的村庄范围内，街道两侧的建筑风格与村内一般民居也有很大不同。鳞次栉比的店铺沿着宽仅两米的青石板路蜿蜒延伸300多米，一头连着马金溪，街道外侧成排成片的木筏铺天盖河；一头连着霞山村，街道上熙熙攘攘，生意兴隆。老街的店铺店面、作坊、居住三位一体，保留江南地区商家"前店后坊"、"前铺后宅"的传统经营格局和特色，现在依然能从石灰墙面上依稀辨认出当年店名和货物宣传的痕迹，"南货贡面"、"花酒发兑"、"南货布匹"等字样。小小的街道上有卖布的，卖百货的，卖南北货的和肉铺、饭馆、酒坊、茶馆等众多店家，厚实的门板、临街的柜台、精美的雕刻无不透露出浓郁的传统商贸氛围，岁月的风霜模糊了粉墙上的店号，褪去了门板上的朱红，却显示出一种历史的真实和时间的厚重。由于商街同时服务于木排放运人员、流动人口和霞山本地居民，老街上人来人往、生意兴旺，常常是日夜营业，灯火通明。明代大学士商辂曾经用"十里长街灯火通明，百停木筏不见水道"的诗句描绘当年霞山老街的繁荣景象（图7-4、图7-5）。

图7-4 霞山河埠遗址

（图片来源：马金镇政府）

图7-5 霞山老街

（图片来源：马金镇政府）

因木而兴，繁荣了几百年的霞山村，进入20世纪中期以后，回归到钱江源头小山村的朴实原貌，商埠盛况已不复存在，只是散布在村里建筑工艺精美、宅院规模宏大的200余栋明清古建筑带给外人以无限遐想和惊羡。

霞山逐渐衰败的原因，一是长期的木材采伐使得单一支撑本地经济发展的木材蓄积量急剧减少，采伐数量大于成材林木蓄积量，霞山以上山区已经没有能力采伐更大规格和更大数量的木材来满足下游消费地的木材需求，而又没有找到新的产业替代逐渐衰败的传统木材砍伐业。全村现在批准采伐的木材总量在 100 立方米以下，允许自用的只有 10 立方米。从 20 世纪 80 年代中期以来就基本不建木结构住房，而改为建造砖混结构住房。二是公路的建设使陆路交通便捷、灵活的优点得以充分发挥，木材越来越多地由产地直接装车外运，不必再经霞山、华埠中转由水路运输完成，20 世纪 70 年代后，水路运输逐渐丧失优势，到 20 世纪末县境内水域基本断航。第三，新中国建立后，对私营木材商实行限制，逐步完善了木材统购统销体制，后又对私营经济实行社会主义改造。1952 年国营商业部门木材供应量已占到 80% 以上，私营木行纷纷关闭、转业，或成为国营公司的一部分。霞山今属马金镇，2006 年包括林木采伐在内的第一产业 GDP 已落后于第三产业 GDP 25 个百分点，与第二产业的差距更大。木材采伐作为霞山经济支柱产业的日子已不复存在。此外，解放初期，当地土匪频繁袭扰，致使社会动荡，人民不得安宁，直接影响到木材的正常生产销售和人员往来，由木材生产而逐渐繁荣的霞山老街，各项服务功能也因木材产业衰竭而迅速减弱、消失，老街难逃衰败的命运。

第八章　风声习俗

霞山郑氏虽然以经商起家，但是作为书香门第，仍以尊崇孔孟之道、程朱理学为人生哲学，在日常生活中重伦理，尚礼仪，尊尊亲亲，昭穆有序，这其中体现的是对宗族的认同、对祖先的崇拜、敬老重贤、赈贫恤寡以及和睦邻里的生活准则。①

第一节　人之常礼

人之常礼乃人在日常生活当中所应当遵守的礼仪。霞山郑氏宗族奉朱子《家礼》为信条。"凡吾子姓，但宜遵行文公家礼。"因此具有崇尚礼教的儒学文化特点和色彩浓厚的地域文化特色。

一、婚俗礼仪

霞山郑氏在开化为望族，明清时代与之联姻通好的多为当地的名门，如开化方豪家族、徐文溥家族，以及淳安毛际可家族等等。郑氏家族之所以对于儿女的婚姻问题极为关注，是因为"夫妇为人伦之首，万化之原"。一方面迎娶的女子入门，若品质不佳则影响郑氏家族门风，嫁出去的女儿若夫家不睦，则会产生事端，影响女儿的幸福。所以家训中专门有一条：

"一曰慎婚娶。夫妇为人伦之首，万化之原。岂容苟且。虽贫富不拘，而择婿择女之道，宜谨务访其父母品行、家教，及婿若女之性质，斯无错误，切弗慕其富贵，贪其便宜。以遗后悔。若逆乱刑人及恶疾之家断弗妄与议婚，亦毋许父母自擅嫁娶而不告于亲党，至六礼未能尽，行亦必与礼暗合。"

郑氏在择婿择女的对象上面尤显开明。提倡择婿择女贫富不拘，主要选择对方的人品、家教，尤忌贪图富贵。

与其他地区一样，男女婚姻关系的确定要经过一整套复杂的礼仪，计有：对八字、相亲、定亲、迎娶四个阶段，当然霞山也有自己的特色：

---

① 本章内容主要参考了《开化县志》（1988年版）及《开化风俗志》

对八字，即是将男女双方的生辰八字交换，交换之后要请地理先生用五行之说判断八字是否相合，如果不合则不予考虑，相合方可定亲。

相亲，或称"相郎"，即男去女家相看人品，过去男女双方不会见面，主要由家人相看，但是有的家庭也会安排女子从暗处观察男子品貌，而不让男方看到。所以也有个别代人出去相看的，就是冒充男方去女家，直至进入洞房真人才显身。

相亲之后择日定亲。过去男女双方一旦定亲，即确定婚姻关系，是可以受到法律保护的，除非一方提出退亲。故而定亲仪式较为隆重。男方准备"礼单果"给女方，数目以女方亲戚多寡而定，除此之外，还要送豆米、猪肉等，供女方前来祝贺的亲朋享用。开礼单是以红纸折叠成"礼单帖"，把聘金、彩礼的数目一一开列，作为日后迎娶时送礼的依据。彩礼名目吉祥，数量要用双数，一般由私塾先生充任此职撰写。

迎娶之前，男方要将迎娶的日子用红纸帖送到女方，是为"送日子"。一般来讲，迎娶的时间都是双方通过媒人沟通确定。男女双方都要通知亲朋好友届时前来祝贺，称"接人客"。

迎娶是婚姻习俗的主体部分，内容繁多而复杂。婚期当日，男方备花轿一顶，并带好迎亲礼仪队伍。花轿出发鼓乐爆竹齐鸣，轿到女方家宅前则内外都鸣鞭炮迎接。新娘子要浴身更衣，过去要头戴凤冠，身穿霞帔，脚穿大红花鞋，手拿尺、剪刀、铜镜三件物品上轿。临上轿要在长辈面前痛哭，名曰"思堂"，也有娘哭嫁称为"送上轿"。每个长辈送上一个红包，称"膝头包"。陪嫁的皮箱角里露出一块手帕角，临上轿时由弟弟扯去，以免女儿将娘家的财气带走。

男方派出的迎亲队伍人数为单数，回来时加上新娘便成双数，以取好事成双之说。花轿到了男方，新娘出轿，脚不能着地，由主持婚礼的人（利市人）背进房。然后行拜堂之礼。堂上往往以红绫铺地布袋垫路，取代代相传之意。

晚间席酒之后，请外公、舅父、舅公等男方外婆家长辈吃"果子酒"或"果子茶"，新郎新娘喝交杯酒，然后轮番给长辈敬茶或斟酒，由舅父讲些彩话，教以新婚夫妇相处之道，最后，舅父将大红包放入桌上托盘，其余人等依次照办。最后由舅父端托盘送新郎新娘进入洞房，并将房门带上，谓之"送洞房"。

闹洞房是各地都有的民间习俗，有"新娘入门三日无大小"之说，认为闹洞房不仅增加新婚

图 8-1　现代结婚用过的红烛、烛台和托盘

喜庆气氛，还能驱邪避恶，保佑新郎、新娘婚后生活兴旺发达，同时也可使新娘尽快熟悉认识男方亲友和新的环境。也有年轻人恶作剧，给新郎新娘抹锅底灰、听房、窃房等俗。

洞房次日，新娘要走"三朝"。头朝拜舅姑（公婆），二朝祭祖墓，三朝认长辈。

完婚之后第三天，新娘须择日回娘家慰亲，称"回门"。因在第三日，俗称"回三日门"。不能在娘家过夜，要当日返回。

现代的婚俗习惯已经趋于简单，没有太多繁杂的礼仪，但是订婚的婚俗习惯还依然存在。由于多数青年出外打工，婚姻圈范围扩大，同时婚俗礼仪日趋现代化（图8-1）。

二、寿庆礼仪

敬老爱幼，尊老敬贤是中国人的传统美德，在郑氏家族的家训中明确提出"敬尊长"，在宗族之中，尊长最宜隆重，是因为"与祖同行即如我祖，与父同行即如我父"。郑氏祠规中也有"族内年登七旬及绅衿辈，胙①倍之，至八旬九旬可依次加胙，所以尽敬老尊贤之意"。

祝寿，霞山村中也称为"做生日"。做生日主要是给小孩做周岁和给老人50岁以后每一个十年递增的寿庆纪念，一般年轻人和中年人不做。

为老人祝寿既是对祖先的感谢，也是对寿者的祝福。子孙晚辈为家中老人庆贺生日，则表达了对老人的祝福和关爱。为老人的祝寿一般在50岁以上开始，一般都是逢单做，逢双不做，即30岁、50岁、70岁要做，40岁、60岁、80岁不做。遇到双数寿诞要做也在头年，如80岁生日要提前在79岁做。传统上为老人做生日要行"拜寿"仪式，儿孙等晚辈要向寿星行跪拜礼。亲朋好友均以蹄髈、面条作为贺礼。同时篮里要放柏枝，以示与松柏同春。女儿们的贺礼尤其丰盛，至少要六色，中有联轴，寿词以"福如东海，寿比南山"为多。条件好、有名望的家庭还往往请官员或有地位有声望的族人、文人写寿匾和寿序，祝词常有"年高德昭"，寿序则有书写老人生平简历的，有俱为褒扬之词的等等，一般都是事前请人写好，装裱后于当日悬挂于堂屋内。霞山《郑氏宗谱》就收录了明清两代的寿序、寿词等多篇。

为孩子庆贺周岁在霞山称为"抓岁"，这是家长为孩子做的首次生日，隆重而热烈。孩子周岁，亲戚朋友需要携二荤二素礼前往祝贺，称"贺千岁"。过去需由本族族长授一把长命锁给孩子，现在则是家中长辈给孩子准备长命锁。所谓抓岁，是指生日当天，在孩子面前陈列各种玩具和生活用品，如文房四宝、算盘升斗、琴棋书画、秤尺刀剪等，随孩子任意抓取，若首先抓的是书本，亲朋就说："孩子长大肯定要作秀才！"以此判断其将来的志向和前途。其实刚满周岁的孩子能知道什么，自然不能当真，不过聊以增加热闹的气氛而已。

---

① 胙肉，祭祀时供神的肉。

第二节 丧葬习俗

所谓丧葬习俗是指父母亡故,如何居丧守孝,如何依礼归葬。传统上以土葬作为主要的丧葬形式。郑氏家训中专门有一条有关的"规定":

"一曰谨丧葬。送死,人子大事。先王制礼,有擗踊哭泣之节,衰麻饘粥之文,所以致其哀戚之情,自世俗专事浮屠,丧礼废而真情薄矣。凡吾子姓,但宜遵行文公家礼,一切筵宴庆贺,无得妄与。即五服宗亲,皆宜引分自尽,至葬埋之礼本有常期。今多惑于风水,久殡不葬,棺骸抛露,心何以忍?吾宗于父母既殁,即当埋葬,死者安生者自获福庇矣。"

养老送终自古以来就是晚辈对长辈义不容辞的责任。生要尽孝,亡要以礼。霞山一带关于丧葬有着一整套的风俗礼仪。

老人寿终,要迅速报丧以通知亲朋好友,报丧的人要手持白布一块,以代"讣告"。尸体入殓前,需要孝子买水来为死者"浴尸"。浴后替死者穿上寿衣,下到棺材之中,称"进棺"。棺里要放"天梯"(茅干杆制),以供灵魂升天之用。要以石灰包垫在头、手、足下面。石灰包个数应比死者年龄多几包。若死者为女性,则要将木梳折断放入。

盖棺后若马上要出葬可置于堂前,若要停放几天则要摆在桌底。古代一般习俗至少要停放七天才能安葬,实际上也是根据天气情况而定,若夏天则迅速安葬,冬季则可以稍长时间,过去有大户人家,多则要摆七七四十九天。现在一般最多三天,视孝子是否在家而定,如在家则第二天就可以安葬,传统为土葬,今则一律火葬(图8-2)。

孝子以及亲属的服丧按照五服之定制遵行。按照《朱子家礼》,五服即"斩衰、齐衰、大功、小功、缌麻"。根据亲疏关系之不同,分别穿不同的丧服。今日风俗习惯已经简化。

出葬之日,前有人抛撒"买路钱",孝子在其后,灵柩又随其后,再以乐队和送葬的人尾随。一路上要吹吹打打,一直送往墓地。

人死之后的墓地选择往往是要费一番工夫的,有的人在生前就给自己建好墓穴,称为"生圹",多数都是死后才确定墓地。一般人家

图8-2 因丧葬改革而弃置的棺材

往往找风水先生在村落附近选择一块墓地安葬，入土为安。富裕一些的人家往往为寻找所谓"吉壤地"颇费一番工夫，因此常常是人死而不葬，暂时厝在某处，等待几年乃至十几年才找到一块"风水宝地"，然后安葬。此一习俗在宋元之际就是如此。家谱载，郑氏霞山十二世郑瓒病故于元至元庚寅年（1290年），其母亲新安汪氏卒于元至元戊子年（1288年），母子二人去世之后，都没有立即下葬，直到元大德辛丑年（1301年）才选择吉地安葬，这时距离母子二人去世的年份已经分别过去了13年和11年了。汪氏宗谱中也有这样的记载，汪善华、善荣在《先显考立堂府君偕妣郑氏孺人墓志铭》中记载，其先考汪立堂死于道光庚子年（1840年），其母郑氏卒于道光丙午年（1846年），为了表达对父母的孝义，直到道光庚戌年（1850年）其表侄郑福才为其觅得"富贵吉地"，这年冬天的十一月方将双亲安葬，此时已经是他父亲去世之后的第十个年头了。民国时代同样有这样的记载，曾担任振新乡乡长的汪云锦，其父汪永松死于民国癸丑年（1913年），其母死于民国壬子年（1912年），就是为了寻找一块风水宝地，他的父母直到1929年才下葬。

这样的习惯在徽州一代也极为风行，然而却不能不说是一种陋习，人死之后不能即刻下葬，而是为了所谓吉壤而暂厝一处，不但不利于生者的卫生和人体的健康，而且对于死者来说不能入土为安，也是一种不敬。汪氏宗谱中有一篇汪资深写于道光丁酉年（1837年）十二月的《赠炳南觅柩双归序》，序中说，汪炳南"父母俱亡，未获吉地，暂厝高处"，不幸的是"甲戌年五月大水，开邑九十都为更甚，田地屋宇棺柩推荡无数"。在这场大水中，汪炳南父母的棺柩"皆被漂流"，为此，"炳南六月初四出外寻觅，背负冤帖，沿河细察。幸棺有字号。六月十七到兰溪毕大荣家，其母棺完好未坏；七月十四，到富阳城外高荣寿家获其父棺。前后费用二十余金柩始扶归故土"。相比较而言，汪炳南及其已逝的父母是比较幸运的，而多数人家都是不幸的，"大水横流，当日漂去棺柩，有棺开骨已沉溺者，有寻之半载周年终未得者，有知其在何处因家贫路远不能搬回者"。可以想象，为了觅得吉壤，最后让自己的父母葬身河底或不知何处，这岂不是一种极大的讽刺。郑氏家族意识到了这一问题，便在《家训》中写道，今人"多惑于风水，久殡不葬，棺骸抛露，心何以忍"？所以要求"吾宗于父母既殁，即当埋葬，死者安生者自获福庇矣"。

选择吉地，开挖墓穴，然后安葬。当灵柩下到穴中后，由地理先生正向，然后长子拾取稻根、杉枝置于灵柩背上，口称："大人，孩儿给你买田造屋了！"说罢铲上第一铲土，再众人齐上，顷刻间把灵柩埋起，并垒成一个土堆，遂成坟墓。富裕人家再在墓前立碑。

第三节　建房风俗

霞山郑氏族人在经商致富之后的第一件事就是在村内购地建屋，在家乡大兴土木。由于霞山的土地资源有限，因此在基址的选择上受到较大限制，但是地理先生看风水是绝对少不了的，一是确定建筑的朝向，二是选择建房工序的吉日，并写成"日子贴"，以供建房者按期进行。新房落成之日迁入新居时，将日子帖粘于壁上或镌石碑嵌于墙内，以作房志。但是一般人家镌刻石碑的少之又少，因此对今天判定建筑的年代带来极大不便。

开挖地基要祭拜土地，为避讳听到小孩哭声，一般在凌晨举行，据传是因为受孟姜女哭倒长城的影响。

由于传统建筑都是木结构，因此木工开工仪式要隆重一些，一般要请木匠喝"开工酒"，递红纸包，称为"画墨包"。现代一般也要送香烟。

木构架建筑施工中最重要的仪式是上梁。这里指的梁是中梁，或称"栋梁"、"正梁"。中梁要临时上山砍取新鲜树木为之，即选择"生木"，因为"生"就意味着"发"。砍倒时要设法不让梁木落地。抬回建房工地，东家要鸣火炮迎接。抬到时要安放在作马上，找人"守梁"，严防人从树上跨过。一般多有偷中梁之习俗，故中梁均是头天探好，天没亮以前砍回。伐取时要在树根上放钱币，作为树价由他人报与树主取回。有爱用椿树做中梁的习俗，因椿树红色，人称"吉树"。若不能以其为梁必取其树枝为楔子，穿在中柱上。

中梁做成，中间用青布线扎以红纸，两头缠以五色布，一头挂一只红布五谷袋，一只八角锤，再洒以鸡血。妆成斑斓一身，横于作马，远看宛如彩虹。上中梁时，木匠要唱彩词。一边用水酒，或用鸡血点涂四面屋柱，一边唱着："这只鸡，王母娘娘报晓鸡；这根梁，生在祖山昆仑山，谁能托得起，作马将军托得起。鲁班师傅量一量，不短又不长……"唱词有现成的，也有现编的，其中不乏独具文采的唱词，内容主要是吉祥话语。

中梁吊上房顶后，要行"抛梁"仪式。即由木匠一边唱着彩词，一边将东家准备好的粽子、橘子、花生、糖等从梁上抛下，让围观者抢夺，以兆兴隆发达。

上梁的最后一个仪式是"送圣"，或称"驱煞"。一般是木匠将斧头扔下，徒弟捡起向村口跑出去。后面有建房房主领人追赶，直追到河边，然后改道回村。

第四节　生产习俗

开化县是"九山半水半分田"的山区，田少山多，故以林为主。

徽州商人从南宋时代起就从事木材业，明朝建立之后，在南京大兴土木，建设需要大量木材，徽商又把目光放在了徽州周围乃至更远的地区。开化由于毗邻徽州，且盛产杉木，成为徽商拼木的重点地区。郑氏家族从事木材生意，应该说是向徽商学习的。起初的郑氏也就是利用自己山地出产的木材或者出拼或者自己放排到杭州出售。日积月累的经商经验和资金使得他们也逐渐放开手脚，开始经营。尽管近代开化的木材贸易已经萎缩，但是形成了一整套的栽植、管护和采伐风俗。

农历二月二为传统的植树节。整个开化县的土壤大部分适于种植杉树，杉树又是生长迅速的木材，霞山乃至整个开化山区的多数老百姓均以种杉为业，另有部分松树等。

栽植树木之后便要封山，这是为保护树木不被破坏，以便能够顺利生长。过去族人一起吃封山饭是很重要的仪式。一般由族长主持划定封山护林地带，并做好标记，封山之后，"刀斧不入"。族内召集全村人来吃饭，作为一种正式的通知和警示。

采伐俗称开山，也有称"割青"，一般要选择子日（鼠）或者申日（猴），其意谓猴鼠登攀敏捷，跳动自由灵活，可保平安无事。作为一种重要的生产工作，在砍伐时，必先祭告山神庙，无庙则在山路口设祭。

小户人家山林不多，往往自砍自用，或廉价出售给专做木材生意的"木客"，称此为"判青山"或者"出拼"，一般都要订立契约，定期砍树还山。霞山族人常常前往钱江源头齐溪等处拼买山头。郑贵桃民国时代曾作木客，常常挑着稻谷进山，以稻谷换取木材，时间久了在当地结识了不少人，更方便了自己的生意。

大户人家的山林往往也是贫民所造，采用"租山种粮，造林还主"的方式，即将荒山租与人种，头年播种玉米，次年开始间植杉木，三年玉米下山，山和杉木幼苗归还山主。

木材砍伐之后，要趁来年春夏之交的溪水丰水期由水路运出，一般在深山皆是做好标记，散排放水。到霞山水面渐宽，水势减缓，可以扎成大排起运。启运时，木客要举行开排仪式，宴请放排之人。由于马金溪山高水驶，遇大雨则暴涨，极容易冲散木排，造成财产的巨大损失，又有可能造成人员伤亡，所以杀鸡祭天，祈求莫降大雨。

第五节　文化风俗

一、放灯

灯文化是钱塘江源一带的风俗，春节期间盛行放灯习俗。各个村落都有不同的放灯时间，即俗称的"灯日"。最早的灯日是在钱江源头齐溪镇大龙村，时间为除夕。过了大年初一，山乡各村的灯日便接连不断。霞山村现所在的马金镇，各个村落都有自己的灯日，如姚家一村为正月初八，上街村、大淤村为正月十一，下街村十二，姚家二村十五，下田是正月十八，而霞山和临近的山头灯日为正月二十二，则是钱江源头最后的一个灯日。

村落灯日这天，往往要邀请亲戚朋友上门观灯，各家自然要设酒宴款待。多数的村落都是单姓的血缘村落，临近各村往往有着复杂的联姻关系，因而常常是一客数主，淳朴的山里乡亲四处找客，你拖我拉，生怕客人不来自己家里吃饭，出现"请客容易，揽客难"

的热烈场面。有了灯日，亲朋好友来得集中，场面显得热闹，互相交流方便，更不用在春节期间天天忙于待客应酬；而不同村落不同时间的灯日，又方便了亲戚朋友之间的礼尚往来。

马金霞山一带放灯，灯的种类繁多，有板龙灯、花灯、扛灯、布龙灯等。霞山村一般是板龙灯。所谓板龙灯，就是在一块木板上设置3~4盏灯，罩以灯笼，内点蜡烛，板上间插两面三角龙旗，旗上彩绘龙凤图像，或题诗句、灯谜；板端两头凿有圆孔，板间以木棍连接形成转轴，这样较长的板龙灯在行进过程中转动灵活；龙头龙尾以樟木雕刻，流金溢彩，张牙舞爪，威武无比。板龙灯的长度则依板数而定。传说一次霞山放灯，突然大风而起，风定之后，一块板凳不翼而飞，次日有人在西面山头上发现了此条板凳，人们惊为神异。霞山正月二十二放灯时照旧例是要将祖宗容像从大祠堂请出随着板龙灯一起在村内巡游的。放灯之日，全村男女老少一起观灯，大街小径人流熙攘，一派节日气氛，大抵是要借这个机会，让祖宗看看村落的繁荣景象吧。

二、高跷竹马

霞山的放灯之日是晚上迎灯，白天要踩高跷。而这种高跷与别处又有不同，是将踩高跷和跳竹马结合在一起的。所谓高跷竹马，即是在脚上绑上一米多高的木制高跷，身上套着竹骨纸面的各色竹马，穿上戏曲行头，通过步型的变化、行进表演的一种民间舞蹈。在衢州地区乃至整个浙江，许多地方都有竹马舞和高跷舞，但将高跷竹马连在一起的只有霞山。霞山郑氏后裔将流行于安徽一带的高跷和流行于浙西的竹马结合，表演者饰以李世民、李

图8-3 霞山高跷竹马队在训练

治、徐茂公、尉迟恭、秦叔宝、程咬金、薛仁贵、罗成八位的脸谱，并配上戏曲文官武将的行头，于元宵、春分、冬至等节日走街串巷、翩翩起舞（图8-3）。

霞山的高跷竹马舞历史极为悠久。传说是源自于开化始祖郑元珪，基于郑元珪出使突厥的史实，为纪念其突出的功绩而创。早期的霞山高跷竹马舞非常简单，一般设八个文官武将和一个带头小兵，没有多少复杂的舞步。明代成化年间，吏部尚书、谨身殿大学士兼太子少保淳安人商辂和霞山首富郑旦公义结金兰，与霞山结下了一段渊源。在他的带动下，高跷竹马加上了高跷劈叉、翻筋斗、交叉舞步、鲤鱼翻花等较为复杂的动作，人物也从9人增加到16人，使霞山高跷竹马的艺术品位得到很大的提高。新中国成立后，开化县文化局对霞山高跷竹马舞极为关注，指派专门人员对霞山高跷竹马舞进行收集整理，并组织专业人员对其进行艺术加工。十多年来，霞山高跷竹马舞参加了多次市、县级民间艺术活

动，并多次获奖。霞山高跷竹马舞作为一个独特的民间舞蹈，有较高的历史和艺术价值。

霞山郑氏后裔郑利岳是霞山高跷竹马的传人（图8-4）。其父郑锦礼已经80多岁了，也是霞山唯一健在的高跷竹马老艺人。儿子郑贞顺是全村会踩高跷的人中最年轻的一个。

三、戏剧

村落内的文化活动数戏剧最为上乘高档，霞山村民对目连戏、婺剧等最为偏爱。霞山的主要的公共建筑如大宗祠、爱敬堂以及永锡堂都有戏台或者临时戏台，每年各房族都会请戏班子唱戏。村内戏曲的演出一般多在农闲时的节日进行，有为纪念祖宗的，有酬神还愿的，或为举行庆典的，大都以祈福消灾为目的（图8-5）。

图8-4　郑利岳在展示竹马

目连戏源于唐代目连变文，以"目连救母"故事为主要情节。明万历年间，徽州祁门人、剧作家郑之珍（1518—1595年）根据民间流传的变文和说唱"目连僧（俗名'傅罗卡'）冥间救母"的故事编写出《目连救母劝善戏文》（简称《劝善记》），分上、中、下三卷，计108折（出），历叙傅相之妻刘青褒渎神明，被打入地狱，其子傅罗卡救母心切，遍历十殿地狱，终于母子团圆的过程。剧中吸收了许多民间传说和故事，富有浓郁的乡土气息。演出中将"唱、做、念、打"融为一体，穿插以筋斗、跳索、蹬坛等杂技表演，在戏曲

图8-5　永锡堂内演戏

（图片来源：马金镇政府）

表演艺术上独树一帜，对其他剧种产生较大影响。剧中集儒、释、道三教思想为一体，融汇贯通，流布广泛，在中国戏剧发展史上有着重要的地位。

目连戏在明、清时流行于皖南等地。九华山及青阳、石台、贵池一带均为其流行地，且极为兴盛，而浙西开化目连最为著名。据传开化目连源自徽州婺源，清代乾隆年间，安徽婺源人汪和元到开化苏庄乡富户村云台寺设道士班，以锡杖演目连戏，并向门徒传艺，为浙西目连班社之祖。嘉庆年间，苏庄大板人丁之天拜汪和元为师，学习技艺，登台演出。目连戏遂由开化流传到常山、江山、西安（衢县）、龙游等地，影响渐大。光

绪年间，开华马金乡杨和村张金元、张田发和界首村的余木芝等人成立"目连祖"，曾在田畈上搭台演出七昼夜，观众蜂拥，商贩云集，名噪一时。至今当地群众仍称该地为"目连戏畈"。

　　旧时看戏，男女不能混坐，即使夫妻也必须分开。若在公祠，男站天井女坐凳，有环廊的祠堂，则是男站天井女坐廊上，界线分明。因为男女授受不亲，如果混坐，尤其晚上势必有碍风化。这也是封建礼教在日常生活中的一种反映。

第九章　继往开来

众所周知，任何一个古村落都有生长、发展、衰落的过程，推动这一系列过程发生的是某种之于宗族来说非常重要的作用力，它可能来自宗族本身，可能来自经济制度，可能来自生产方式，可能来自人文背景，可能来自风俗禁忌，正是在这些力的作用下，传统乡土社会按照某种秩序恒常运作，经过长久的累积而最终外化成为独特的物质环境。目前的霞山较好地保存了村落的传统格局和大量的历史建筑，聚落的形态既受到强势宗族文化的制约，而在明清之际又受到商业文化的冲击，在两种力量的交织作用下，霞山古村这一传统聚落的形态既不同于单纯的血缘宗族聚落那样封闭内敛，也不同于纯粹商业聚落那样的繁杂与多元，呈现一种介于两者之间的形态，成为钱塘江流域宗族文化、耕读文化、商业文化尤其是徽州文化的强烈影响的浙西传统村落的代表。

霞山古村的历史文化遗产具备了《浙江省历史文化名城保护条例》中规定的三个基本条件：①文物古迹比较集中，并能较完整地反映某一历史时期的传统风貌和地方、民族特色；②具有较高的历史文化价值；③区域内反映历史风貌的建筑物、构筑物及道路、河流、树木等环境要素基本为历史原物，并有一定的规模。2006 年 6 月，霞山村被浙江省人民政府批准为浙江省历史文化村镇，这是霞山古村落发展的重要机遇。因而充分挖掘村落的历史文化价值，正确认识和处理村落发展过程中的矛盾和问题，抓住这一历史发展的机遇，制定古村落可持续发展的基本对策，可使霞山古村落得到更好地保护与发展。

第一节　村落价值

古村落是人类史上一项重要的文化资源，是人类长期适应自然、利用自然的历史见证。古村落的形成和发展是建立在封闭的自给自足的农业社会和自然经济基础上的，建立在当时封建家庭和以家庭为生产单位的时代。古村落代表着一段历史，承载着一份厚重的已逝去的文明。一般说来，传统的文化村落有着非常浓郁的自身文化特色，悠久的家族历史渊源，极好的自然环境基础，优美的人文生活气息。这些要素构成了古村落别具特色的历史文化遗存，代表了广大农村居民的生产生活方式。

一、钱塘江源头耕读文化和商业文化的典型

霞山古村经历了宗族血缘村落的兴起、发展和衰落的全过程,历代以来文风昌盛,同时以商养儒,人才辈出。霞山始祖郑慧公是宋天禧己未(1019年)进士,曾担任淮阳令一职,此后的郑氏一门既勤于耕稼,以求生存,又课子弟读书,以求发展,成为开化北乡典型的耕读世家。在宋元之际,开化木材资源开发利用的过程中,又积极参与其中,获得了极大的商业利益,以致家道殷富,形成了以贾养儒,贾儒结合的局面,更为家族的繁荣发展奠定了良好的经济基础,成为开化一带的望族,这是钱江源头耕读文化和商业文化共同作用形成的典型村落之一。霞山古村见证了中国传统农耕社会发展变迁的历史,对于研究传统农村经济文化发展史有着重要价值。

二、文物古迹、文化遗存和古建筑独具特色

霞山在现代经济文化发展进程中相对落后,当地村民无力改建现有住房,同时霞山人多地少的客观条件也限制了村落的发展,正因如此在无意间为我们留下了珍贵的物质文化遗产。霞山村现存大量的明、清以及民国时期的古建筑、构筑物,包括宗祠、庙宇、民居和钟楼、店铺、古道、古桥等丰富的建筑类型。霞山上下两村现有各级文物保护单位和文物保护点十余处,同时古村落的整体布局基本完好,能够完整地反映各个历史时期的传统风貌和地方特色。

三、自然环境与人工环境的和谐统一

村落周围群山耸立,前有石壁为岸,远有包山为朝;一涧清流环抱,去之如元。村落恰好处于所谓"腰带水"的位置,风水可称极佳,村落内部街巷蜿蜒曲折,走进村庄宛如进入迷宫,形成颇具特色的安全防卫系统。这种优美的山水环境与独特的村落格局,造就了浙西地区保存最为完整的村落传统风貌,维持着古村生存千年而不灭,是人与自然和谐相处的典范。

四、文化内涵厚重的社会生活状态

历经千年发展,今天的霞山村仍具有发展的活力。虽然,当年的官宦文人以及曾经的富商后裔们仍在古宅中繁衍、生活,但已没有了祖上的富贵荣耀。家庭生活现代化设施一应俱全,但村民生活方式依然原始质朴,形成物质生活与精神生活的对比反差。生命在延续,婚丧嫁娶、岁时节庆、民间艺术等传统文化习俗在延续的生命中薪火相传,成为钱江源头传统文化的具体体现和注解。

第二节 存在问题

民生和经济的诉求使霞山古村面临保护与发展的困局，令人忧虑的变化一直在持续不断地发生。主要表现在，一是随时间推移，古村落、古建筑进入生命晚期，产生不可逆变化，而建筑一旦倒塌损毁就不可再生；二是现代化发展背景下，耕读文化与宗族力量早已退出历史舞台，村民价值观呈现多元状态，对祖祖辈辈生于斯长于斯的古村落怀有十分复杂矛盾的心态；三是寻求突破传统农业经济发展格局的努力，在政策框架和制度约束下举步维艰。

一、村落保护与现代生活矛盾

传统民居是人们旧有的"日出而作，日落而息"的生产和生活方式在建筑空间与形式上的反映。随着时代的变迁，人口结构的改变，传统生活方式的改变，居民生活水平也日益提高，同时家庭结构简单化以及居民对现代生活品质的不断追求，都促使民居的使用模式和室内设计产生了相应的变化。霞山传统民居的平面格局——开敞的厅堂、幽暗的卧室和狭小的天井以及古村落原有的基础设施——狭窄的巷道、几乎断流的水圳和住宅卫生设施的缺乏，早已不能适应村民现代化生活的需求，卫生与环境条件日益恶化。

随着经济条件的改善，村民对改善居住环境的强烈意愿成为村落保护及发展的主要矛盾和问题。古民居建筑的占地面积较大，使用面积较小，容积率较低，维修古建筑的费用较高，因此村民对于古建筑保护的积极性不高。在精彩的外部世界引诱下，古村落居民的思维理念与行为规律发生了明显的变化，他们开始了对现代生活质量以及地位、富有等世俗观念的追求。他们渴望拥有类似城镇中的高楼大厦、彩色玻璃窗、防盗门等，为此，村民们在古村落内建造 $4\sim5$ 层的住宅，认为这就是现代化的象征，就是身份的象征。在这种强烈的内外文化的博弈下，家族传统精神悄然退出历史舞台，历史建筑由此遭到了抛弃与冷遇。同时近年来在全国轰轰烈烈的新农村建设活动中，对农村的水利、道路等基础设施和农民生活设施建设中，许多地方忽视乡土建筑保护的重要性，置乡土建筑、村落风貌于不顾，使得乡土建筑原有的生态环境、历史风貌格局被肢解，破坏了古村落和谐的人文和自然环境。

二、村落保护与产权问题的矛盾

霞山郑氏家族人口繁衍众多，人多地少的矛盾非常突出，20世纪三四十年代贫富分化严重。在解放初期一系列政策和制度的引导下，房屋建筑的产权发生了很大的变化。原有的深宅大院分配给多户共同使用，历史建筑由单一产权转换为多产权，以满足当时村民的居住需求。经过多年的发展和家庭人口的增多，同一幢历史建筑内各自为政，擅自改建。尤其是极富场所效应的正厅和天井，因多家共用而沦为杂物库，难以再现尊卑有序、和睦祥和的家居景观，导致了历史建筑承载的百年家族文脉的割裂，从而加大了保护规划中历史建筑复兴与内在文化重塑的难度。而且在这种情形下，保与拆，修与不修难以形成统一意见，有的干脆人去楼空，任其坍塌。

更为重要的一点是古民居产权私有，管理难到位，也给村落保护增加了现实难度。除郑松如故居目前是文物保护单位，为国有产权之外，霞山村其他古民居产权均属私人所有。《文物法》规定，文物保护单位谁使用，谁出钱保护，按照现行文物保护专项补助资金使用政策，专项资金不能补贴产权属于私人的文物，不少有重要价值且亟待维修的古民居建筑由于房主缺乏经济能力，又不能获得国家的资金补助，无法得到及时的维修保护。只能任由房主拆毁或自然坍塌。

三、村落保护与经济发展的矛盾

霞山古村落发展是传统耕读文化、宗族文化与商业文化交互作用的结果。然而伴随着近代社会经济的变革，霞山村落赖以生存发展的基础发生了改变。公路交通的便捷，使得钱塘江上游水路交通运输优势丧失，作为昔日繁华的埠头——霞山古村落失去了生机；霞山和钱江源一带林木资源减少以及国家对于林业资源的统一管理与开发，使得郑氏家族作为木商的经济基础荡然无存，商业老街失去了往日的繁华，商铺的功能不再，功能逐渐改变；祠堂等公共建筑由于缺乏有效的管护，日益破败，民居建筑则由于年代的久远逐渐被毁或者损坏。从20世纪40年代开始，曾经作为霞山村经济支柱的林木业生产（经商贩木、放运木排等）逐步退出了历史舞台，农业成为村落经济的主体，失去了商品经济的支持，昔日辉煌的村落走向了衰败。改革开放之后，尽管社会发展迅速，国家经济实力得到提升，但是偏处浙西的霞山经济的发展仍然比较落后。出于改善生活条件，增加收入的需要，近几年来青壮年劳力外流和人口老龄化使古村丧失了最有生气、最有活力的创新主体，村落经济也因此缺乏活力和蓬勃发展的态势；就连一些传统文化，拟议开展的古村落的保护和旅游开发也由于资金的缺乏而迟迟未见付诸行动，村落的经济仍是农业为主体，自然无法实现经济的快速发展。

四、村落保护与资金匮乏的矛盾

霞山古村落作为一个历史文化村镇，其乡土建筑数量之多，维修规模之大，所需费用之高，确实单凭居民、村镇或者地方政府一方的力量难以全部承担，资金匮乏已经成为制约乡土建筑和古村落保护工作的关键因素之一。霞山古村落现存的古民居就有约300幢，建筑面积约 29000 平方米，这些建筑从明至清以及民国时期，最短的建筑也已经约有 70 年，大都需要在短期内进行整治、维修或者修缮。这些传统建筑的维修费用往往要高于新建建筑，在现行制度下，居民对投资维修的积极性普遍不高。按照现行文物保护专项补助资金使用政策，专项资金不能补贴产权属于私人的文物。不少有重要价值且亟待维修的乡土建筑由于房主缺乏经济能力，又不能获得国家的资金补助，而无法得到及时的维修保护。

近几年，省有关部门和县人民政府投入了一部分保护资金，针对爱敬堂、槐里堂等公共建筑进行了一些维修，但相对于霞山古村保护工作量而言，依然是杯水车薪。许多文物古迹、古建筑年久失修，破损严重，亟待进行积极的修缮和维护。有关民生的基础设施建设、卫生和环境设施整治建设等更需要投入大量资金。

五、村落保护与管理落后的矛盾

古村落的保护和建设管理是一门学问，没有高素质、有文化、懂管理、会经营的人才就不可能完成保护建设的艰巨任务。开化县政府提出开发霞山古村落旅游资源的想法已经有一段时间了，但是目前古村落的状况却十分令人担忧，尽管县政府对于古村落比较重视，但是资金人员的缺乏成为制约古村落发展的瓶颈。霞山村原为霞山乡政府驻地，在霞山乡撤归马金镇之前，乡政府曾经对于霞山古村落的工作做出过努力，但是在撤乡并镇之后这一工作未能很好地继续，在镇政府一层没有专业的管理人员，或者说未能对于古村落的价值有充分的认识，当然最主要的原因是由于资金的缺乏，镇政府无法进行有效管理。目前的霞山村分为两个村民委员会，对于古村落事物未能进行统一和有效的管理。同时古村保护的管理机制、管理制度、管理人才都依然是空白，村庄保护规划相对滞后。由于缺乏必要的培训和实践，镇干部和乡村干部对古村落保护建设是边学习边摸索，存在一定的盲目性，而村庄保护建设又不能事事依赖上级或专业部门，历史文化遗产保护和村庄建设管理任务任重而道远。

此外，政策层面上的限制也是霞山古村保护的瓶颈。如要采取国内外古村落保护比较成功的"分区发展"模式，就必须解决保护区内村民外迁新区的周转建设用地。但国家宏观调控严格控制农用地转为建设用地后，农村建房的土地供给几近于零，乡土建筑（旧宅基地）不拆，不批新的宅基地，没有特殊和灵活的宅基地政策，村民为改善居住条件只能"改旧换新"、"拆旧建新"，目前村落中已经有许多古建筑进行多次改建或翻建，古建筑真实历史信息被毁，原真性荡然无存。在村庄周围也新建了住宅，但是其建筑形式、体量、材料、色彩、风格等与霞山古村的整体历史风貌极不协调。如果不尽快落实古村落保护规划，古村落将很快会变得面目全非。

第三节 发展对策

20世纪中叶以来,乡土建筑受到国际建筑史界的关注,建筑史学界的目光逐渐由帝王建筑、宗教建筑等拓展到了乡土建筑领域,乡土建筑遗产广泛分布在传统村镇中,它们是物质文化遗产的重要组成部分。与此同时,乡土文化作为历史文化的一个重要组成部分近年来也受到不少有文化良知和历史责任感的专家学者的广泛关注,在传统古村落与传统乡土文化的考证、保护与研究上,取得了不少成绩。就建筑学界和其他如历史文化学界等而言,在长期的学术研究中,乡土文化和乡土建筑的价值始终没能获得足够的重视,然而在几千年的中国传统社会中,乡土生活却始终与城镇生活并行存在,它相当完整客观地反映了中国传统社会文化的另一层面,因此要对古村落进行全面系统的研究,才能弄清乡土文化的根源、脉络和表现形式,建立合理有机的乡土文化体系;对于非专业的普通民众,尤其是城市民众而言,乡土建筑和乡土文化能够带来一种前所未有的文化经历,是身心陶冶的一个重要途径,因为能够实现以他者的眼光审视别处的新鲜与满足感而成为人们日益向往的旅游资源;对于各级政府与相关权力机关而言,古村落保护和建设,特别是旅游和开发,是一项提高地区经济收入的途径。因而无论学术需要,还是利益驱使,客观上都带动了古村落保护的热潮。

霞山古村以及钱塘江源头一带古村落、古建筑遗产和民俗民风等非物质文化遗产,是先民创造并留给后人的丰厚精神财富,古村落的规划思想、建筑布局、艺术和技术特点等,不仅对现代建筑、村落规划有着一定的参考价值,而且对钱江源风景旅游事业的发展具有特殊意义。如何通过统筹规划,综合协调,有效保护,合理利用这些财富,发挥古村落的社会效益,取得经济效益、环境效益,是霞山古村发展亟待解决的问题。

一、古村落发展的背景与机遇

霞山村和其他许多"历史文化村镇"一样,被改革开放以来中国快速发展的城市化和现代化拒之于门外。然而,随着社会主义新农村建设的逐步开展,文化旅游和生态旅游的崛起,错过了"建设"和"发展"的霞山古村正面临千载难逢的发展机遇,把握机遇,加快发展,不仅可望重现生机,甚至可以独领风骚。

1. 生态绿色、历史文化与和谐人居环境成为农村建设的主旋律

伴随着农村生活水平的从温饱型向小康型迈进,高质量的农村居住、工作和休闲环境成为广大农民群众的重要追求。生态绿色、历史文化与和谐人居环境的理念正成为村庄规划建设的主旋律,生态经济、生态环境、生态技术越来越多地运用于村庄的建设发展中;

尊重历史，保护历史文化遗产和非物质文化遗产的观念也已深入人心。钱塘江源头的山水环境以及古民居、古村落等开展旅游项目的自然和人文资源丰富，已经为省内和国内所关注。霞山古村落是祖先留给我们的珍贵文化遗产，通过合理的开发利用可以丰富村庄建设的文化内涵，提升建设档次。和谐的农村人居环境是村庄建设发展的目的，同时也可以作为古村落开展旅游开发的资源。传承古村落"天人合一"的和谐人居环境建设内涵，改善基础设施条件和住宅室内卫生条件，使农村生活接近自然、亲近自然，享受与城市同等质量标准的现代化生活，同时也是发展村落经济，提高农民收入的重要途径。

2. 各级政府对农村建设的政策倾斜

目前，从省、市、县到乡镇各级政府，都在进一步加大对农村建设的政策倾斜，通过新农村建设，提高广大农民群众的生活质量和文明素质，以使农村面貌有一个更大的改变，使农民素质有一个更快的提高，使农业发展有一个更好的环境。最近几年，各级财政加大农村建设的投入力度，增强农村接受城市辐射的能力，推动城市基础设施向农村延伸，城市社会服务事业向农村覆盖，城市文明向农村辐射，如霞山一村、二村通过政府的投入，已经分别于2007年、2008年铺设了自来水管道，解决了村落中的饮用水问题，这一问题的解决对于改善村落环境和居民的卫生条件起到了重要作用，利于村落经济与社会协调发展，以及人与自然和谐共处的新格局。

3. 旅游产业的快速发展推进乡村产业结构的转型

开化县政府从1998年开始，就以钱江源森林公园成功申报国家级森林公园为契机，有组织、有步骤地开展了旅游规划管理工作，先后编制了《钱江源风景名胜区总体规划》《钱江源百里绿色长廊建设总体规划》等。这两项规划将霞山古民居确定为钱江源景区的主要景点之一，并规划从钱江源经齐溪、霞山、马金、音坑、城关，到华埠至常山交接处，通过退耕还林、山地造林、封山育林、河道整治，形成浙西地区最具观赏价值的钱江源百里绿色长廊风景旅游线，其中霞山古民居、霞山石壁山及其古道、石梯等风景旅游资源如果得到合理的开发利用，可以作为百里长廊中一道亮丽的风景线。这一计划的实施可以满足当代最风靡的文化、生态、乡村和红色旅游活动的需要。适度合理地开发风景旅游资源，不仅可以向世人展示霞山古村积厚遗远的历史文化遗产，提高霞山村知名度，并可以此推进传统农业向现代农业和第三产业的经济发展转型，完成村落产业结构的升级换代。

4. 区域性基础设施不断完善

黄衢南高速公路和杭新景高速的建设将使霞山对外交通条件得到根本性改变。起自黄山景区的黄衢南高速通过浙皖交界的西坑口，并在马金设互通立交，这两个出口将成为钱江源景区和开化县的北大门，霞山通过高速公路到区域中心城市的时距大幅缩短，至黄山仅为一小时车程，重要的是把黄山、武夷山及杭州三大旅游区快速连接起来，打造大金三角经济旅游圈，并把金华、丽水、衢州与邻近的黄山、景德镇、南平等九个市连为一体，有利于四省九市间的经济协作，人员、物资、信息交流将更为频繁便捷。霞山古村处在钱江源风景区，对霞山和马金溪上游的钱江源国家森林公园、莲花景区、钱江源大峡谷、水湖景区、古田山景区等主要景点和下游的宋村十八洞溪口、根雕园、芹江风情等景点进行合理组织，构成自然生态原始、山水环境优美、人文积淀深厚的旅游线路，为霞山乃至开化的经济社会特别是旅游发展提供广阔的市场空间。

二、村落保护的原则与理念

1. 霞山历史文化村镇保护要遵循的四条原则

一是保护历史的原真性原则。所谓原真性，又称为原生性、真实性、确实性、可靠性等。对于一件艺术品，文物建筑或历史遗址，原真性可理解为那些判定文化遗产意义的信息是真实的，也表明文化遗产的创作过程与其物体（艺术品、文物建筑或历史遗址）实现过程的内在统一，其真实无误的程度以及历经沧桑受到侵蚀的状态。原真性的含义囊括了真实性、整体性和完整性的原则，亦即要尽可能多地保护真实的历史遗存，从尊重历史、延续历史、传承历史的角度，对历史建筑积极保护维修整治；同时要保护传统风貌的完整性，不但要保护建筑物本身，还应保护构成古村落环境风貌的各个要素（包括道路、溪流、古树、木桥和山水环境等在内）的外貌特征，做到尊重历史痕迹，统一整体风貌。

二是动态保护的原则。古村落的保护不能是迁出居民实施静态保护，而要保护古村落的实体环境，保护以居民生活为主的社区环境。亦即在规划保护物质实体环境的同时，着重保持社区的稳定和居民生活的正常秩序；在保持古村落历史文化传统的同时，保证村民居住环境的改善和居住水平的提高，在动态变化中寻求古村落保护的最佳途径。

三是公众参与的原则。村民是古村落及其文化的拥有者，是古村落文化景观最为重要的因素，是古村落文化发展的动力和源泉，更是保护古村落的主体。他们对古村落的情况最了解，也应该最有感情。要通过宣传、教育，传授保护的知识和方法，帮助他们克服对古村落文化的"自鄙"心理或者古村落保护过于依赖政府的心理，珍惜祖先留下来的宝贵遗产，建立起村民自发保护的机制，激发和提高村民的保护意识。

四是维护生活的延续性原则。在改善生活条件的前提下，保证村民继续在古村落内生活和生产，展现和保护乡土生活多样性的文化价值。我们不能只陶醉于传统民居的意蕴而漠视其中居民的现实生活。因此改善古村落的居住环境，包括改善基础设施条件和改善传统建筑的居住要求是古村落保护中最现实的问题，不能光强调保护而忽视村民的生活需求。对大多数非文物建筑应该允许村民在保留历史风貌的前提下，改善其内部使用条件，满足现代居住生活的采光、通风、保温和卫生等需求。

2. 霞山古村保护要树立和谐发展的三个理念

（1）建设开发与保护培育的结合

在当今全球经济一体化和社会变革快速发展的背景下，不应企图以文化遗产为摇钱树，纯粹用以推动当地旅游及经济发展。其实无论是物质还是非物质文化遗产都是十分脆弱的，对村庄的过度开发将对古村落造成严重的负面冲击，不仅可能损耗原生的历史文化遗产，甚至剥夺了本村的参与性和参与层面。古村落保护应缓慢推动文化多元性的可持续发展，切莫急功近利。

村庄是一个不断发展、更新的有机体，霞山古村要实现现代化，建成小康社会，使村民过上富裕生活，就必须走新区建设开发与古村保护培育相结合的路子。古村保护重点是山川形胜、河湖水系、古树名木等村落选址的自然背景，郑氏家族后人生产、生活、休憩形成人文景观的自然环境，村民生产生活创造产生的物质环境、历史文化遗产等人工环境，体现自然和人工环境两者历史文化内涵和反映村民社会生产、生活习俗、情趣、文化艺术、礼仪风俗的人文环境等三个部分。新区开发建设则应与古村传统风貌相协调，可以适当安排不宜在古村内布局的交通、商业、旅游服务和小型农产品初级加工厂等功能。

（2）经济发展与文化传承的互动

按新农村发展的规划布局原则，历史文化与生态绿色农业旅游及服务业宜成为霞山经济发展的主要选择，对教育程度较高、经济收入较稳定和年龄渐长的游客来说，积极寻找跨文化的接触与体验，深入地方历史文化、生态和绿色旅游具有特定的吸引力。但是外来游客的大量涌入，不仅可能对一个地区的交通、公共卫生等基础设施造成过度的负荷，从而破坏了原有的环境，游客本身的生活习性及偏好也加速了生活形态、文化与价值观的同构化，从而失去了地方文化的特征。

许多地方古村落发展实践证明，旅游发展是传统文化复兴传承很好的平台。通过传统民间文艺、传统手工艺的表演，产品的纪念品或工艺品定位，文化产品的品牌建设等措施，可以扩大地方文化的影响力，提高手工艺产品的附加值，实现经济发展与文化传承的互动。传统民俗称谓与现代时尚内容的结合，亦古亦今，相映成趣，只是知道内在含义的人真的很少，工作人员的理解、宣传或许能扩大传统民俗文化的影响力，但要防止为迎合游客的口味而丧失地方传统文化的原汁原味。

生态绿色农业与农家乐旅游是很有发展前景的产业，霞山村所在的马金镇已经有部分村庄开展了农家乐等旅游项目，钱江源的秀丽风光已经成为省内乃至整个华东区域城市人们旅游休闲的最佳选择。作为通往钱江源头的必经之路，霞山古村目前在农业生产、瓜果种植、家畜养殖方面已经有一定基础，应在这方面继续努力，使"绿色"农家菜成为吸引游客的招牌。生态绿色农业生产只有向专业化，品牌化，商品化，生态化方向发展，在文化旅游、乡村旅游的推动下，才能增加农产品的附加值，实现经济发展，农民增收，走出古村落新生的发展道路。

（3）传统建筑与现代生活的融合

建筑是一种生活模式的表现，我们不能也不应抽离了现实时空，把乡土建筑局限于某一特定的社会或历史范畴内，变成一个特别的个体去考虑，这种研究方法和态度只适用于博物馆内一些不复生长的文化遗产和历史文物。乡土建筑是活生生的东西，是今天许多不同种族的人类面对现实的居住问题而产生的创作，我们在了解起源的同时，更要考虑其不断的变化，给居民提供现代生活环境和条件，以适应明天的社会。景观上的原生态生活状态,实质上的现代生活质量,保护村落格局,保存建筑外貌,改造内部设施是传统建筑与现代生活相融合的主要途径。

三、古村落发展目标与保护规划

霞山古村是浙江省历史文化村镇,村庄规划作为古村落发展建设的蓝图,是霞山村建设的基本依据和经济社会发展的重要手段。但是单一保护目标取向的村庄规划忽视了古村落多元、复杂的生产生活功能和实际生活状态,在实施过程中容易走入规划束之高阁、建设性破坏、居民意愿和遗产保护的矛盾之中。

霞山古村应以全面、协调、可持续的发展观为根本,保护是前提,再生才是目的;保护以延续历史空间形态,再生以延续和发展生活形态,霞山古村发展的终极目标是构建和谐宜人的人居环境。为此,霞山村可持续发展目标可定位于:耕读传家生活村落、水绕山环风景村落、积厚遗远人文村落、传统风貌旅游村落,形成霞山古村的场所精神和钱塘江风景名胜区特色鲜明的人文景观。

1. 耕读传家生活村落

千年霞山古村一直是个单一血缘氏族村落,郑氏家族世代居住繁衍,耕读传家,成为浙西钱江源一带耕读社会的典型村落,居住功能一直是霞山村的主要功能。构建耕读传家生活村落目标就是继续将居住功能作为村庄长期的主要功能,保持传统的真实的生活场景和文化氛围。耕读传家生活村落的构建遵循"以人为本"原则,即以人为价值的核心和社会的本位,把人的生存和发展作为最高的价值目标。

随着经济社会发展、区域基础设施完善和城市化进程加速,霞山村的发展面临重大的发展机遇,以村民改善居住生活条件的意愿为基点,把更新改造作为保护的基础,按照城乡统筹发展的原则,对非文物建筑在不改变外观的条件下,对建筑内部进行必要改造,配置现代化生活必需的基础设施和社会服务设施,重点改善村庄的道路交通、给水排水、供电通信、环境卫生设施、绿地环境和村民住宅内部的各项生活设施。经济发展相对落后和人口外流的现状只是暂时的,它的未来发展前景绝不是衰败、消失。通过各级政府、村集体、村民和社会各界的不懈努力,我们可以憧憬的是,在不久的将来,历史上文人雅士纷至沓来盛况的重现,现代人生活的"世外桃源"情节和理想在霞山古村得以实现。

2. 水绕山环风景村落

以山清水秀的自然风景资源和积厚遗远的人文风景资源为依托的霞山村,是钱江源风景名胜区的重要组成部分,霞山古民居的人文特色、霞山八景的自然景观等是整个景区的核心,集自然、历史、文化、传统于一身,为自然山水赋予浓厚的人文意蕴。古村落与自然山水共存共生,唇齿相依,古村发展建设强调村庄和自然的相互尊重,地脉与文脉的相互交融,保存和严格保护山体、水系植被等体现村庄环境特色的自然要素及村落格局和形胜。按照历史文化遗产保护理念、古村落保护的规划布局和钱江源风景名胜区总体规划对风景资源保护、典型景观、村庄建设的要求,对在历史文化村镇内与保护规划不符的各项建设，影响环境景观和视觉效果的建筑物、构筑物等都必须采用改建和整治等方法，使之与自然山水环境、历史文化环境相协调。

3. 积厚遗远人文村落

主要以非物质文化遗产为基础，保持弘扬霞山村民团结、勤奋、诚实、吃苦耐劳的精神风貌和淳朴民风。非物质文化遗产是古村落物质文化遗产不可或缺的内容，对霞山村而言，不仅需要保护古村落的传统风貌，还应该保存原生态的生活内容和淳朴民风，在物质和精神两个层面上使历史文化遗产高度契合和镶嵌，才是霞山历史文化遗产保护的根本价值取向。村庄规划建设充分考虑非物质文化遗产活动和展示空间，取民间文艺的迎灯、舞龙、传统戏剧、高跷竹马等的精华，以外来游客为主要对象，进行展示、表演，既可保存和发展民间文艺、手工艺的精华，又能为风景区游览观赏、参与性旅游提供独具魅力的人文旅游产品。

4. 传统风貌旅游村落

以保护、延续、发展传统建筑和空间景观系统的理念，在保持历史真实性、风貌完整性的前提下，以保存、保护、整饬、更新、暂留等方法和技术手段，全面保护历史文化村镇的古建筑、古商铺、古钟楼和水井、古桥、古道、古树名木等空间环境要素，真实完整地展现传统建筑和空间景观。充分发挥村落传统风貌及物质文化遗产对现代建筑设计、新农村建设规划的研究参考作用，并推进旅游发展，构建外来游客乐于前来观光旅游的旅游环境。

第四节 保护措施

国家文物保护单位早就提出过"有效保护，合理利用，加强管理"的文物保护方针。有效保护，就是要落实文物保护的责任，强调文物保护首先是国家的责任，要求各级政府把文物保护纳入当地经济和社会发展计划，纳入城乡建设规划，纳入财政预算，纳入体制改革，纳入领导责任制；同时强调社会保护义务，动员全社会的力量，调动各类社会组织和广大人民群众保护文物的积极性。合理利用，就是在充分肯定文物所拥有的科学、艺术和历史价值的基础上，发挥其文化教育作用、借鉴作用和科学研究作用，把文物利用作为一项优势资源进行开发。

纵观国内外古村落保护与发展的历程及实践，在保护与利用并重，因地、因时、因情进行综合思考，积极寻求有特色的、有个性的保护与发展模式，以实现社会、经济和环境效益。针对霞山古村落的现状和优越的地理位置，同时结合钱江源一带风景旅游资源的大环境，古村落保护宜以自然整合的方法，通过对古建筑的维修和古村落整体风貌的整治，发展古村落文化旅游，以提高村民收入，改善和提高村民的生活水平和生活质量。

一、古村落自然环境的整治

前文讲过霞山古村落及其周围的山水环境优越，在群山环抱之中的霞山村拥有丰富的山水旅游资源。霞山之青云岭依然巍峨耸立于悬崖之上，虽然栈道已毁，但是徽开古道上213级石梯仍可蜿蜒直上山顶；紫雾崖下的山洞内，石蟾蜍已经不见了踪影，然而千年来经午不散的紫气仍似乎依稀可辨；紫雾崖上的蓝峰还在蓝天上描摹着霞山优美的自然景色；还有"翠嶂列屏"、"丹山拱秀"、"元水清流"等等自然景观，只需稍加整治，即可再现昔日的风姿，成为霞山乃至钱江源百里绿色长廊重要的景点，同时在大小辛田（龙村畈）发展绿色农业和果蔬种植，展现旧日"绿野耕云"的胜景，为霞山古村落的旅游业发展和经济的新生奠定基础。

二、古村落布局的规划调整

霞山古村落布局和结构肌理以及建筑群整体保存基本完好，因此在古村落的保护利用过程中，古村落的布局和风貌的整治处于中心地位，要修葺古建筑及村落环境，发展生态旅游与文化旅游，当然在发展旅游经济的同时，关注旅游对自然资源及古建筑这一不可再生的资源的影响。从发展旅游业的角度出发，对于霞山古村落总体布局可以这样考虑：一是可以结合目前村落周围新建建筑集中的现状，将旅游辅助——商铺、饭店、住宿等设施设置于周边，控制游客流量，净化村落内部的生活空间，还原其原有的宁静的生活氛围，发展可持续旅游；二是对霞山老街两侧的建筑在对原建筑外貌整修、内部改造、环境梳理后，还原其原有的商铺功能，将其置换为古玩商店、茶室、咖啡店等符合现代人生活模式的建筑，作为该旅游点的生活辅助功能所在。这样既体现了老街的传统风貌，又能够注入现代的元素，不仅可以取得可观的经济效益，也起到保护原有建筑的效果。

三、古村落传统建筑的保护更新

村落内的传统建筑以及部分新建建筑结合具体情况，分别采取保护、改善、更新、整治以及拆除等办法。

保护就是一定要保持原真性，以求真实反映历史遗存，这是对古村历史文化保护区内的文物保护单位，如槐里堂、郑松如旧居、爱敬堂，以及风貌典型、质量较好的历史建筑，如梨园聚、暗八仙等院落可以采取的一种保护方法。这些建筑有的已经经过修缮，有的亟待修缮。总的原则是修缮时或对个别构件加以更换，尊重历史建筑的美学，历史和造型的真实性，修旧如旧，以存其真。

改善是针对古村范围内非文物建筑物的保护，虽然不要求和文物建筑同样严格、规范，但是要确保霞山古村的"延年益寿"就必须在保护更新中确立以下基本原则：一是最大限度保护建筑原状部分，尽可能多地保留历史信息的载体——构件、材料、雕刻、器物、家具、铺装、楹联;二是尽可能少地增添和拆除建筑构件或设施,可以适当增建或更新享受现代生活必需的设施、构件,主要是住宅的上下水卫生设施、屋顶、窗户和为安全采取的结构加固措施等;三是建筑的修复、改善要与周围环境协调统一,保持古村的传统风貌与氛围,不能将单个传统建筑从其历史形成的环境中孤立出来。

更新是对古村传统风貌影响严重的建筑物或是历史建筑但已严重损毁的,采取拆除重建的办法,保证古村风貌的协调统一。重建应根据历史资料和原貌进行,可以采取历史建筑异地移植或利用历史建筑构件等方法。

保留、整治与拆除主要是针对村落中的新建建筑而言,如果建筑质量较好,且外貌和风格与传统风貌环境没有大的冲突,可以保留;对质量较好,外貌和风格与传统风貌环境不协调的建筑进行强制性整治,包括外立面整治、平改坡、削层降高、更改外墙色彩等措施;对于破坏空间环境和传统风貌的建筑应予以拆除,并根据规划要求将拆除后空间更新改造为公共空间、公共道路或其他环境绿化设施。

四、古村落居民传统生产和生活文化内容的保留

我国对乡土建筑的关注及认识,经历了一个由建筑单体到群体及古村镇,从注重建筑结构、艺术欣赏到建筑环境、文化内涵的深度发掘这样一个渐进过程。从开始对传统民居建筑进行调研,注重的是建筑结构、形制以及装饰艺术等的研究,到20世纪80年代后期以来,学术界开始把目光转向民居聚落文化、乡土文化及其历史环境等多维视角,并力求把乡土建筑与乡土生活联系起来研究,把重点放在聚落整体上,放在各种建筑与整体的关系以及它们之间的相互关系上,放在聚落整体以及它的各个部分与自然环境和历史环境的关系上,突破了前一个时期较为单纯的研究内涵,大大拓展了研究视野。

对乡土建筑的保护同样也经历了一个由局部到整体,从单纯的建筑形式到功能内涵、聚落形态及其蕴涵的文化保护的重大转变。保护文化的多样性是国际社会的共识,联合国教科文组织于2001年通过的《世界文化多样性宣言》提出:"每项创作都来源于有关的文化传统,但也在同其他文化传统的交流中得到充分的发展。因此,各种形式的文化遗产都应当作为人类的经历和期望的见证得到保护、开发利用和代代相传。"人们不再满足于博物馆式的保护方式,也不再满足于仅仅保护它们的物质形态和依附于这种物质形态而存在的历史信息。那些伴随着乡土建筑、聚落形态而存在的有生命的文化内涵、氛围、环境受到人们的关注、认识,成为保护的重要对象。

霞山古村落所要展现给世人的并不仅仅是建筑本身,还包括了聚落空间、传统风貌、历史环境以及依存于聚落本身的非物质遗产。正如《乡土建筑遗产宪章》所说,保护"不仅包括建筑物、构筑物和空间的实体和物质形态,也包括使用和理解它们的方法,以及依附其上的传统和无形的联想"。在历史演变过程中,建筑通过与外部环境相互作用,在建筑本身及外部环境留下的作用结果可视为建筑的生命印记,古村落的形态和建筑等等物质载体是郑氏族人生长于斯,繁衍于斯,兴旺于斯的整个历史过程的见证,因此置换式或者所谓剥离式的古村落保护和博物馆式的保护并不是霞山古村落保护发展的可行方式。保证现有居民正常的生活状态不受影响，并能够在村落的保护和发展中受益，从而改善生活质量是古村落保护发展的重要目标，同时也是对于乡土建筑保护方式的最佳选择，只有这样，才能以原生生活场景为目标导向，使历史建筑和群众生活都保持原生态，同时改善生活条件，并保持历史文脉和整体环境的协调，以恰当的功能策划和设计融入景点空间环境中，再现历史场景，而不是让包括居民日常生活在内的非物质文化遗产和民俗文化日渐边缘化、零散化、空洞化。

对于古村落的保护，一方面是希望获得传统建筑空间布局、构造做法、材料运用等物质层面的知识，另一方面是希望透过物质载体解读中国传统乡土社会独特的运作方式。就全社会的角度而言，我们倡导正确保护古村落，是因为它们携带着中国文化最草根的信息，是我们弥足珍贵的文化土壤。霞山个案告诉我们一个古村落可能是一类乡土文化的孤本，失去了将永远无法复制。因此，在经济迅速发展，城市化步伐如此之快的今天，那些具有鲜明地域特色，蕴含着丰富乡土文化信息的古村落，是我们民族历史和文化的见证。失去便不可再现，必须加以慎重保护！

附录　文献典籍

霞山郑氏代有人才,自宋代郑慧公迁居丹山起,或从仕为官,或隐居山野,如郑律公曾任淮阳令,其四世孙郑子谦曾任建州学政,郑瓒曾任国子监大司成,其三子天麒、天麟、天祥担任国子助教,直至明清两代出任典史、县丞、教谕等以及更多的贡生、国学生和邑庠生,文风鼎盛。

自明代初期开始,郑氏族人利用霞山的地理位置优势和开化山区生产木材的资源优势,开始从事木材生意,家族日益繁荣,成为在开化乃至衢州一代相当富裕的家族。尽管郑氏族人在这一时期出仕的人物并不多见,但是对于教育还是相当重视的,虽然入仕的不多,但是大都接受过正规的教育,因此都是所谓"儒商",并广泛结交社会名流,一时间霞山文人雅士云集,甚至与郑氏联姻的也都是开化以及遂安、淳安一代的书香世家,正所谓"谈笑有鸿儒,往来无白丁"。

在明成化年间,郑氏后裔郑用华收集了前人所遗之文,汇编成册,命名为《世美集》。并敦请淳安人曾任荣禄大夫的胡拱辰先生为之撰写序文。胡拱辰,字共之,系明代正统四年进士,初为黟县知县,期间施行惠政,被擢升为御史。明景帝时被任命为贵州左参政,后调任广东、广西、四川担任过左布政使和右布政使,期间平定了多起匪寇的叛乱,深得皇帝的信任和倚重,官至工部尚书,后以年至乞归。胡拱辰致仕回乡之后,并不以自己曾经担任过工部尚书而骄奢,清静无为,怡享天年,真真实实地过着一种普通百姓的生活,胡拱辰"退休十余年,生平清操如一日"。弘治年间,明孝宗皇帝特诏有司每月"给廪二石,岁隶四人",90岁时,已是正德元年,武宗皇帝还为之"遣行人赍敕存问,赉羊酒,加赐廪、隶"[①]。正德三年(1508年)卒后赠太子少傅,加谥庄懿。在明代像胡拱辰这样能够得到几代皇帝的眷顾,实属不易。翻阅郑氏族谱,胡拱辰的文章不止世美集序一篇,可见当时的郑氏家族与胡拱辰的关系确实非同一般,从一个侧面也反映了郑氏家族的社会地位。以下为胡拱辰为世美集所作的序。

一、序

1. 世美集序

三衢之郑氏,家世霞山,有用华子集其先世以来所遗所得之文为一册,名之曰"世美集",请序于予。予阅之其一丹邱仙赋,其二元中公墓志,其三天麒公寿藏记,其四石柱

[①] 参见(清)张廷玉等撰:《明史》卷一百五十七《列传第四十五》。

庵记，其五乐互庵记，其六寿谖（萱）堂记，其七龙村阡表，其八正初公志刚公像赞，其九五垅图跋，其十长江图引，十一横川墓表，云锦纵横，珠玉辉映，诚世及之宝也。然文与世岂易言哉？得其体而后可称文，继其美而后可称世。赋宜敷衍富丽焉，记宜记载切实焉，赞宜称扬明畅焉，跋宜包括简当焉，表宜昌明典雅焉，引宜疏通条达焉。所集之文既得其体又合乎法，而其先世之美载在诸文皆可知矣。至若正初、志刚两公积德而累行，好礼而尚义，享耄耋之寿，荷稀旷之恩，大学士商先生之赞非溢美也。况有用华子之贤能，于是拳拳乎，故登大庭者知百官之富，与祀事者知宗庙之美，阅世美集而知郑氏之为世家也欤？予老且倦，勉为一言以序之，续后有善继述者，世世相承于以附列，余素其集正未有艾云。

皆皇明正统己未科赐进士出身

资善大夫、南京工部尚书、前两京都察院副都御史、诏进荣禄大夫

七十有四翁淳安胡拱辰序

2. 霞山八景诗序

扶余磅礴之气，融而为水，凝而为山。故五岳峙于中州，峥嵘秀拔；五湖潆于四辅，浩荡朝宗。宇内之大山大水昆仑河海而外，奇观险状尽于此矣。夫大江以北多平原旷野，求一丘一壑凭眺为乐者，戛戛乎难之；大江以南崇山峻岭，深岩大泽所在皆有，然非灵秀所钟，则往往平淡无奇。无峰岚峻峭之势，无回环澄澈之姿，盖樵牧之所往来，虽妇孺皆习见而易之矣。是以达人佳士不惮跋履之劳，寻幽选胜，涉险探奇，得一善地如获照乘之珠，下和之璧，而耕于斯，读于斯，绵奕叶于斯，后之人见其户口日增，财赋日盛，因览其山川辨其形势而乃叹，昔之迁地为良者，自具不凡之识，今之繁息于斯者，厥有由也。诗有之曰，相其阴阳，观其流泉，殆此意欤！开邑故多山水而最盛者莫如霞山，沃野数十里，千峰列屏，一水环带，朝晖夕阴，气象万千，在宋硕士有目之为桃园盘谷者，综其胜概，分为八景，诗以纪之。历有明而缙绅先生又有为之序，为之记者，以表彰之。然则兹地之名不既昭昭乎，虽然地灵人杰，自古相因，是地也，岂独岚影溪光，博游目骋怀之乐乎？盖萃山川之秀异焕为人文，非徒桑麻鸡犬之乡，固古来文物之地也，岂不曰盛哉？今因假满赴都，刻日就道，而友人携其旧稿以请序，又不获以不文辞，爰即八景各赋一绝，以为他日左证云。

皇清嘉庆五年庚申季秋月朔

赐进士出身

敕授文林郎翰林院庶吉士加一级　汪桂题

题八景

霞山清绝处，处处豁幽襟。

岭刷青云回，岩吞紫雾深；翠屏金作嶂，蓝笔玉为簪；

元水开明镜，丹山缀彩禽；云耕绿野阔，月钓碧潭沉；

应接忙青眼，闲游敞妙心；

踏春宜竹杖，赏夏足瑶琴，秋去花频扫，冬来梅可寻。

人间有天汉，世外无祇林，夜夜烛须秉，朝朝酒满斟。

但当吸江水，莫复问分阴。

汪桂，婺源人，为嘉庆四年（1799年）进士，根据文章结尾所题，此时为翰林院庶吉士，当符合清代官吏任职的惯例，一般在所有的进士中，只有一甲三人可直接进入翰林院，二甲和三甲中挑选精英考试才可成为庶吉士，他们的职责是给皇帝讲解经史书籍。按照文中内容，汪桂嘉庆五年请假回家，假期完结从婺源赴京，路经霞山，友人请其为霞山八景诗撰序。从序的内容和文采可以看出虽然考中进士已是昨日，但是汪桂依然保持着新科进士意气风发的心态，此次省亲返京且要大展宏图。

3. 郑氏宗谱序

霞峰郑氏，开化望族也，今岁重修谱牒，既成。其族人松如先生知余于兹事素称蒿视，嘱以一言弁其端。余虽寄迹湖垓，闭门却扫，不与理乱，然深慨夫宗法湮废，复嘉郑氏之有志于统宗合族而为是举也，乃欣然序之曰：古者谱牒之掌吏有专官，所以办章氏族以防救乱也。降至六朝，斯学犹甚，世本而后，晋有贾弼姓氏谱状，梁有王僧孺百家谱，隋有韦鼎之韦氏谱，褚凯之褚氏家传，至唐尚有专书元和姓纂，其著也。宋代欧苏诸公亦复相事研述，虽无专籍，每附文集以传，其后郑渔仲王伯厚公于此章为有功建。于近代顾亭林有姓氏书之儗（通拟）撰，虽仅立其目未观成书，然亦足征发愤之意，章实斋作永清志，至创立士族表一门，谓助化理而惠士民者。于是乎在其专重可知。余往撰龙游县志，广征谱牒，参互钩稽，成氏族考两卷，以为文化优劣，人才盛衰，风俗良窳，食货荣悴，胥可于此觇其消息焉。盖知前贤专重谱牒实以其关于治理者至深，非徒为夸饰门第，区分流品而已也，间者经纬诸子历算地形六书彝器诸艺所在。匡饬而谱学不绍，旷失荒废，为士夫所遗，其以时会推迁。向重宗法而今贵大群，向笃伦纪而今严权义，以彼契此。故每视为瓠落无容也。一二矫激诡异之士甚至不顾当世之骇怪，倡言废姓，以此为图腾遗制，阻遏大同。所谓锡姓命氏，义与封建相维，姓氏谱牒应共摒弃，以蕲诉合远西富强之教，慎亦甚矣。不知人之恒情，莫不怀土而乐归其本，若泯其地望，渻其气类，则思古之情弛，合群恩国之意亦儳儳盖衰。故在昔聚民之道，配井牧而什伍之，比有长、闾有胥、族有师，积而党州乡遂，小大相维，远近相属，田赋以正，力役以均。成风俗，美教化，盗饥不兴，祸乱不作，其贞系世办乡望，皆树之官府，铭之宗彝，弈世相成。虽中经衰废，而此念绵延勿绝。是以其民重弃种类，每当流散犹永怀故土，有多方转徙，仍不流于荒野者，持此道也。不则霞峰僻处山陬，自宋迄今易代之际，祸乱相乘，其众早经离散，安能绵衍搏合如斯其繁且久耶。今之为治者，不曰政在聚民乎？求其所以聚民之道，非汲汲于乡遂里闾保甲联坐之举乎？是皆与宗法有相维相系之理。不于此植其镃基，虽劳亦无功也。盖谱牒明，则宗族聚。而人知反其所自生，乐其所由，丽一本九族之伦，殊枝共杆，异派同源，相与尊祖敬宗，爱亲顺长，相赒相救之义，皆怅然恻然而不容已。即或有事，率其俦丑以卦亟难。敌忾之志，发乎自然，非若集其涣群强为糅合，而欲责其守望扶持者之无当也。曩者，村多聚族，其政刑法令严于官司，礼教风化纯然有纪，故寇盗侵寻，无敢凌犯，虽逢丧乱，而枝繁派衍滋息弗替。其故可深长思矣，是谱牒之用，可以藩维政教，而治衅散于无形，实聚民求治之镃基也。其制虽嬗蜕于封建而不可废，亦犹国史地志出于左史右史梼杌春秋之遗，不得以其原于封建而废史职志事也。霞峰之族，世居北乡之上田村，俗尚强毅，数以械斗闻，役必死数十百人以为常，官府弗能治。自松如与其族人书兰于清季创立振新公局，平情处理，其风始息。民国以还改称保卫团，仍由两君更番总其事，名虽易，而实不泯。一乡赖以安宁。此近效之彰彰者，亦足以证吾言之非诬，而推其所以致此之由，则自敦睦宗族始，所谓宗族治而伦纪明，逊让兴者非欤？今复有此聚族修谱之举，所谓知本达道，而深洽乎治理者矣。余故乐称其事，且发抒其义，著之于篇。若其源流世系与夫谱例，前序已详不更著。

此郑氏宗谱序为民国时期余绍宋先生所撰，时间在郑氏家族最后一次编辑家谱的民国二十年（1931年）。

二、赞

郑氏宗谱中，有多篇先祖的像赞，多数均为当时的文人名士如晋时周鸿、殷浩，明代胡拱辰、商辂等撰写，另有郑氏后裔在纂修宗谱时为先祖撰写的传记多篇。

1. 开国公像赞

公讳平，三国吴人也。汉建安四年，孙权据有江东，析太末为丰安县，衢其属邑也。当是时以公为平虏将军守峥嵘镇。而太平寰宇记有平公舍宅建寺之说，或者疑之谓寺以祥符名固自有宋始也，而公遽舍宅于千百年之前，其说不经，而余谓不然，考之郡乘，梁天监三年额曰郑觉；神龙年间复改署龙兴，至宋大中祥符间而今名始见。今窃据前后传闻参以事情。意者公建节时即治第而卜居焉，如殷浩从信安故事，迨后皈心彼岸晦迹空门。舍宅之举如就热凉，似梦顿觉，故此又郑觉之额所自来乎？则知寺以宋得名而溯河源者必由星宿，其所从来自不可泯也，大夫家治宅瑰丽甲一时，不数年而改题额字，遂不识为谁家故物，况垂之千百年之远者乎？且公之苗裔其在信安者，如溪口湘溪诸族簪缨弗替，开阳之礼坂又闻有公之墓在焉。子姓繁衍至今称三衢右族。余故表而出之以破人之疑，不没前人之志，公像宛然，幸弗等之优孟衣冠也可。

据郑氏宗谱记载，郑氏源出三国时出守峥嵘的吴国大将军郑平，郑氏族谱世代修谱名字均以开国公像赞，并且有不同年代之像赞多篇，上为青露外史周鸿所撰，但是像赞写于何时，不得而知，根据文中提到宋代大中祥符寺的命名，肯定是在宋之后，考虑郑氏家族发迹的年代，当在明季。周鸿为何人无考，既号青露外史[①]必是当时的文人雅士。

2. 江南始祖开国公赞

盖世勋劳压俊英，官高极品镇峥嵘；

心攻叛贼归王化，手挹天河洗甲兵。

---

① 外史本是周代官名，后代这一官职消失。一般文人雅士常以"××外史"为号。

文迈陈平能出计，武严韩信善干城；

　　忠心报国无双敌，留取芳名照汗青。

　　《江南始祖开国公赞》为晋记室参军殷浩所作。殷浩，乃东晋大臣，字渊源。陈郡长平（今河南西华东北）人。好《老子》与《周易》，善谈玄理，颇负盛名，屡辞征召。曾为庾亮记室参军，累迁司徒左长史，后辞官隐居近十载。永和二年（346年）因褚裒推荐，始受命为建武将军，扬州刺史。次年，桓温灭成汉，威震朝廷。会稽王司马昱（简文帝）执政，以殷浩声名影响朝野，引为心腹，参与朝政，统率扬州之众以抗衡荆州的桓温。五年后赵石虎死，冉闵展开反羯斗争，北方混乱，晋朝乘机北伐。殷浩以恢复中原为己任，于永和六年（350年）就任都督扬、豫、徐、兖、青五州军事，并广开屯田，以为军储。他无军事经验，又为桓温掣肘，八年进军至许昌（今河南许昌东），处置失当，败于前秦。次年又大举进军，派羌族酋长姚襄为前锋，十月至山桑（今安徽蒙城北），姚襄反叛，伏击浩军，辎重尽弃，死伤万余，溃退谯城（今安徽亳州）。桓温上疏加罪，十年二月废为庶人，徙东阳信安县（今浙江衢州）。为郑氏始祖开国公郑平撰写的这首像赞极有可能就是殷浩在衢州居住时所写，当时的殷浩两次北伐失败，并被废为庶人，自己的一腔报国之志未酬，心情苦闷在所难免。但从像赞中似乎还可以看到其"心攻叛贼归王化，手挹天河洗甲兵"的雄心壮志，然而当时的他也只能是空怀报国之志，壮志难酬了。"忠心报国无双敌，留取芳名照汗青"，与其说是为开国公郑平题写的像赞，其实可能就是此时殷浩心情的真实写照。这位声名显赫的殷浩先生郁郁寡欢地在衢州生活了两年，于永和十二年（356年）去世。

3. 九十六岁翁正初公像赞

　　貌癯而清，气温而和，以仁厚存心，以孝友立身。忠信孚于乡邑，惠爱周于里邻。寿几百龄而康强豫悦，家逾千指而衣食丰盈。义旌旌年恩屡承乎优典，子孙孙子庆衍及于后昆。噫！有盛德者必有盛福，昔闻其语今见其人。

皆皇明成化己亥秋七月

荣禄大夫少保吏部尚书兼谨身殿大学士致仕

淳安商辂　赞

　　商辂（1414—1486年），字宏载，号素庵，浙江严州淳安人。自幼勤奋好学，天资聪敏颖悟，熟读经史，习科举业。根据万历四十六年（1618年）山阴周洪谟所著的《商文毅公年谱序》，宣德十年（1435年）荣获浙江省乡试第一（解元），正统十年（1445年），又获礼部试，亦称会试第一（会元），继中殿试第一（状元），号称连中三元奇才。人称明代三元大学士。

　　商辂作为霞山近邻淳安人，对于郑氏家族尤其是郑旦兄弟富而好义的品行早有风闻，在景泰年被罢黜之后居住在家乡期间，慕名来到霞山与郑旦公结交，在霞山题匾"爱敬堂"，并撰联"爱亲者不敢恶于人，敬亲者不敢慢于人"，留下了与霞山石匠张卯生的一段贫贱之交的佳话。

　　按照霞山郑氏宗谱《支祠爱敬堂记》一文的记载和郑氏族人的传说，商辂与正初公

(即郑旦，村人称郑杜乔）为同庚，那么此时的商辂也应该为96岁。事实上，商辂生于明永乐十二年（1414年），为郑正初撰写像赞的明成化己亥年即1479年，这一年商辂只有66岁，况且商辂卒于成化二十二年（1486年）七月，享年也仅有73岁。而郑旦公生于明洪武甲子年（1384年），此时确已96岁，由此可见传说和宗谱的记载有误。或者商辂应该是与郑旦之子郑坤（永贞）同年还有可能。

4. 志刚公像赞

孝弟慈三者之德系乎人也，斯人也，顺于父母，笃于兄弟，裕于子孙，有以知其德之所积。寿富贵三者之福系乎天也，斯人也，跻夫耄耋，亨夫丰亨，膺夫宠异，有以见其福之所集。望之如在，固有取与；摹写之姿，传之不朽；初无籍于赞扬之词。

皇明正统己未科赐进士出身

资善大夫、南京工部尚书、诏进荣禄大夫

七十五翁淳安湖溪胡拱辰赞

志刚公者，即郑正初之异母弟郑暐。时年胡拱辰已经75岁，按照《浙江通志》，胡拱辰系1416年生人，此像赞应该题在1490年。按照宗谱记载，郑志刚（即郑暐）生于洪武丙子年（1396年），卒于成化丙申年（1476年），也就说这时郑暐已经去世15年了。所以胡拱辰才有"望之如在，固有取与；摹写之姿，传之不朽"之说。

三、记

1. 重建丹山桥碑记

予族前临大河，岸高水驶。昔之人因于村之下首建立桥梁，名曰丹山桥。自来迄今虽为利，□本里把截水口也，厥后村之上首亦建桥梁，双虹并跨，居民益称便。然究不若下首之桥有关锁水口形胜也，是以族之知大体者，咸惓惓于丹山桥焉。桥固旧有铁锁，自甲寅寇毁以来，每遇（水）漂流，虽居民岁时修造，而力亦劳甚，予久蒿自伤之也。己巳冬有族叔周重与族兄天定者，□慨然欲酌资重构铁锁，予遂力为赞襄。诸首事踊跃乐输，于庚午正月购铁置炉，凡三□□铁锁开矣，因命予为记，勒石以垂不朽。予喜夙愿得慰，略缀数言，以志首事捐资者之功德。俾后之人，但勤加茸理，永相保守，则不特人无病涉，而一村水口赖以关锁，或更有禆益于吾族。

旹大清乾隆十五年岁次庚午暑月上浣之吉

郑梦麒撰　书

霞山村背山面水，丹山拱秀，一水托蓝，正是绝佳风水。然而作为钱塘江上游的马金溪确实又那样桀骜不驯，从齐溪一路奔来，每遇大雨则暴涨，霞山人既得其利，又受其害。这是嵌在墙壁上的重建丹山桥碑记，个别字迹已经模糊不清，但是真实反映了霞山郑氏族人热心公益事业的善举。

2. 文社攀桂轩记

盖闻千佛名经，顶戴者奉为登科之记，众仙同咏。及第者，亦多篷巷之人。是以入学之始，示敬者有祭菜之文；鼓箧之余，官始传肆雅之训。勖其志于龆龄，萤可囊，雪可映，有为者，亦若是；课厥功于已冠，鹏可抟，鲲可化，有志者，事竟成。又孰议，披芸编以笃学，既亦步而亦趋，坐茆屋以穷经，仅采芹而采藻已哉。况乎我乡自慧公襟期第一，博雅无双，居徙丹山，目耕黄卷，蟾宫高捷以还，蜚英声于艺苑，雁塔题名而后播德政于淮阳；降自宁公，任辖沧州篆司别驾，具展骥之鸿猷，欢声载道，慕季鹰之鲈脍，适志归田；洎乎谦公铎秉建宁，官名学正，才恢马帐，望重鳣堂。奖硕彦以伦敦继晷，点金莲之烛；集诸生而汲古传灯，留玉筍之斑。以及伦公筮仕晋江，署名丞簿，初作仇香鸾凤，继同梅福神仙。至若圭峰太祖，擅韩潮苏海①之奇，诎无玄豕；挟董茂贾醇②之策，论匹丁鸿。更美品同玉尺，出身荐售，虞书争传，名列全门，助教衔称国子。他如迁自霞峰营乎夏谷者，则有侨公③忠忱自矢，掌枢密而位拟夔龙；湜公伪学申疏，拜学士而序联鹓鹭。垂诸谱牒，更极彰明。凡此先人，懿行往，哲奇踪，或鹗荐云程，或莺迁宦路。匪异人任，毋谓高不可攀；匪天上侬，毋谓学不可及迹。际岁纪壬寅月逢癸丑，族中品三、庚飚、启周、启登诸人倡立文社，酬金构室，颜曰攀桂轩。轩中敬奉文昌帝君像，崇文也，亦盛举也。嗣后月逢朔望，序阅春秋，豪情飚举，逸兴遄飞。畅天真于花晨月夕；玩义味于雪霁霜余。或援经而证史，毕献才华；或考课而拈题，群觇实学。勿泪乎天，勿拘乎气，勿囿乎乡，勿蔽乎欲，诚能德与才而日进，表与里悉相符。自然文从心出，衍之皆锦绣之堆；道自躬行，推之骨乾坤之蕴。应童试者，技鲜雕虫，与宾兴者，学非刻鹄。有不取功名如拾芥，而快绝艺于穿杨者乎。故此社也，贵同心而合志，莫勤始而惰终。此日蕉窗试草，扬眉乐泮水之游，他年桂院分香，转瞬预琼林之宴。

峕皇清道光二十二年岁次壬寅嘉平月谷旦

庠贡生瑞元谨撰

计开会友芳名列左

谟兰　谟潘　瑞元　谟渭　吉元

广清　广溱　式金　立稑　立达

明代中后期及清代，霞山村经济发展，人口繁衍增加，富而知礼，许多家庭都延师课子，几无不读书之户，亦无不读书之人，家家为自己的子弟入庠中试而努力。文人士子们也为能够相互交流、切磋文艺组织"文社（或者文会）"，文会活动的场所自然是不可或缺的。道光年间的庠贡生郑瑞元撰写的《文社攀桂轩记》反映了这一情况。霞山郑宝槐的老宅里至今还保留着一块刻有"攀桂轩"的石块，据村人讲是用来练习举重的，看来那时的文社还组织体育活动。

3. 重建浙东木业公所记

浙东木业公所在今杭县钱塘江上太祖湾，其故址在候潮门外。当清高宗乾隆时，开化张

---

① 指唐朝韩愈和宋朝苏轼的文章气势磅礴，如海如潮。
② 指董仲舒和贾谊。
③ 郑侨、郑湜均乃福建人士，霞山郑氏夏谷派以其为本派传人，似有攀附之嫌。

君庆余等所倡建也。业木商者皆虑旧金衢严处四府人，本唐浙东道节度使所领地，故名以浙东；为别异它公所，故又曰木业。咸同兵乱，候潮门之公所毁，主者僦屋治事，几如萍寄，前后迭为黠者所觊觎，我有人焉，不陨厥问。德宗季年，开化邹君鸿钧被举为董事。邹君旧有劳于公所，思欲恢张，遗烈出门同人，不幸耄及赍志以终。今董事开化郑君景康字松如受任之始，爰究爰度，开化木商自常山樊君师仲谋建公所于沙粮外，更出经费将数十年。郑君以为审尔则限于一县，商寡而财鲜，吾何由集事，新募未足前储已空。矧主或非人转相侵贸，商益以寡，财益以鲜，宜前人之无成功也。于是四府它县之木商，其加纳经费一同于开化，行之一年。郑君遂购地鸠工，经度营表自初至于后，日凡用万金，取给无乏。君子谓，郑君见事之明也，虑事之审也，行事之明也。盖一举而三善备矣。徒观其闬闳有严，堂宇轩敞，疏窗洞达，上为重屋。不离阛阓而践夷旷之域，未起几席而纳山林之秀，岂惟造适，实亦揽胜，居地之美，尽人能言。若夫庖湢之所，燕私之处，因旧无改，苟取美完，其奢不至越礼，其俭不至阙事。斯郑君之所以合中制也，余惟郑君于公所以为董事，众商咸取其平焉，然在治古盛时政教修明于上事为之制，曲为之防。材木生山林，则山虞林衡掌之，其入市，则司市掌之，公所所平决之事皆市官，官法所赅。果今日而国有司市能举其职如周时者，何藉董事为。由是思之，凡有实斯有名，实在上则名在上，实在下则名在下，在上故其事顺而易，在下故其事逆而难。郑君众所共贤，两膺董事能以难自见，既建公所又即故址而立馆舍，取其赁以资公费亦万金云。不有所述，后人何征焉？

中华民国十有四年四月二十日

兰溪叶渭清记

叶渭清，字左文，开化县城内人，祖籍浙江兰溪，光绪十二年（1886年）生于开化，1966年8月病故于衢州，享年81岁。后归葬于开化城东文笔山麓。他一生辑佚、校记《宋史》，取得重大成果，积手稿300余本，名为《元椠宋史校记》。1976年，中华书局重版《宋史》时，曾吸收其《元椠宋史校记》的成果。

其时郑松如为浙东木业公所董事，他与浙东乡人，包括龙游、金华、开化等地的木商一起筹建浙东木业公所办公新址，可谓"辛勤操劳"，后来多年主持浙东木业公所，由于当时杭州军政两界有许多浙东乡人，在他们的鼎力帮助下，郑松如游刃有余，得以获取更大的利益，成为开化著名的富绅。

4. 万松记

开，衢之属邑，而物产丰沃独甲于衢，梓漆椅桐樟橡梗杉皆其山之所出。灵根异木种种，布满林谷，虽博物者不能遍以多识。材之挺出，独异于种木者，松也。尤其山之所多。故开山翁郁四时常青。人之初至开者，偶见四至流翠，迥异别处峰峦，皆以为山之美也。殊不知美不在山而在山之有材，材美故山异。然材之所以美者，则又在于松也。山之有松，故能成其美。人能知松之美，则山之美可知也。但长于开者惟知梓漆椅桐可以攻琴瑟，樟橡梗杉可以崇栋梁，灵根可以供玩好。情以物迁，好随意僻，求其知松者，盖鲜矣。唯处士世旸公独爱松，以万松为号，好其所好，不以世人之好为好，其深有意焉。春花可玩，遇风雨则摧残，夏槐可阴，遇霜雪则脱落。桂发秋香，梅横疏影，非不可以适情也，然一时所玩而已。公之爱松，则心之所好者，与世人异植之契。公好者，亦于群木殊。介乎天乔之中，禀乎阳刚之气。体质坚实，节干峥嵘。春缀金花，夏繁翠叶，秋震风涛，东凌霜雪。采之可以活药，服之可以轻身。四时代谢虽有不同，松则随时可玩。材木之用，各有所宜，而松之用特异。至于岁寒一节，凛然莫尚，则又群木中之君子也甚矣，松之美也甚矣。松之美也，公之好性松之性，乐松之乐，守松之守。世利不足以惑其心志，声色不足以眩其耳目，至繁剧不足以乱其操守。以理观物，不物与物，得理忘物而归于化。公之爱松深矣，其视世之攻琴瑟而求椅桐，崇梁栋而求异木者，世利声色徒也，而又奚取焉？

此文作者佚名，选自《汪氏会修宗谱》，是为汪世旸所题，文章以开化特产松树为题，赞扬汪世旸"公之好性松之性，乐松之乐，守松之守。世利不足以惑其心志，声色不足以眩其耳目，至繁剧不足以乱其操守"。与下文爱梅说有异曲同工之妙。

四、说

爱梅说

余尝粤稽载籍，按古人行述，则以为奇花异木怪石幽泉，皆知道者所托以寄其心，勇退者所借以鸣其志，若宋濂溪晋彭泽可镜已。及观唐人甚爱牡丹，窃又以为不然。已而复思其故，乃知爱本心生，非由物感。如智者乐水，其心自有水也；仁者乐山，其心自有山也；彭泽爱菊，濂溪爱莲，其心自有莲与菊也。彼众人惛心富贵，宜乎为牡丹之爱矣。言未既，或有持梅花百咏诗而谓予曰："予友人梅坡子，性嗜梅，居常课业之暇辄咏梅，积百首。"斯亦有说与，余敬爱而三复之，喟然曰："嘻，有是哉！"。往自彭泽濂溪氏以还，世无以所爱称者。独我明阳明夫子植以编以君子，夫竹有君子有德称之，以此匪仅爱之以言存乎心矣。今复见于梅坡子，亦奇矣哉。虽然，咏以言，爱以心，形神间隔而景趣不同也，中外难符，而名言未易忘也。吾与梅坡子又不能无感焉！若乃以梅之可爱而见于古人之吟咏者，则有二三可述。试为梅坡子证焉。罗浮山下梅花村，玉雪为骨冰为魂，非爱梅德之清而咏与？疏影横斜水清浅，暗香浮动月黄昏，非爱梅德之幽而咏与？即今已是丈人行，肯与年少争春风，非爱梅德之贞而咏与？闻道春还未相识，起傍寒梅访消息，是爱梅之知天时而咏也；南枝向暖北枝寒，一种春风有两般，是爱梅之顺地利而咏也；谁知枝萼香头里，已有调羹一味酸，是爱梅之具人官而咏也。触景成吟，不一而足，盖心与梅俱不觉，境与心会殆亦，庶几与三子之爱菊莲竹者矣。梅坡子倘亦有梅于心与，将耳遇成声，目遇成色，神遇成象，口遇成言。一之非寡，百之非多；得之一时非暂，诵之终身非久。百千万亿非赞而奚，百咏之足拘云。昔者燕人适越，越人操舟而济之，燕人顾指其所以，越人抚掌大笑。子归以是说向梅坡子，梅坡子得无笑我为越人乎？梅坡子，郑姓，期祚名，稚周字，梅坡其道号云。

附爱梅诗一律

谁爱魁花发上林，丹坡今见一枝深。

有时陇首先春绽，几处墙头后雪馨。

冰操不输竹松友，月英还露地天心。

谩劳咏入江城怨，应和酸咸到帝鼜。

皆万历乙未一阳月

仁庵姚世春书于行素斋

霞山郑氏多文人雅士，从始祖文质公起，怡情山水，悠游林泉，每日与高朋论文赋诗，壶觞言欢，或者隐居别业，爱物为痴，更有整日莳花弄竹，外人未能窥其面者。这位梅坡子就是其中一例。至于爱梅说的作者仁庵姚世春身世不可考，想必是郑期祚的好友。

五、引

长江万里图引

霞山郑君旦，好古博雅士也，近遣其子永贞应诏输粟来京，荣受冠带以归。濒行，其乡友汪文广赠以长江万里图一卷，盖夏圭禹玉所画者也。永贞以求予题（之）。

夫江自岷山发源，逶迤数千里，至通泰入海。其间景物之富不可具状，天下之水源深流远，信莫有逾于此者。而禹玉绘事名一代，其为此图尤为工致。观者可以识之矣。郑君得此，宜珍袭以为世玩，顾奚待予言。虽然君子所贵以德不以物焉，故观于江源之深广，则思祖宗之积，而厚伦重本之意油然而生，弗至忘其所自矣；观于江流之浩渺，则思庆泽之远，而爱亲敬长之念霭然而兴，弗至忝其所生矣。观江汉之朝宗也，有诸侯朝见之意，而尊君亲上之诚自是而益笃；观彭蠡之既潴也，有君子容蓄之义，而含污纳垢之量自是而益宏。盖观其近以知其远，观其小以知其大，凡其间景物之接于吾目者，何莫非观德之地也。噫！观物可以观德也，观德所以修身也，修身所以正家而治人也。然则郑君此图，岂直为玩好之具已哉。爱书画此以归之。

皇明景泰七年丙子春三月初吉

通议大夫左侍郎翰林院学士兼左春坊大学士知制诰经筵官商辂题

赠别序并诗

永贞郑君，开邑之巨族也。家富而好礼，景泰癸酉朝廷诏天下义民出粟助边者授以冠带以荣其身。永贞慨然载粟八百斛，不惮远涉，自衢而抵京师，输于公廪，可谓能笃于义者也。事竣拜恩，荣归金溪。于时予忝乡之末故以艳其行焉。

诗

高门积善令名崇，此日摅忠觐九重。远道不辞家万里，边输岂吝粟千钟。

枫宸拜命君恩重，菊径归闲逸兴浓。想到故园春正好，锦衣炯炯映霞峰。

明朝自正统以后，因为朝廷财政困难，缺乏边防军饷，只要有人向官府缴纳一定数量的马、粟、草、银子，朝廷就会按价授以散官。到了弘治末年，又出现过向政府缴纳银子就可以得到指挥、千户、百户之类武官的现象。这种公开卖官鬻爵的行为，是当时朝廷腐败的表现。但是，这种官职只是给人荣耀门庭的虚衔，并非实授，是一种"不莅事"的"纳职"。郑永贞输粟八百斛，这在当时的开化乃至衢州应该说也是不小的数目，可见当时郑氏家族之富有。根据诗中所写，郑永贞觐见了明英宗皇帝，并被授以五品职衔，许开府，商辂还力劝其留京任职，郑永贞以高堂年迈婉拒。多少年以来，人们并不认为这是朝廷腐败的问题，而是对朝廷的一种忠义行为，故而崇祯《开化县志》人物篇中，将郑永贞列入义行一篇。

宋代夏圭所作的《长江万里图》长卷现存台北故宫博物院。夏圭，字禹玉，钱塘（杭州）人，宋宁宗时画院待诏。画风与马远极为相近，构图亦多空白，人称"夏半边"，画史中多以"马、夏"并称。夏圭的山水画师法李唐，此图描绘了长江水浪翻滚奔腾的情景。画面以刚性的线条，坚硬的石质，水墨淋漓。近景浓重，远景简练。笔法苍润而草率，画山石多用大斧劈皴，刚猛而劲利。急流江水用中锋勾出，表现出船在江河里航行的险境。现今台北故宫博物院的绢本长卷，不知是否当年汪姓同乡赠给郑永贞收藏的画卷，按说，画家夏圭的《长江万里图》应该不会还有副本。如果郑氏收藏的确实夏圭的真迹，而非赝品，想必正是此卷。那么郑氏收藏的画卷如何辗转流失到了台湾，似乎已经无法查证。从景泰七年（1456年）至今已经是600年过去，如今的郑氏族人根本不了解当年的这些情况。从历史上看，霞山郑氏家族也曾经多次遭劫，如明代正德年间的"饶寇"、清初的三藩之乱，以及清末咸、同年间，太平天国农民起义军与清政府军在此一地区的反复拉锯战，几次劫难之后，总是家园被毁，甚至田园荒芜，祖上收藏的画卷很可能难以保全。同时，由于木材资源蓄积量的日益减少，郑氏家族人口的繁衍增多，到了清代光绪末年，多数人家已经是生活拮据，当年霞山郑氏的雄风已难再现。这时的霞山"风俗偷败"，兄弟阋墙，打架斗殴、赌博吸毒，祖宗所遗传的画卷难保不被变卖。

商辂所作《长江万里图引》，本收录于《商文毅公文集》，有毛飞明先生所著《商辂年谱》其中注明此文佚失。礼失求诸野，原来在霞山郑氏宗谱中还完完整整地保留着此文。

六、赋

丹邱仙十八学士登瀛洲图赋

天随生，蜀产也，壮闻大江之南，吴越之间，赤城散彩，丹鼎流丸，神光相射，凝为霞山。往纵观焉，尔乃根盘百里，秀甲千峰，岩崖翠笋，林峦黛浓，金川旁走，石壁对崇。负六鳌而不动，牧万牛兮不童。扶桑浴虹，疑烛龙之驻驭，玉垒散魄，恍丹凤之翔空。壮哉！此丹邱仙之所居也，试往造乎其中，但见甲第云联，雕甍辐辏，碧瓦含光，朱门炫秀，华堂自春，芳庭长画，暖酣锦砌，紫荆开合。树之花香沁瑶阶，丹桂挺莲枝之秀。循回廊以四顾神恍惚兮若惊，盼高堂之四壁炳数幅之丹青，上则云烟缥缈，若蓬若瀛，岛屿三千，弱水回萦，楼台阴郁，岩岳峥嵘，洞天夜辟，琼户画扃，鹤立青松留千秋之皓雪，练悬绝顶泻百尺之清冷，白鹿迎人自驯野性，元猿捧果来献长生；下则冠盖缤纷，非仙非灵，其数二九，仆夫从行，松风四起如操琴声，楸枰既掩，莫耳丁丁，挥翰者卷三江之水，凝想者夺五行之精，幽花照眼生机不断，清泉洗耳天籁自鸣。天随生曰："异哉，是图也，仗良工之妙手，写天地之精英，予不可得而名也！"丹邱仙闻言而出，揖而坐之皋比之末，应之曰："子亦闻李唐之兴，有登瀛洲之说者乎？昔秦王以龙凤之姿，天日之表，廓清六合，削平海峤，大功既成，重明远昭。乃开天府，乃萃俊髦，研精圣道，妙择贤流，与学士选者十八人，时人美之以登瀛洲，今予绘而宝之，厥有由矣。"天随生瞿然避席而揖曰："愚闻之燕昭筑台而乐毅往，汉高下诏而贤士从；武皇置金马之门以明好士，明帝图云台之像以褒元功。举足以迈往古而垂佳誉于无穷。且方是时，四方云扰，九州鼎沸，不有智勇，孰泰其否？拯民水火之中，耀德干戈之际，俾成功而全身名，将偃武以修文治，姑其开天策之府也，非独以尊显儒流，实所以网罗俊乂，元龄之谋，如晦之决，吾不议其丰功伟烈，辅以褚之文虞之绝，若姚若盖若孔若薛，盖同是选者十七人，吾不议其文辞之炜煜，行事之卓越，若乃敬宗之金壬，亦得侧名于其列，是可为太宗惜也而不知也。兹固千万世之景慕，则其美之者，亦非谀抑犹有说焉，事以虚而成实者，雁传苏武之书，世贵假而遗真者，龙惊叶公之好。刿千年之陈迹，公想象而稽考，俾画史之精微，缩仙境于一扫，嘉陵之山水未足方，江南之花鸟何足道。则是图岂不为万世之奇观，而公之所以乐宾所以娱老。然公徒知昔人以天策之府为瀛洲，而未知今日以瀛洲为丹霞之岛，则十八学士之目又谢庭群芳可企而到也。岂徒宝哉！"丹邱仙奋袂而起，折屐以喜，乃复扣筑为之长歌而叠词曰：

丹霞山水天下奇，丹邱仙人世所稀。瀛洲图障妙无比，坐令素壁生光辉。

我家岷峨铁立壁，今作当时门下客。寄言海客不须夸，已识登瀛好消息。

宋南渡嘉泰四年岁在甲子春三月一日书赠霞峰郑君讳崇字景高丹邱仙云

附登瀛洲图七言古诗

龙姿日表真英武，跃马挥戈清寰宇。宏文高馆罗豪英，群贤入觳如登瀛。千年盛事今犹在，尺素幻出风流情。玉堂岑邃三山小，阁道萦纡凤池香。铃索檐前云欲飞，罘罳户外花常绕。碧房绣槛紫烟浮，金堤宝马垂杨袅。房公杜公意气雄，乾坤合辟由胸中。褚与苏薛多文采，姚颜孔盖经传功。虞陆二李才华丰，蔡苏薛许词诗工。褒衣博带分四筵，乌纱羽弱临风前。弹棋展翰相留连，兴来或作南薰絃。清标逸韵何翩翩，宁论海岛多神仙。吾怜此图工还拙，心事丹青讵能说？群贤得志争奋庸，亲为唐家扶日月。独有敬宗终谬劣，中叶几使唐宗绝。嗟哉秦王乐士心，斯馆岂为斯人设？

丹邱仙，即郑崇，字景高，郑文质公十世孙，郑伦公长子。郑崇喜欢结交朋友，尤其喜欢收藏古今名人书画，当时有十八学士登瀛洲图列于丹霞之居。来自四川岷峨的天随生乃一位做过御史，隐逸远游，闻听霞山美景慕名而来，寓居严堂庵，见而赋此。

七、诗

1. 霞山漫兴

霞山赤壁明如霞，下临碧水益光华。
高崖回径忽见树，芳洲隔渚齐生花。
野童乱拥疑骑马，溪女低窥辄浣纱。
登楼极目足春兴，暮云西起愁风沙。
又
书楼突兀对南山，五色文章缥缈间；
醉折山花笑归去，王樵初是烂柯还。
　　此诗为明代开化进士方豪在游览霞山之后所作。方豪，字棠陵。方氏在明代曾与郑氏联姻，方豪为此诗题记有"霞山郑銮公孺人，棠陵亲姑也，以探姑至霞峰见山川之美因而赋此"。

2. 题近泉图

万顷澄波映彩霞，水西头是葛洪家。
客来对拂鱼矶坐，萝月移天更煮茶。
其次
分得云根活水新，一帘飞瀑隔红尘。
夜深影漾槐荫月，疑是浮槎天上津。
　　此诗为乌邑人进士黄维城为郑时善（号近泉）所作，郑时善雅志林泉，当其时也，构建新居，引水环舍，朝夕吟咏，并绘制成图。
又
玉练斜飞泻碧泉，绿阶一曲映清圆。
大风不遗珠帘隔，为送湍声到枕边。
其次
山下清泉出渐奇，隔花时做雨声飞。
临流欲写清平调，笑把瑶琴傍石矶。
　　此诗为明隆庆年间吏部主事宾梧徐一榹所作。

3. 题中秋值雨

涉世休歌蜀道难，良宵且放酒卮宽。
一樽风雨山城夜，十里松萝客舍寒。
烛弄残红浮巨觥，帘飞轻翠湿峨冠。
豪来欲夺吴刚斧，劈破层云取月看。
　　此诗为郑氏后裔郑期祚所写，诗的最后一句"劈破层云取月看"表达了作者意欲破云追月的豪情。

参 考 文 献

［1］开化县政协文史资料委员会等编. 钱江源头聆听一个古老的梦［M］//钱江源漫笔. 香港：香港天马图书公司，2007.

［2］何蔚萍. 南孔儒学对"长三角"的影响［J］. 小康，2006，29（5）.

［3］王启敏，简文乐主编. 天上徽州——徽州文化十大流派［M］. 北京：中国文联出版公司，2006.

［4］王建华主编. 钱塘江之源开化［M］. 杭州：浙江人民出版社，2007.

［5］余子安. 亭亭寒柯——余绍宋传［M］. 杭州：浙江人民出版社，2006.

［6］赵华富. 徽州宗族研究［M］. 合肥：安徽大学出版社，2004.

［7］周祝伟，林顺道，陈东升. 浙江宗族村落社会研究［M］. 北京：方志出版社，2001.

［8］许烺光. 宗族种姓俱乐部［M］. 薛刚译. 北京：华夏出版社，1990.

［9］王玉波. 中国家庭的起源与演变［M］. 石家庄：河北科学技术出版社，1992.

［10］李秋香. 闽西客家古村落培田村［M］. 北京：清华大学出版社，2008.

［11］赵华富. 徽州宗族研究［M］. 合肥：安徽大学出版社，2004.

［12］汪良发主编. 徽州文化十二讲［M］. 合肥：合肥工业大学出版社，2008.

［13］陈志华. 楠溪江中游古村落［M］. 北京：生活·读书·新知三联书店，1999.

［14］留如藩. 霞山井观［N］. 衢州日报，2004-01-03.

［15］欧阳桦，欧阳刚. 古徽州民居庭院中的水景艺术［J］. 华中建筑，2006（5）.

［16］陈伟. 徽州古民居（村落）的风水观［J］. 华中建筑，2000（2）.

［17］周燕芳. 浅谈徽州民居的成因及特点［J］. 华中建筑，2006（11）.

［18］陈凌广. 浙西古民居人文特色——霞山祠堂建筑文化略论［J］. 家具与室内装饰，2006（12）.

［19］陈凌广. 浙西霞山郑宅木雕艺术研究［J］. 装饰，2007（1）.

［20］陈晓燕，包伟民. 江南市镇——传统历史文化聚焦［M］. 上海：同济大学出版社，2003.

［21］开化林业志编纂委员会. 开化林业志［M］. 杭州：浙江人民出版社，1988.

［22］梁明武，李莉. 明清婺源木商兴盛原因初探［J］. 北京林业大学学报（社科版），2007，6（4）.

［23］经君健. 清代前期民商木材的采伐与运输［J］. 燕京学报，1995（1）.

［24］浙江省林业志编纂委员会. 浙江林业志［M］. 北京：中华书局，2001.

［25］李伯重. 江南的早期工业化（1550—1850年）［M］. 北京：社会科学文献出版社，2000.

［26］古开弼. 生态文化视野下"十八杉"民俗解析［J］. 北京林业大学学报（社科版），2007，6（4）.

［27］陈述. 杭州运河桥船码头［M］. 杭州：杭州出版社，2006.

［28］祝碧衡. 论明清徽商在浙江巨、严二府的活动［J］. 中国社会经济史研究，2000（3）.

［29］（美）施坚雅主编. 中华帝国晚期的城市［M］. 叶光庭等译. 北京：中华书局，2000.

［30］樊树志. 江南市镇传统的变革［M］. 上海：复旦大学出版社，2005.

［31］明·田汝成撰. 西湖游览志余［M］. 卷二十五.

[32]（康熙）钱塘县志［M］．卷七．工风．

[33] 姚志元，马雪雄，潘玉光编写．开化风俗志［R］，开化县文化馆，1984.

[34] 浙西目连戏［EB/OL］．衢州文化网，http：//www.qzcnt.com/detail.php? article_ id =3576&article_ type =97.

[35] 张书恒．历史、文物建筑的修缮及其原则［R］//历史文化遗产保护与规划．浙江省建设厅，浙江省文物局编印，2002.

[36] 吴晓勤等编著．世界文化遗产——皖南古村落规划保护方案保护方法研究［M］．北京：中国建筑工业出版社，2002.

[37] 宋绍杭．基于居民与游客需求协调的古村落保护规划理念［C］//不可再生的遗产——中国古村镇保护与发展碛口国际研讨会论文集．太原：山西人民出版社，2006.

[38] 浙江省建设厅，浙江省文物局编印．历史文化遗产保护与规划——浙江第二期历史文化名城保护培训班讲义［Z］．2002.

[39] 阮仪三，孙萌．我国历史街区保护与规划若干问题研究［J］．城市规划，2001（10）．

[40] 常青等．略论传统聚落的风土保护与再生［J］．建筑师，2005（3）．

[41] 李磊．历史街区保护中的法律尴尬［J］．小城镇建设，2004（7）．

[42] 张松．历史城市保护学导论——文化遗产和历史环境保护的一种整体性方法［M］．上海：上海科学技术出版社，2001.

[43] 开化县志编纂委员会编．开化县志［M］．杭州：浙江人民出版社，1988.

后 记

当前,古村落保护开发是一个热点话题,业界内外莫不如此。就建筑学领域而言,因为在长期的中国建筑研究中,乡土建筑的价值始终没能获得足够的重视,然而在几千年的中国传统社会中,乡土生活却始终与城镇生活并行存在,它相当完整客观地反映了中国传统社会文化的另一层面,因此,众多学者投身古村落保护研究是一种学术的补缺行为。对于非专业的民众而言,乡土建筑文化能带来一种前所未有的文化经历,是身心陶冶的一个重要途径,因为能够实现以他者的眼光审视别处的新鲜与满足感而成为人们日益向往的旅游资源。对于当地各级政府与相关部门而言,古村落保护是一项涉及地区经济创收的途径,是一条生财之道。无论学术需要,还是利益驱使,最终带动了古村落保护的热潮,客观地讲,这应该是一件于古村落长久生存有益的事情,然而,现实的操作却往往与最初的目标背离,在急功近利心态驱使下,某些古村落在所谓的保护中正遭到破坏,霞山亦呈现这一态势。

2002 年,开化县人民政府将霞山一村、二村和霞田村一部分辟为县级历史文化保护区。2006 年被批准为省文化历史名村。在村落内现存明清古民居 300 多幢,总面积达 29000 多平方米。霞山在开辟保护区的同时,进行了有关古村落旅游开发建设项目可行性研究,当地政府为了搞好霞山古村落的旅游开发,详尽论述了项目建设的必要性与可行性、项目建设的条件、项目建设的内容等诸多方面的内容。从中我们可以看出项目建设的目标完全出于当地经济发展的需要,对提高农民人均收入具有重要意义。在这样的目标认识基础上,研究将与霞山相关的项目建设内容确定为:建造牌坊、仿古栏杆,爱敬堂维修,钟楼维修,汪氏宗祠修复及局部更换,永锡堂修复及局部更换,裕昆堂遗址整理等。这看似很详细的分析实际恰恰反映了当地政府出于利益层面考虑进行的保护思路。之所以这样认为,因为这样的保护只能为霞山留存几座与其历史氛围相配的单栋建筑,但其完整的形态特征被完全忽视,其背后蕴含的独特社会秩序亦不会被人洞察。众所周知,任何一个古村落都有生长、发展、衰落的过程,推动这一系列过程发生的是某种对于宗族来说非常重要的作用力,它可能来自宗族本身,可能来自经济制度,可能来自生产方式,可能来自人文背景,可能来自风俗禁忌,正是在这些力的作用下,传统乡土社会按照某种秩序恒常运作,经过长久的累积而最终外化成为独特的物质环境。为进行霞山古村落旅游开发进行的可行性研究将所确定的建设内容停留在某几座重要建筑之上,这固然是一种常规性的保护思路,但对霞山而言,却不是一条有效的保护思路。如前所述,霞山聚落形成过程既受到强势宗族文化的制约,而在明清之际又受到商业文化的冲击,在两种力量交织作用下,霞山物质形态必定不同于单纯的血缘聚落那样封闭内敛,同时又不同于纯粹商业聚落那样繁杂与多元,它应该是介于两者之间的一种形态,那么霞山古村的物质环境特征就不是修复几座单体建筑可以获得的,至少,关键建筑在村落中的分布与方位、街巷的尺度与南北向的变异、商业老街建筑形态的存留等都应该一并纳入保护视野。然而,正是当地政府功利的保护心态,导致真实的情况是除少数几座祠堂建筑外,许多携带重要信息的建筑片段正在被迫切需要改善居住环境的村民所拆除,如老商业街上的建筑。

通过历时近三载的努力,本书终于完成了,但是在这近三年的时间里,霞山古村落也发生了较大的变化。在书稿交付之后,我于2010年的暑期再次踏上霞山村的土地,仍然有许多新的感受,感到书稿还可以作一些修改补充,然而结题的要求和出版社的合同规定,我只能停笔。对霞山古村落保护的现状我感到无奈,对古村落的未来我无法作出任何的预测。我只能期望本书的出版能给热爱乡土文化、关心乡土建筑的人们留下一点感怀,能给霞山的保护增加一点希望。就建筑学角度而言,我们研究古村落,一方面是希望获得传统建筑空间布局、构造做法、材料运用等物质层面的知识,另一方面是希望透过物质载体解读中国传统乡土社会独特的运作方式。就全社会的角度而言,我们倡导正确保护古村落,是因为它们携带着中国文化最草根的信息,是我们弥足珍贵的文化土壤,霞山个案告诉我们一个古村落可能是一类乡土文化的孤本,失去了将永远无法复制。因此,在社会经济步伐如此之快的今天,请慎重对待那些寂寞无助的古村落典范。

在本书即将付梓出版之际,对在本书的写作过程中,关心和帮助我们的所有人表示衷心的感谢。衢州市委副秘书长(原开化县委副书记)王建华同志,一直关心课题的研究工作,在他的支持下,县委办公室为此特别召开了工作会议,由县委和县政府办公室牵头,各相关单位鼎力支持霞山村的调研和测绘工作,县委办公室齐忠伟、程军华,马金镇政府朱祐军书记、林宇霞副镇长等自始至终关心和支持此项工作,为我们的研究提供了便利的条件,霞山村郑利岳、郑建国、郑寿海、郑贵桃、郑渭登和霞田、石柱等村落其他素不相识的村民们,他们淳朴的品格、开朗的性情和热情的帮助令我们终身难忘。

感谢开化县志编辑部的吴德良先生,他对于乡土文化热爱至极,并在诗文书画等方面具有较高的造诣,正是在他的推介之下,我们选择了霞山古村作为研究的对象。在研究过程中,他又毫无保留地提供了许多资料和指导,为本书的最终完成提供了基础材料。

本书主要参考了开化县政协文史资料委员会编写的《钱江源漫笔》,汪良发编著的《徽州文化十二讲》,赵华富所著的《徽州宗族研究》,李秋香的《闽西客家古村落——培田村》,姚志元等编写的《开化风俗志》,合肥工业大学出版社出版的《望族的故乡(龙川)》、《宗族文化的标准:江村》、《儒商互济的家园:昌溪》、《聚落人文的典范:渚口》、《自然与艺术的灵光辉映》、《天人合一的理想境地:宏村》、《村落构建艺术的奇葩(石家村)》、《书院与园林的胜境:雄村》、《和谐有序的乡村(呈坎)》、《徽商的智慧与情怀:西递》等10卷本的徽州古村落文化丛书以及一些相关的论文、研究报告等,在此向这些作者一并表示感谢。

本书的出版是浙江工业大学建筑系和城市规划系多位教师辛勤工作的劳动成果,宋绍杭撰写了第九章继往开来的部分内容和第七章老街商埠的全部文字,赵淑红撰写了第五章山水佳处的部分内容以及第六章霞山古建的全部内容,邰惠鑫负责了其余章节和全书的文字通稿工作。我们的同事林冬庞、施韬老师和建筑学专业2004级1班的陈剑韬、吕珂、钟徐元、阮碧海、徐泽、李星、姜凯强、洪超、白杰、厉亮、王寅、李倩倩、吴晓军、陈勇、叶柄斌、鲍丽丽等同学,曾和我们一起吃住在农家、考察、测绘、整理了霞山村乡土建筑的相关资料,为霞山村的研究工作的顺利进行作出了贡献。

最后感谢中国建筑工业出版社的吴宇江副编审,为本书的出版倾注了大量的心血,使得本书能够得以顺利出版。